Informatik – Fachberichte

Band 144: H. Oberquelle, Sprachkonzepte für benutzergerechte Systeme. XI, 315 Seiten. 1987.

Band 145: K. Rothermel, Kommunikationskonzepte für verteilte transaktionsorientierte Systeme. XI, 224 Seiten. 1987.

Band 146: W. Damm, Entwurf und Verifikation mikroprogrammierter Rechnerarchitekturen. VIII, 327 Seiten. 1987.

Band 147: F. Belli, W. Görke (Hrsg.), Fehlertolerierende Rechensysteme / Fault-Tolerant Computing Systems. 3. Internationale GI/ITG/GMA-Fachtagung, Bremerhaven, September 1987. Proceedings. XI, 389 Seiten. 1987.

Band 148: F. Puppe, Diagnostisches Problemlösen mit Expertensystemen. IX, 257 Seiten. 1987.

Band 149: E. Paulus (Hrsg.), Mustererkennung 1987. 9. DAGM-Symposium, Braunschweig, Sept./Okt. 1987. Proceedings. XVII, 324 Seiten. 1987.

Band 150: J. Halin (Hrsg.), Simulationstechnik. 4. Symposium, Zürich, September 1987. Proceedings. XIV, 690 Seiten. 1987.

Band 151: E. Buchberger, J. Retti (Hrsg.), 3. Österreichische Artificial-Intelligence-Tagung. Wien, September 1987. Proceedings. VIII, 181 Seiten. 1987.

Band 152: K. Morik (Ed.), GWAI-87. 11th German Workshop on Artificial Intelligence. Geseke, Sept./Okt. 1987. Proceedings. XI, 405 Seiten. 1987.

Band 153: D. Meyer-Ebrecht (Hrsg.), ASST'87. 6. Aachener Symposium für Signaltheorie. Aachen, September 1987. Proceedings. XII, 390 Seiten. 1987.

Band 154: U. Herzog, M. Paterok (Hrsg.), Messung, Modellierung und Bewertung von Rechensystemen. 4. GI/ITG-Fachtagung, Erlangen, Sept./Okt. 1987. Proceedings. XI, 388 Seiten. 1987.

Band 155: W. Brauer, W. Wahlster (Hrsg.), Wissensbasierte Systeme. 2. Internationaler GI-Kongreß, München, Oktober 1987. XIV, 432 Seiten. 1987.

Band 156: M. Paul (Hrsg.), GI – 17. Jahrestagung. Computerintegrierter Arbeitsplatz im Büro. München, Oktober 1987. Proceedings. XIII, 934 Seiten. 1987.

Band 157: U. Mahn, Attributierte Grammatiken und Attributierungsalgorithmen. IX, 272 Seiten. 1988.

Band 158: G. Cyranek, A. Kachru, H. Kaiser (Hrsg.), Informatik und „Dritte Welt". X, 302 Seiten. 1988.

Band 159: Th. Christaller, H.-W. Hein, M. M. Richter (Hrsg.), Künstliche Intelligenz. Frühjahrsschulen, Dassel, 1985 und 1986. VII, 342 Seiten. 1988.

Band 160: H. Mächer, Fehlertolerante dezentrale Prozeßautomatisierung. XVI, 243 Seiten. 1987.

Band 161: P. Peinl, Synchronisation in zentralisierten Datenbanksystemen. XII, 227 Seiten. 1987.

Band 162: H. Stoyan (Hrsg.), Begründungsverwaltung. Proceedings, 1986. VII, 153 Seiten. 1988.

Band 163: H. Müller, Realistische Computergraphik. VII, 146 Seiten. 1988.

Band 164: M. Eulenstein, Generierung portabler Compiler. X, 235 Seiten. 1988.

Band 165: H.-U. Heiß, Überlast in Rechensystemen. IX, 176 Seiten. 1988.

Band 166: K. Hörmann, Kollisionsfreie Bahnen für Industrieroboter. XII, 157 Seiten. 1988.

Band 167: R. Lauber (Hrsg.), Prozeßrechensysteme '88. Stuttgart, März 1988. Proceedings. XIV, 799 Seiten. 1988.

Band 168: U. Kastens, F. J. Rammig (Hrsg.), Architektur und Betrieb von Rechensystemen. 10. GI/ITG-Fachtagung, Paderborn, März 1988. Proceedings. IX, 405 Seiten. 1988.

Band 169: G. Heyer, J. Krems, G. Görz (Hrsg.), Wissensarten und ihre Darstellung. VIII, 292 Seiten. 1988.

Band 170: A. Jaeschke, B. Page (Hrsg.), Informatikanwendungen im Umweltbereich. 2. Symposium, Karlsruhe, 1987. Proceedings. X, 201 Seiten. 1988.

Band 171: H. Lutterbach (Hrsg.), Non-Standard Datenbanken für Anwendungen der Graphischen Datenverarbeitung. GI-Fachgespräch, Dortmund, März 1988, Proceedings. VII, 183 Seiten. 1988.

Band 172: G. Rahmstorf (Hrsg.), Wissensrepräsentation in Expertensystemen. Workshop, Herrenberg, März 1987. Proceedings. VII, 189 Seiten. 1988.

Band 173: M. H. Schulz, Testmustergenerierung und Fehlersimulation in digitalen Schaltungen mit hoher Komplexität. IX, 165 Seiten. 1988.

Band 174: A. Endrös, Rechtsprechung und Computer in den neunziger Jahren. XIX, 129 Seiten. 1988.

Band 175: J. Hülsemann, Funktioneller Test der Auflösung von Zugriffskonflikten in Mehrrechnersystemen. X, 179 Seiten. 1988.

Band 176: H. Trost (Hrsg.), 4. Österreichische Artificial-Intelligence-Tagung. Wien, August 1988. Proceedings. VIII, 207 Seiten. 1988.

Band 177: L. Voelkel, J. Pliquett, Signaturanalyse. 223 Seiten. 1989.

Band 178: H. Göttler, Graphgrammatiken in der Softwaretechnik. VIII, 244 Seiten. 1988.

Band 179: W. Ameling (Hrsg.), Simulationstechnik. 5. Symposium. Aachen, September 1988. Proceedings. XIV, 538 Seiten. 1988.

Band 180: H. Bunke, O. Kübler, P. Stucki (Hrsg.), Mustererkennung 1988. 10. DAGM-Symposium, Zürich, September 1988. Proceedings. XV, 361 Seiten. 1988.

Band 181: W. Hoeppner (Hrsg.), Künstliche Intelligenz. GWAI-88, 12. Jahrestagung. Eringerfeld, September 1988. Proceedings. XII, 333 Seiten. 1988.

Band 182: W. Barth (Hrsg.), Visualisierungstechniken und Algorithmen. Fachgespräch, Wien, September 1988. Proceedings. VIII, 247 Seiten. 1988.

Band 183: A. Clauer, W. Purgathofer (Hrsg.), AUSTROGRAPHICS '88. Fachtagung, Wien, September 1988. Proceedings. VIII, 267 Seiten. 1988.

Band 184: B. Gollan, W. Paul, A. Schmitt (Hrsg.), Innovative Informations-Infrastrukturen. I.I.I. – Forum, Saarbrücken, Oktober 1988. Proceedings. VIII, 291 Seiten. 1988.

Band 185: B. Mitschang, Ein Molekül-Atom-Datenmodell für Non-Standard-Anwendungen. XI, 230 Seiten. 1988.

Band 186: E. Rahm, Synchronisation in Mehrrechner-Datenbanksystemen. IX, 272 Seiten. 1988.

Band 187: R. Valk (Hrsg.), GI – 18. Jahrestagung I. Vernetzte und komplexe Informatik-Systeme. Hamburg, Oktober 1988. Proceedings. XVI, 776 Seiten.

Band 188: R. Valk (Hrsg.), GI – 18. Jahrestagung II. Vernetzte und komplexe Informatik-Systeme. Hamburg, Oktober 1988. Proceedings. XVI, 704 Seiten.

Band 189: B. Wolfinger (Hrsg.), Vernetzte und komplexe Informatik-Systeme. Industrieprogramm zur 18. Jahrestagung der GI, Hamburg, Oktober 1988. Proceedings. X, 229 Seiten. 1988.

Band 190: D. Maurer, Relevanzanalyse. VIII, 239 Seiten. 1988.

Band 191: P. Levi, Planen für autonome Montageroboter. XIII, 259 Seiten. 1988.

Informatik-Fachberichte 241

Herausgeber: W. Brauer
im Auftrag der Gesellschaft für Informatik (GI)

Alexander Schill

Migrationssteuerung und Konfigurationsverwaltung für verteilte objektorientierte Anwendungen

Springer-Verlag
Berlin Heidelberg New York
London Paris Tokyo Hong Kong

Autor

Alexander Schill
Institut für Telematik, Universität Karlsruhe
Am Zirkel 2, D-7500 Karlsruhe 1

CR Subject Classifications (1987): C.2.4, D.2.10, D.3.3, D.4.4

ISBN-13: 978-3-540-52542-4 e-ISBN-13: 978-3-642-75685-6
DOI: 10.1007/ 978-3-642-75685-6

2145/3140-543210 – Gedruckt auf säurefreiem Papier

Vorwort

Mit der zunehmenden Leistungsfähigkeit verteilter Rechnersysteme und dem wachsenden Bedarf nach verteilten Anwendungen steigen auch die Anforderungen an die Entwicklungsunterstützung für solche Anwendungen. Geeignete Methoden und Werkzeuge und vor allem geeignete Abstraktionen von zugrundeliegenden Systemdetails sind Voraussetzung für einen einfachen und effizienten Entwicklungsvorgang. In den letzten Jahren gewannen in diesem Bereich verteilte objektorientierte Ansätze nach dem Vorbild des Smalltalk-Systems zunehmend an Bedeutung. Dabei können Objekte als Zusammenfassung von Daten und Operationen auf verschiedene Rechnerknoten verteilt sein, mit Hilfe verteilungstransparenter Operationsaufrufe kommunizieren und durch Migrationen zur Laufzeit zwischen Rechnerknoten verlagert werden. Eine verteilte Anwendung setzt sich aus einer Menge verteilbarer Objekte zusammen, deren Anzahl und Lokation dynamisch variieren kann. Der verteilte objektorientierte Ansatz zeichnet sich gegenüber herkömmlichen Mechanismen für verteilte Anwendungen wie z.B. dem einfachen Nachrichtenaustausch oder dem Remote Procedure Call durch seine Uniformität und seine weitgehende Verteilungstransparenz aus.

Die vorliegende Arbeit führt zunächst in den verteilten objektorientierten Ansatz ein und vergleicht ihn mit anderen Mechanismen zur Erstellung verteilter Anwendungen. In ihrem Kernteil befaßt sich die Arbeit dann mit der Erweiterung dieses Ansatzes um neue Konzepte zur Steuerung von Objektmigrationen und zur Verwaltung einer verteilten Anwendungskonfiguration. Dabei werden integrierte Methoden und Werkzeuge zur statischen und dynamischen Plazierung der Objekte einer verteilten Anwendung auf einem verteilten Rechnersystem angeboten. Zusätzlich wird die Strukturierung der Anwendungskomponenten durch geeignete Abstraktionsmechanismen unterstützt.

Der Ansatz zur Migrationssteuerung hat die dynamische Zusammenführung kommunizierender Objekte an einer gemeinsamen Lokation zum Ziel. Motivation hierfür ist der signifikante Unterschied zwischen dem Aufwand für lokale und entfernte Interobjekt-Kommunikation. Die Migrationssteuerung basiert auf a-priori-Information über die erwartete Objektkommunikation während bestimmter Zeiträume sowie Laufzeitinformation über die aktuelle Objektverteilung. Ein verteiltes Laufzeitprotokoll realisiert auf dieser Basis geeignete Objektmigrationen. Das Verhalten der verteilten Anwendung und die getroffenen Entscheidungen werden zusätzlich von einem Monitorsystem analysiert, um eine teilweise Automatisierung von Migrationsentscheidungen zu ermöglichen.

Der Ansatz zur verteilten Konfigurationsverwaltung stellt dem Anwendungsentwickler eine neue objektorientierte Konfigurationssprache zur Verfügung. Damit wird die deklarative Beschreibung einer initialen Anwendungskonfiguration, bestehend aus typisierten Objekten mit hierarchischer Abstraktion, logischen Kommunikationsbeziehungen und Plazierungsvorgaben, ermöglicht. Zusätzlich werden dynamische Konfigurationsänderungen zur späteren Adaption einer Anwendungsstruktur angeboten.

Während die Konfigurationsverwaltung die explizite Grobstrukturierung und Grobplazierung unterstützt, stellt die Migrationssteuerung Methoden und Werkzeuge zur teilautomatisierten Feinplazierung der Anwendungsobjekte zur Verfügung. Insgesamt wird ein integrierter Ansatz geboten, der zwar den Anwendungsentwickler durch einen hohen Grad an Verteilungstransparenz in bezug auf die Plazierung entlastet, ihm aber dennoch wirksame Mittel zur expliziten Einflußnahme auf Plazierungs- und Strukturierungsentscheidungen bereitstellt.

Die vorliegende Arbeit entspricht inhaltlich meiner im Juli 1989 von der Fakultät für Informatik der Universität Karlsruhe genehmigten Dissertation. Die Arbeit entstand während meiner Tätigkeit als wissenschaftlicher Mitarbeiter am Institut für Telematik der Fakultät für Informatik an der Universität Karlsruhe.

Meinen besonderen Dank möchte ich Herrn Prof. Dr. G. Krüger aussprechen, der die Arbeit betreut hat. Er hat mit vielen fachlichen und praktischen Ratschlägen und mit engagierter Unterstützung bei organisatorischen Fragen ganz wesentlich zum Gelingen der Arbeit beigetragen. Durch das Gewähren entsprechender Freiräume im Rahmen der Institutstätigkeit ermöglichte er mir die intensive Beschäftigung mit dem Thema der Arbeit. Die gute technische Ausrüstung seines Instituts war für den praktischen Teil sehr wichtig. Durch die Förderung von Tagungs- und Informationsreisen ins Ausland konnte ich interessante internationale Kontakte knüpfen und wertvolle zusätzliche Erfahrungen sammeln.
Herrn Prof. Dr. S. Jähnichen möchte ich für die Übernahme des Korreferats und für die dabei durchgeführte gründliche Zweitbetreuung danken. Seine fachlichen Hinweise und Ratschläge waren von großer Bedeutung für die Arbeit.

Vor allem möchte ich auch den beteiligten Studentinnen und Studenten danken, die die Realisierung der beschriebenen Komponenten ermöglichten. Besonders den Damen und Herren C. Baader, M. Wagner, M. Wersch, G. Blakowski, S. Engler, A. Oyen, J. Höfler, A. Goos, T. Klenner, A. Geenen und N. Erhardt bin ich sehr dankbar. Die durch ihre Studien- und Diplomarbeiten erbrachten Leistungen übertrafen deutlich die üblichen Maßstäbe; dies spiegelt ihr großes Interesse und ihr hohes Engagement bei der Durchführung der Arbeiten wider.

Darüber hinaus danke ich allen Kolleginnen und Kollegen am Lehrstuhl für die angenehme Zusammenarbeit. Besonders Herrn Prof. Dr. M. Mühlhäuser, der mir nicht nur im Rahmen der Projektarbeit mit Rat und Tat zur Seite stand, bin ich zu großem Dank verpflichtet. Viele Anregungen ergaben sich auch aus der Arbeit in dem von ihm geleiteten Kooperationsprojekt *DOCASE* (Distribution and Objects in Computer-Aided Software Engineering) des Instituts für Telematik an der Universität Karlsruhe und des campusnahen Forschungszentrums CEC der Firma Digital Equipment GmbH in Karlsruhe.
Ich möchte der Projektgruppe und dabei auch den Kolleginnen und Kollegen vom CEC, insbesondere Frau H. Frank und Herrn L. Heuser sowie Herrn Dr. I. Varsek, meinen Dank für die produktive Zusammenarbeit aussprechen. Die über das Projekt aufgebauten internationalen Kontakte gaben wichtige Impulse, die unter anderem auch zur Veröffentlichung der zentralen Konzepte und Ergebnisse der Arbeit führten. Die in diesem Rahmen entstandenen wissenschaftlichen Tagungsbeiträge [SCH89I], [SCH89II], [SCH89III], [HSF88], [HSM88], [MSH88] und [SHM89] beleuchten zusätzlich das weitere Umfeld der Arbeit, das sich aus der Integration in das Projekt *DOCASE* ergab.
Schließlich möchte ich besonders Herrn Prof. Dr. O. Drobnik danken, der die Arbeit im vorhergehenden Kooperationsprojekt *HECTOR* in der ersten Zeit meiner Institutstätigkeit betreut hat. In diesem Zeitraum konnte ich sehr wichtige praktische Erfahrungen sammeln.

Nicht zuletzt sei allen Freunden und Bekannten für viele gemeinsame Stunden gedankt, die oft ein guter Ausgleich für die manchmal allzu fachlich orientierten Tage und Nächte waren.

Karlsruhe, im Januar 1990 Alexander Schill

Inhaltsverzeichnis

Kapitel 1

Einleitung und Problemstellung

1.1 Motivation

In den vergangenen Jahren konnten auf dem Gebiet der *verteilten Rechnersysteme* große Fortschritte verzeichnet werden. Durch die Entwicklung und Verbreitung leistungsfähiger *lokaler Netzwerke* [KAU86] wurden die erforderlichen technischen Voraussetzungen zur Kopplung der verschiedenen Rechner eines verteilten Systems geschaffen. Begleitend dazu findet im Rahmen der ISO-Normung eine zunehmende Standardisierung der transportorientierten Kommunikationsprotokolle statt. Auf diese Weise wird der herstellerunabhängige Zusammenschluß von Einzelrechnern zu Verbundsystemen ermöglicht.

Gleichzeitig entsteht ein wachsender Bedarf nach *verteilten Anwendungen*, die auf der Basis verteilter Systeme realisiert werden können. Wichtige Bereiche hierbei sind die *integrierte Fertigungsautomatisierung* [WED88], die *Büroautomatisierung* mit der Verarbeitung multimedialer Daten [TSI86] oder auch *verteilte Auskunftsdienste*. Diese Arten verteilter Anwendungen lassen sich als *Daten- und Funktionsverbund* klassifizieren. Charakteristisch dafür ist die Verteilung der innerhalb der Anwendung bearbeiteten Daten mit gleichzeitiger Verteilung der bearbeitenden Anwendungskomponenten (*Funktionseinheiten*). Eine weitere bedeutende Klasse verteilter Anwendungen läßt sich durch den Begriff des *Lastverbundes* beschreiben. Dabei wird die Verteilung der durch eine Anwendung entstehenden *Systemlast* auf mehrere Rechnerknoten angestrebt. Die vorliegende Arbeit konzentriert sich auf Anwendungen der Klasse des *Daten- und Funktionsverbundes*.

Die Entwicklung verteilter Anwendungen dieser Art stellt hohe Anforderungen an den Software-Ingenieur. Wichtige Gründe hierfür sind der Umfang und die dynamische Änderung von Kommunikationsbeziehungen, Indeterminismen bei verteilten Abläufen, das Fehlen eines gemeinsamen Speichers bei verteilten Prozessen und auch die speziellen Fehlercharakteristika in verteilten Systemen.

1.2 Problemstellung

Zur Entlastung des Anwendungsentwicklers von den oben genannten Problemen ist umfangreiche Systemunterstützung wünschenswert. Als Grundlage hierfür soll ein Modell dienen, das eine möglichst einfache Realisierung verteilter Anwendungen erlaubt. Zentrale Anforderungen an ein solches Modell sind:

1. *Explizite Repräsentation von Verteilungseinheiten:*
   Verteilungseinheiten, die sowohl Daten- als auch Funktionseinheiten sein können, sollen explizit repräsentiert und damit für unterstützende Werkzeuge zugänglich gemacht werden. Verteilungseinheiten sollen beliebig (lokal und entfernt) referenzierbar sein. Die Typen der Verteilungseinheiten einer Anwendung sollen mit Hilfe einer Programmiersprache frei definierbar sein.

2. *Flexible Granularität von Verteilungseinheiten:*
   Die Granularität dieser Einheiten soll frei und insbesondere auch beliebig klein wählbar sein. Sie soll nicht von systemnahen Eigenschaften wie z.B. der Granularität von Betriebssystemprozessen abhängen.

3. *Verteilungsunabhängige Operationsaufrufe:*
   Operationsaufrufe auf Verteilungseinheiten sollen in verteilungsunabhängiger Form erfolgen; lokale Aufrufe sollen sich nicht von entfernten Aufrufen unterscheiden.

4. *Dynamische Plazierung von Verteilungseinheiten:*
   Die Plazierung von Verteilungseinheiten, also ihre Zuordnung zu Rechnerknoten, soll initial vorgegeben und auch dynamisch durch die Migration von Verteilungseinheiten variiert werden können.

5. *Flexibel wählbarer Grad der Verteilungstransparenz:*
   Der Grad der Verteilungstransparenz in bezug auf die dynamische Plazierung soll flexibel wählbar sein; je nach Art einer Verteilungseinheit soll eine explizite Vorgabe oder eine systemseitige Steuerung der dynamischen Plazierung möglich sein.

6. *Strukturierungs- und Verwaltungsmechanismen:*
   Zur Beherrschung der komplexen Struktur großer verteilter Anwendungen soll das Modell adäquate Strukturierungsmechanismen bieten. Auf dieser Basis sollen dann Verwaltungsmechanismen zur Definition und Modifikation der Struktur einer verteilten Anwendung angeboten werden.

Ziel der Arbeit ist die Realisierung eines entsprechenden Modells unter Berücksichtigung existierender Ansätze aus dem Bereich der verteilten Programmierung. Während die Punkte 1-4 des geforderten Modells bereits durch vorhandene Systeme abgedeckt werden (Kap. 2), erfordert eine flexible Wahl des Grades der Verteilungstransparenz die Kombination existierender Ansätze und die Entwicklung neuer Konzepte. Auf diese Weise soll auch die letztgenannte Forderung, die Bereitstellung von Strukturierungs- und Verwaltungsmechanismen, erfüllt werden. Aus diesen allgemeinen Zielsetzungen resultieren die folgenden Anforderungen an die Arbeit:

- **Migrationssteuerung:**
  Um die systemseitige Kontrolle der dynamischen Plazierung von Verteilungseinheiten zu ermöglichen, sollen Mechanismen zur Steuerung ihrer Migration entwickelt werden. Schwerpunkt dabei ist die *dynamische Zusammenführung kommunizierender Einheiten* an einer gemeinsamen Lokation.

- **Konfigurationsverwaltung:**
  Um explizite Plazierungsvorgaben zu ermöglichen und Strukturierungskonzepte zu realisieren, soll ein geeigneter Ansatz zur Konfigurationsverwaltung für verteilte Anwendun-

gen entwickelt werden. Dabei soll die Definition der Struktur einer Anwendung, bestehend aus *Konfigurationseinheiten* und zugehörigen *Kommunikationsbeziehungen*, und der Verteilung dieser Einheiten ermöglicht werden. Zusätzlich sollen dynamische *Konfigurationsänderungen* unterstützt werden.

- **Synthese und Werkzeugunterstützung:**
  Durch die Synthese von Migrationssteuerung und Konfigurationsverwaltung soll die gewünschte Flexibilität in bezug auf die Verteilungstransparenz erreicht werden. Die für die genannten Teilbereiche entwickelten Ansätze sollen schließlich durch unterstützende Werkzeuge realisiert und damit dem Anwendungsentwickler zugänglich gemacht werden.

1.3 Gliederung der Arbeit

Kapitel 2 erörtert existierende Ansätze zur verteilten Programmierung und vergleicht diese im Hinblick auf das geforderte Modell. Einen wichtigen Schwerpunkt bildet dabei der *objektorientierte Ansatz*, dessen verteilte Erweiterungen die elementaren Eigenschaften des Modells abdecken. Kapitel 3 beschreibt die im Rahmen der Arbeit entwickelten Mechanismen zur Migrationssteuerung in verteilten Anwendungen. Kapitel 4 stellt einen eigenen Ansatz zur Konfigurationsverwaltung für verteilte Anwendungen vor. In Kapitel 5 werden die Realisierung und der Einsatz der entwickelten Mechanismen beschrieben und eine Synthese der Migrationssteuerung und der Konfigurationsverwaltung vorgenommen. Kapitel 6 schließt die Arbeit mit einer zusammenfassenden Würdigung und einem Ausblick ab.

Kapitel 2

Grundlagen

Dieses Kapitel führt zunächst in die Problematik *verteilter Anwendungen* und deren Entwicklung ein. Dann werden existierende Ansätze im Hinblick auf das in Kap. 1 geforderte Modell verglichen und bewertet. Schwerpunkte der Diskussion sind der *objektorientierte Ansatz* sowie die *Konfigurationsverwaltung* für verteilte Anwendungen. Anschließend werden die Anforderungen an den Kernteil der Arbeit abgeleitet.

2.1 Verteilte Anwendungen

2.1.1 Übersicht

Eine *verteilte Anwendung* setzt sich aus einer Menge kommunizierender Betriebssystemprozesse zusammen, die nicht über gemeinsamen Speicher verfügen und auf unterschiedlichen Rechnern verteilt sein können. Ein zugrundeliegendes *verteiltes System*, das sich aus diesen Rechnern zusammensetzt, ermöglicht die Kommunikation der Betriebssystemprozesse auf der Basis einer physikalischen Rechnerkopplung. Diese Kopplung kann *direkt* über ein lokales Netzwerk oder auch *indirekt* über zwischengeschaltete Gateways zur Verbindung unterschiedlicher lokaler Netze erfolgen. Im folgenden wird auf der Ebene der Betriebssystemprozesse eine *volle logische Vermaschung* vorausgesetzt, d.h. jeder Prozeß kann potentiell mit jedem anderen Prozeß einer verteilten Anwendung kommunizieren. Um diese Voraussetzung zu erfüllen, ist jedoch keine *volle physische Vermaschung* erforderlich.

Abb. 2.1 zeigt exemplarisch die Struktur einer einfachen verteilten Anwendung. Das verteilte System besteht dabei aus fünf Rechnern, von denen drei direkt über ein lokales Netz vom Typ *Ethernet* und zwei über einen *Token Ring* [KAU86] gekoppelt sind. Die beiden Teilnetze sind über ein Gateway miteinander verbunden. Die einzelnen Rechner verfügen über zugehörige *Betriebsmittel* (*Ressourcen*); in der Abbildung sind als Beispiel hierfür externe Speichermedien und Drucker dargestellt.

Auf den einzelnen Rechnern laufen Betriebssystemprozesse ab, die untereinander kommunizieren. Innerhalb der einzelnen Betriebssystemprozesse werden i.a. unterschiedliche Programme ausgeführt, aus denen sich insgesamt das *verteilte anwendungsorientierte Programm* zusammensetzt [MÜH86]. Die Kommunikation der einzelnen Prozesse ermöglicht im Beispiel den Zugang zu einem entfernten Drucker bei Rechner 2 von einem Prozeß auf Rechner 1 aus, der über eine interaktive Schnittstelle verfügt. Ebenso ist z.B. der entfernte Zugriff auf Dateien bei Rechner 3 möglich. Neben diesen reinen Zugriffseigenschaften ist aber vor allem

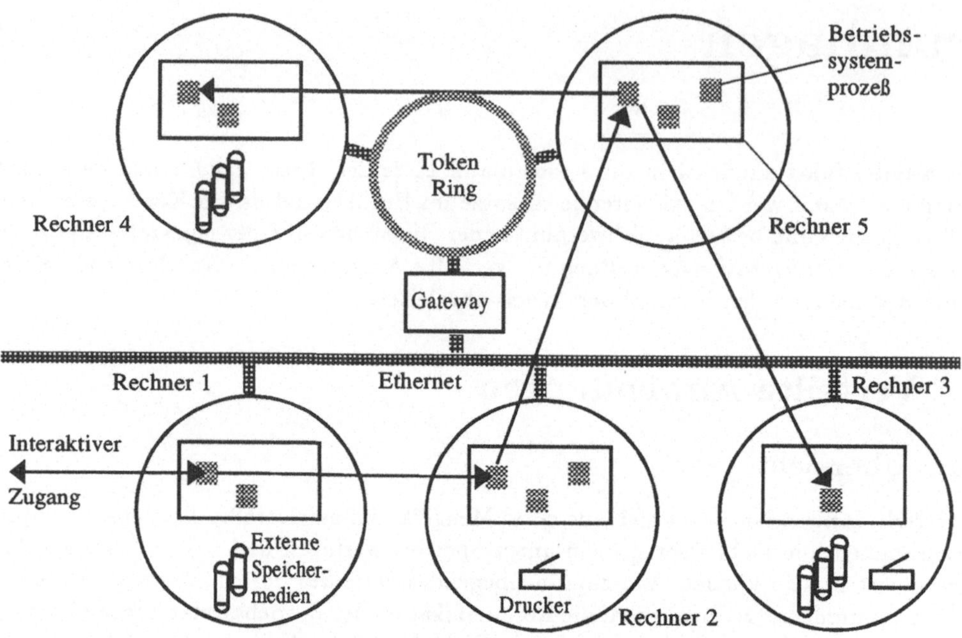

Abbildung 2.1: Beispiel einer verteilten Anwendung

auch die Kooperation der verteilten Prozesse zur verteilten Datenverarbeitung verbunden mit intensivem Datenaustausch von Bedeutung (Abschnitt 2.1.3).

2.1.2 Gegenstand der Verteilung

Mit der zunehmenden Verbreitung verteilter Systeme und verteilter Anwendungen sind eine Reihe von Zielsetzungen verbunden, die insbesondere vom *Gegenstand der Verteilung* abhängen:

- *Daten*
- *Funktionen*
- *Last*

Die Verteilung von *Daten* und *Funktionen* ist meist direkt durch die Anforderungen einer verteilten Anwendung gegeben. Große Systeme im Bereich der Fertigungs- oder Büroautomatisierung setzen sich aus einer Vielzahl autonomer, meist nur lose gekoppelter Teilfunktionen zusammen. Diese Dezentralisierung ist bei der Generierung und bei der Verarbeitung der Daten innerhalb der Anwendung gleichermaßen zu beobachten.

Die Verteilung der *Last* auf unterschiedliche Rechnerknoten muß dagegen nicht durch die Anwendung selbst vorgegeben sein, sondern kann auch ausschließlich der Kontrolle des verteilten *Systems* unterliegen. Selbst ohne Verteilungsaspekte innerhalb der Anwendung kann eine gleichmäßige Verteilung der Last auf unterschiedliche physikalische Rechnerknoten von großem Nutzen sein, um z.B. die Antwortzeiten einzelner Benutzeraufträge zu reduzieren.

Die Problematik der Lastverteilung ist daher als systemorientierter Mechanismus anzusehen und nicht der Problematik der Entwicklung verteilter Anwendungen zuzuordnen.

2.1.3 Zielsetzungen

Mit der Verteilung von Daten und Funktionen sind die folgenden, teilweise überlappenden Zielsetzungen verbunden:

- *Dezentralisierung von Daten und Funktionen einer Gesamtanwendung*
- *Kooperation verteilter Verarbeitungseinheiten*
- *Verbesserung der Lokalitätseigenschaften und der Effizienz einer Anwendung*
- *Integration bisher getrennter verteilter Teilanwendungen*
- *Verteilter Zugang zu speziellen Ressourcen*
- *Verbesserung der Fehlertoleranz und der Verfügbarkeit einer Anwendung*

Durch die *Dezentralisierung* von Daten und Funktionen lassen sich komplexe Anwendungen meist besser auf ein Rechnersystem abbilden, als es auf der Basis eines zentralen Ansatzes möglich wäre. Eine erste Verarbeitung von Daten kann so z.B. am Ort ihrer Entstehung erfolgen und flexibel an anderen Lokationen fortgeführt werden. Im Gegensatz zu verteilten Datenbanksystemen besteht jedoch bei verteilten Anwendungen die Möglichkeit der *direkten Kommunikation* zwischen verteilten Verarbeitungseinheiten, um gemeinsam eine bestimmte Funktionalität zu erbringen.

Verbunden mit der Dezentralisierung von Daten und Funktionen kann eine Verbesserung der *Lokalitätseigenschaften* einer Anwendung, also der geeigneten Zuordnung zwischen Daten und bearbeitenden Funktionen erzielt werden. Damit kann oft eine erhebliche Verbesserung der Effizienz einer Anwendung erreicht werden, indem der Anteil der entfernten Datenzugriffe reduziert wird. Ein weiteres Ziel ist die *Integration* von existierenden und bisher getrennten Anwendungen zu einer verteilten Gesamtanwendung. Durch eine solche Kopplung wird die angebotene Funktionalität erhöht, da nun jede einzelne Teilkomponente auch Dienste anderer Komponenten nutzen kann. Ein verwandtes Ziel ist der entfernte Zugang zu speziellen *Ressourcen* in einer verteilten Umgebung, die häufig ortsgebunden sind und daher nur mit Hilfe eines verteilten Systems von entfernter Stelle aus genutzt werden können.

Schließlich ist im Zusammenhang mit verteilten Anwendungen noch das Gebiet der *Fehlertoleranz* mit dem Ziel der Erhöhung der Ausfallsicherheit und damit der *Verfügbarkeit* von Bedeutung. Eine verteilte Anwendung kann im Gegensatz zu einer zentralen Lösung bei Ausfall einer Teilkomponente partiell funktionsfähig bleiben. Zudem läßt sich die Verfügbarkeit durch Replikation kritischer Teilkomponenten auf verschiedenen, unabhängigen Rechnerknoten verbessern.

2.1.4 Eigenschaften und Probleme

Die Entwicklung verteilter Anwendungen wird durch spezielle Eigenschaften der zugrundeliegenden verteilten Systeme bestimmt, die den Unterschied zu nicht verteilten Anwendungen ausmachen und die Anwendungsentwicklung erschweren. Dabei sind vor allem die *Verteilung der kommunizierenden Prozesse*, die erforderlichen *Kommunikationsmechanismen*, die auftretende *Parallelität*, die speziellen Anforderungen an die *Strukturierung* und *Konfigurationsverwaltung*, die auftretende *Heterogenität* sowie das spezielle *Fehlerverhalten* zu nennen.

Die Verteilung von Betriebssystemprozessen zwischen unterschiedlichen Rechnern (*lose Kopplung*) oder auch nur innerhalb eines Multiprozessorsystems (*enge Kopplung*) führt zur Trennung der Adreßräume zwischen einzelnen Teilkomponenten einer Anwendung. Die physische Kommunikation zwischen Prozessen muß also über das Senden von Nachrichten erfolgen. Operationsaufrufe innerhalb eines Betriebssystemprozesses können dagegen über gemeinsamen Speicher abgewickelt werden. So entsteht für den Anwendungsentwickler im ersten Fall die Aufgabe, zu übertragende Daten explizit zu Nachrichten zusammenzufassen und dabei ihre Speicherabbildung zu linearisieren. Dies ist insbesondere bei komplex strukturierten Daten, wie sie z.B. im Bereich der Büroautomatisierung anfallen, aufwendig und fehleranfällig.

Die Kommunikation zwischen verteilten Einheiten der Anwendung (*logische Kommunikation*) muß generell über *Basiskommunikationsmechanismen* abgewickelt werden. Mindestanforderung hierbei sind Operationen zur Übertragung beliebig langer Nachrichten zwischen Anwendungseinheiten. Im allgemeinen sind jedoch erweiterte Mechanismen wünschenswert, wie sie z.B. vom Remote Procedure Call angeboten werden (Abschnitt 2.2.3). Neben solchen *funktionellen* Eigenschaften sind bei der Kommunikation jedoch auch *leistungsbezogene* Charakteristika von Bedeutung. Trotz der großen Fortschritte im Bereich der Kommunikationstechnik erfordert eine entfernte Interaktion einen um zwei bis drei Größenordnungen höheren Aufwand als eine lokale Interaktion. Dies ist bei der Verteilung der kommunizierenden Einheiten zu berücksichtigen.
Kommunizierende Prozesse in einem verteilten System laufen grundsätzlich *parallel* oder innerhalb eines einzelnen physikalischen Rechners zumindest *quasi-parallel* ab. Daraus und auch durch dynamisch variierende Laufzeiten bei der entfernten Kommunikation resultieren indeterministische und damit nur schwer reproduzierbare Abläufe. Zwischen Ereignissen innerhalb einer verteilten Anwendung, und das insbesondere auch bei der Kommunikation, besteht nur eine *partielle Ordnung*, die durch die vorhandenen Synchronisationspunkte bestimmt wird. Insgesamt wird dadurch das Testen einer verteilten Anwendung erheblich erschwert.

Verteilte Anwendungen stellen durch ihre Komplexität erhöhte Anforderungen an die verfügbaren *Strukturierungsmechanismen*. So können z.B. sehr viele Kommunikationsbeziehungen zwischen den Einheiten einer verteilten Anwendung bestehen, die sich ohne weitere Unterstützung nur schwer überschauen und kontrollieren lassen. Daher sollten Strukturierungsmechanismen angeboten werden, die eine Aufteilung der Anwendung in Funktionseinheiten mit klar definierten Schnittstellen und dynamisch modifizierbaren Kommunikationsbeziehungen erlauben. Verteilte Anwendungen bestehen häufig aus einer Vielzahl von Komponenten, deren Anzahl und deren Beziehungen dynamischen Modifikationen unterliegen können. So wird es möglich, einzelne, relativ autonome Komponenten während des laufenden Betriebes zu entfernen, neu einzubringen, auf andere Rechner zu verlagern oder auch zu replizieren. Diese Operationen stellen spezielle Anforderungen an die *Konfigurationsverwaltung*. Eine zentrale Forderung in diesem Zusammenhang ist die *Entkopplung* der Konfigurationsverwaltung von der Implementierung einer Anwendung. Damit werden Konfigurationsänderungen ohne Modifikation des Implementierungscodes möglich.

Durch die Kopplung von Einzelrechnern unterschiedlicher Hersteller entsteht die Problematik der *Heterogenität*. Die Unterschiede zwischen verschiedenen Rechnern betreffen einerseits

die verwendeten *Datenformate* und andererseits auch die vom Betriebssystem angebotenen *Befehlsformate*. Um die genannten Unterschiede für den Anwendungsentwickler transparent zu halten, muß das System geeignete Daten- und Befehlskonvertierungen durchführen.
Als weitere wichtige Eigenschaft ist schließlich noch das spezielle *Fehlerverhalten* in verteilten Systemen zu nennen. Hier sind jedoch nicht Einzelfehler bei der Kommunikation gemeint; diese werden von den transportorientierten Protokollen behandelt und sind für die Anwendung transparent. Dagegen können aber durch Ausfall einzelner Teilkomponenten der Anwendung unabhängige Fehler auftreten, die z.B. auch zu einer *Partitionierung* der verteilten Anwendung führen können. Das Gesamtsystem sollte in diesem Fall zumindest partiell weiterhin funktionsfähig bleiben.

Die Behandlung der genannten Probleme sollte möglichst durch das verteilte System selbst erfolgen, um den Anwendungsentwickler zu entlasten und den Entwicklungsvorgang effizienter zu gestalten.

2.2 Ansätze zur verteilten Programmierung

Der folgende Abschnitt stellt die wichtigsten existierenden Ansätze zur verteilten Programmierung vor und führt einen Vergleich im Hinblick auf das in Kap. 1 geforderte Modell durch.

Die wichtigsten Ansätze in diesem Zusammenhang sind *verteilte Betriebssysteme* und *Netzbetriebssysteme*, der *Nachrichtenaustausch mit Sprachintegration*, der *Remote Procedure Call* mit verschiedenen Variationen, *verteilte Programmiersprachen* im allgemeinen sowie die *objektorientierten verteilten Systeme*. Als Vorläufer der verteilten objektorientierten Ansätze sind auch *Monitore* mit möglicher verteilter Realisierung zu berücksichtigen. Abb. 2.1 deutet mit einer geschichteten Struktur die Möglichkeit der gegenseitigen Verwendung der einzelnen Mechanismen im Rahmen konkreter Realisierungen an. Ein spezieller Aspekt im Bereich der verteilten Anwendungen ist die *Konfigurationsverwaltung*; existierende Ansätze hierzu werden in einem separaten Abschnitt diskutiert.

2.2.1 Betriebssystemansatz

Im Betriebssystembereich gibt es im wesentlichen zwei Ansätze zur Unterstützung verteilter Anwendungen, die Netzbetriebssysteme und die verteilten Betriebssysteme. *Netzbetriebssysteme* ergänzen vorhandene lokale Betriebssysteme um Komponenten zur verteilten Kommunikation. Dabei bleibt die bisherige Umgebung für den Anwendungsentwickler sowie die Autonomie der einzelnen Teilsysteme erhalten. Ein Netzbetriebssystem wird auch als *Gastsystem* auf verschiedenen zugrundeliegenden *Wirtssystemen* bezeichnet. Ein Beispiel für ein solches System ist *DACNOS* [EGS88], das eine Kopplung autonomer heterogener Betriebssysteme ermöglicht. *Verteilte Betriebssysteme* realisieren dagegen ein integriertes verteiltes System unter Aufgabe der Autonomie von Teilsystemen. Auf Betriebssystemebene wird damit die Verteilung transparent; diese Transparenz gilt jedoch nur für den Zugang zu den direkt vom System angebotenen Diensten und Ressourcen, nicht aber für die Verteilungsproblematik im allgemeinen. Beispiele für verteilte Betriebssysteme sind *LOCUS* [POW85] mit der Integration von *UNIX*-Systemen, *EDEN* [BLA85], das auf einem allgemeinen Objektmo-

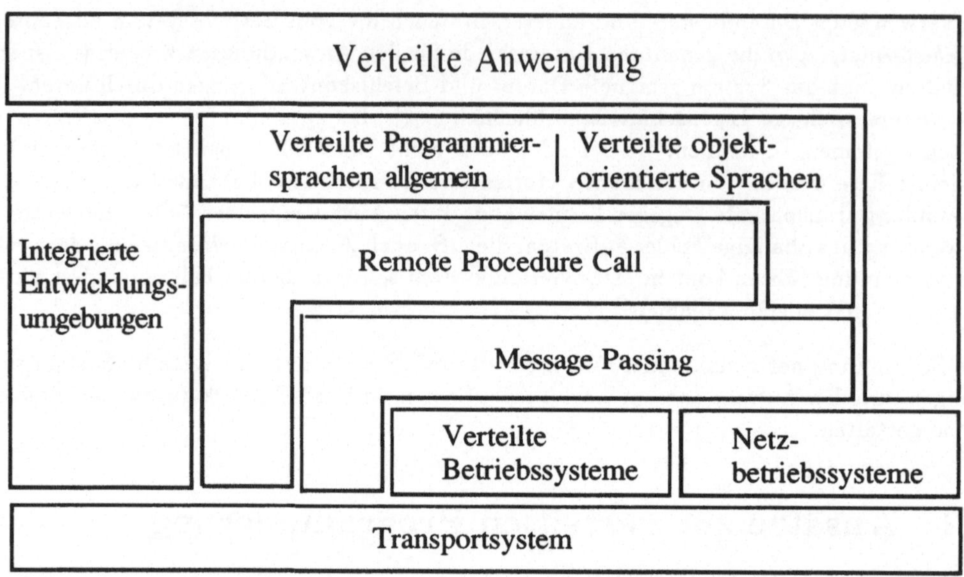

Tabelle 2.1: Ansätze zur verteilten Programmierung

dell basiert oder auch das System *AMOEBA* [TAM84]. Das Multiprozessor-Betriebssystem *MACH* [JOR86] mit der zugehörigen Sprache *MatchMaker* [JRT85] zur Beschreibung der Interprozeßkommunikation kann ebenfalls diesem Bereich zugerechnet werden.

Sowohl Netz- als auch verteilte Betriebssysteme bieten dem Anwendungsentwickler elementare Kommunikationsdienste an. Die Kommunikation erfolgt dabei entweder über eine *Direktadressierung* von Prozessen oder über eine flexiblere indirekte Kommunikation über *Ports*. Im zweiten Fall muß der Sender den Empfänger nicht explizit kennen, sondern nur über eine Port-Referenz verfügen, durch die der Kommunikationspartner indirekt repräsentiert wird. Die Kommunikation selbst erfolgt i.a. über den Austausch von Nachrichten beliebiger Länge; Erweiterungen dieses einfachen Modells ermöglichen das Warten auf die Rückantwort des Kommunikationspartners oder schließen die Übertragung von Referenzen auf Betriebssystemobjekte im Rahmen einer Nachricht mit ein [EGS88].

Bewertung:
Die beschriebenen Betriebssystemansätze stellen Basismechanismen zur Kommunikation in verteilten Systemen und damit zur Realisierung verteilter Anwendungen zur Verfügung. Die Mechanismen werden jedoch nicht in eine verteilte Programmiersprache zu einem uniformen Modell für verteilte Anwendungen integriert. Die Behandlung der Verteilungsprobleme bleibt weitgehend die Aufgabe des Anwendungsentwicklers.

2.2.2 Nachrichtenaustausch mit Sprachintegration

Der *Nachrichtenaustausch mit Sprachintegration* erfolgt nach dem gleichen Prinzip wie der Nachrichtenaustausch auf der Ebene eines verteilten oder eines Netzbetriebssystems. Der zentrale Unterschied ist jedoch die *Typisierung von Nachrichten*, die in Termen der verwendeten Programmiersprache erfolgen kann. Bei Einsatz von Kommunikationsports anstelle von Direktadressierung ist außerdem eine *Typisierung der Ports* möglich. Die Semantik des Nachrichtenaustauschs kann wie bei den Betriebssystemansätzen neben einfachen Sende- und Empfangsoperationen auch Rückantworten umfassen. Beispiele für diesen Ansatz sind in verteilten Programmiersprachen wie z.B. *CONIC* [KRM87] oder *PCL* [LIS83] zu finden. Auch die Sprachen *CSP* [HOA78] und *Occam* [MAY83] mit direktem Nachrichtenaustausch zwischen Prozessen sind an dieser Stelle zu nennen. Das bereits oben erwähnte System *MACH* [JRT85] stellt eine direkte Erweiterung eines Betriebssystemansatzes um typisierte Nachrichten dar.

Bewertung:
Insgesamt ergeben sich beim sprachintegrierten Nachrichtenaustausch mehrere Verbesserungen gegenüber einem untypisierten Nachrichtenaustausch auf Betriebssystemebene. Zunächst ist eine *Prüfung der Typkompatibilität* von Nachrichten und Ports und damit eine verbesserte Fehlererkennung möglich. Außerdem kann eine *transparente Behandlung der Heterogenitätsproblematik* für die vorgegebenen Nachrichtentypen beim Sende- und Empfangsvorgang erfolgen. Dazu muß den Instanzen der Darstellungsschicht die entsprechende Typbeschreibungsinformation vorliegen. Ein weiterer Vorteil ist die *transparente Übertragung komplexer Strukturen*. Diese können auch Zeiger enthalten, falls dafür eine vollständige Formatbeschreibung vorliegt. Der Ansatz macht jedoch keineswegs die Verteilung selbst transparent, sondern ermöglicht lediglich eine transparente Übertragung von Nachrichten, die vom Entwickler dennoch explizit separat beschrieben werden müssen. Verteilte oder potentiell verteilte Interaktionen müssen also stets mit Hilfe spezieller Konstrukte erfolgen.

2.2.3 Remote Procedure Call

Der *Remote Procedure Call* (RPC) ist definiert als *synchroner Transfer von Kontrolle und Daten zwischen unterschiedlichen Teilen eines über disjunkte Adreßräume verteilten Programmes* [NEL81]. Zielvorstellung dabei ist es, einen syntaktisch und semantisch uniformen Zugriff auf lokale und nicht lokale Operationen zu ermöglichen. Dieser Ansatz realisiert Interaktionen im Rahmen des *Client/Server-Modells* [SVO87]. Solche Interaktionen gliedern sich im wesentlichen in zwei Phasen:

- *Binden eines Clients zu einem Server*
- *Durchführung des entfernten Aufrufs*

Im ersten Schritt lokalisiert der aufrufende Client einen Server, der die gewünschte Prozedur anbietet. Dies kann entweder nur einmal statisch für alle späteren Aufrufe oder aber auch dynamisch bei jedem einzelnen Aufruf erfolgen. Der Server muß dazu die entsprechende Prozedur mit ihrer Schnittstelle exportieren; der Client importiert sie nach einer Prüfung auf Typkonformität. Im zweiten Schritt erfolgt dann der eigentliche Aufruf, der sich in eine *Kodierung* der Aufrufspezifikation, den *Datentransfer*, die *Dekodierung* und *Ausführung* auf Serverseite und die anschließende, analog strukturierte *Rückantwort* gliedert.

[NEL81] diskutiert ausführlich Grundlagen, Probleme und Realisierung des Remote Procedure Calls. Insbesondere werden dort auch die verschiedenen semantischen Klassen des RPC in bezug auf die möglichen Fehlerfälle erläutert. In [BIN84] wird eine vollständige Implementierung eines *RPC*-Mechanismus beschrieben. Erweiterungen des RPC (z.B. [OTO87]) betreffen die Unterstützung von *asynchronen Aufrufen* sowie von *Rückaufrufen* vom Server zum Client und damit von wechselnden Rollen, die effiziente Übertragung großer Datenmengen oder auch anwendungsorientierte Flußkontrollmechanismen. Das *HRPC*-System [BCL87] ermöglicht die Kopplung heterogener RPC-Implementierungen, die auf einen uniformen RPC-Mechanismus abgebildet werden.

Bewertung:
Mit Hilfe des RPC wird dem Entwickler verteilter Anwendungen ein mächtiger Mechanismus angeboten. Ausschlaggebend ist die Uniformität von lokalen und entfernten Aufrufen, die durch Verwendung des bekannten Konstruktes der Prozedur erreicht wird. Im Unterschied zu den oben diskutierten Ansätzen im Betriebssystembereich erfolgt hier eine Integration der Mechanismen in eine Programmiersprache. Damit wird eine begrenzte Transparenz der Verteilung erreicht, und zwar nicht nur in bezug auf bestimmte Kommunikationsmechanismen wie z.B. dem einfachen *Nachrichtenaustausch*, sondern auf der Ebene der auch im lokalen Fall gewohnten Sprachkonstrukte.

Jedoch auch bei einer Integration mit streng typisierten Programmiersprachen wie z.B. *Modula-2* kann mit dem RPC nicht die gleiche Semantik wie im lokalen Fall erreicht werden [TAR88]. Grund dafür ist neben der *Fehlerproblematik* vor allem die *Behandlung von Referenzparametern* im entfernten Fall. Existierende Systeme lassen Referenzparameter entweder überhaupt nicht zu oder beschränken ihre Behandlung auf eine feste Referenzstufe, wobei die referenzierten Daten zum Aufgerufenen kopiert werden (*Call-by-value-return*); entfernte Referenzen werden nicht unterstützt.

Weitere Probleme ergeben sich durch die feste Zuordnung der Client- und Serverinstanzen im verteilten System. Mit einer ungünstigen Verteilung von Prozeduren sind häufige entfernte Aufrufe verbunden, die entsprechende Leistungseinbußen zur Folge haben können. Die Möglichkeit einer dynamischen Neuzuordung von Instanzen wäre also wünschenswert und wird im Rahmen der verteilten objektorientierten Ansätze (Abschnitt 2.3.2) diskutiert. Der synchrone RPC-Mechanismus in seiner reinen Form erlaubt auch keine Parallelität. Dieses Problem wird jedoch durch asynchrone Erweiterungen bzw. durch den zusätzlichen Einsatz nebenläufiger Prozesse gelöst.

2.2.4 Objektorientierte Kommunikationsmechanismen

Der objektorientierte Ansatz mit den Grundprinzipien der *Datenabstraktion*, der *Vererbung* und des *dynamischen Bindens* führt zur Strukturierung einer Anwendung in Form von kommunizierenden Objekten. Die Kommunikation zwischen Objekten erfolgt dabei ausschließlich über *Nachrichten*, die zum Aufruf von Operationen (*Methoden*) auf Objekten führen. Eine solche Nachricht darf nicht mit dem obigen Begriff der Übertragungsnachricht verwechselt werden, sondern stellt eine Aufforderung zur Ausführung einer bestimmten Operation durch das Empfängerobjekt auf Anwendungsebene dar.

Dieses Prinzip läßt sich auch auf verteilte Systeme erweitern. Ein erster Ansatz dazu wurde bereits durch *Monitore* [HOA74] mit verteilter Realisierung bzw. durch *verteilte Datenstruk-*

turen [CAG86] aufgezeigt. Dabei wird der Zugriff auf die eingekapselten Daten über spezielle Serverprozesse abgewickelt. In existierenden verteilten objektorientierten Systemen erfolgt die Kommunikation zwischen Objekten i.a. nach dem Prinzip des RPC; die meisten der existierenden Systeme erlauben jedoch auch den asynchronen Austausch von Nachrichten. Im Vergleich zum RPC wird jedoch eine erweiterte Semantik in bezug auf *entfernte Objektreferenzen* und *Objektmobilität* geboten (Abschnitt 2.3.2). Das grundlegende Modell des verteilten objektorientierten Ansatzes wurde in verschiedenen verteilten Systemen realisiert (s. z.B. [BEN87], [DEC86], [CUL87], [BHJ87]). Die speziellen Eigenschaften des Ansatzes und seiner Realisierungen werden unten ausführlich diskutiert; an dieser Stelle reicht die Beschreibung des Grundprinzips für eine Bewertung aus.

Bewertung:
Der Hauptvorteil des objektorientierten Ansatzes ist die Uniformität bei der Objektkommunikation. Für potentiell entfernte Operationen müssen nicht wie in den anderen Ansätzen getrennte Konstrukte verwendet werden, sondern es gibt nur eine einzige einheitliche Form der Objektkommunikation. Damit wird die Verteilungstransparenz bei der Kommunikation nicht nur für spezielle Konstrukte, sondern für die Gesamtheit aller Mechanismen erreicht. Dies gilt zwar prinzipiell auch für den Remote Procedure Call; im Gegensatz hierzu wird beim objektorientierten Ansatz jedoch auch bei entfernten Aufrufen die gleiche Semantik wie im lokalen Fall erreicht. Dies gilt insbesondere für Referenzparameter, die beim RPC nur eingeschränkt behandelt werden (Abschnitt 2.2.3). Durch intern verwaltete Indirektionen werden beim objektorientierten Ansatz auch entfernte Objektreferenzen und damit auch Referenzparameter bei entfernten Aufrufen transparent unterstützt. Durch die noch zu diskutierende Mobilität von Objekten wird außerdem eine Flexibilität bei der Plazierung kommunizierender Einheiten erreicht, die beim RPC nicht gegeben ist. Dies kann zur Verbesserung der Laufzeiteigenschaften und auch zur Realisierung dynamischer Konfigurationsänderungen ausgenutzt werden (Kap. 3 und 4).

2.2.5 Verteilte Programmiersprachen

Verteilte Programmiersprachen bieten die beschriebenen Konstrukte des *Nachrichtenaustauschs*, des *RPC* oder des *objektorientierten Ansatzes* in sprachintegrierter Form an. Die Kommunikationsmechanismen in den Sprachen *CSP* [HOA78] und *Occam* [MAY83] basieren auf der Direktadressierung von Prozessen, ermöglichen aber bedingt auch die indirekte Adressierung über *Kanäle*. Eine Vielzahl von Systemen, u.a. *CONIC* [KRM87], *PCL* [LIS83], *NIL* [STY83] und *DESIGN* [MÜH86] bieten Sprachen mit synchronem und asynchronem Nachrichtenaustausch und mit indirekter portorientierter Adressierung an. Der Remote Procedure Call wird neben einer Implementierung von Birrell und Nelson [BIN84] z.B. auch von *LYNX* [SCO87] oder *ARGUS* [LIS83] und vielen anderen Systemen angeboten. Vertreter verteilter objektorientierter Programmiersprachen wie z.B. *Emerald* [BHJ87] werden unten separat ausführlich beschrieben.

	Betriebssystem-ansatz	Nachr.austausch sprachintegriert	Remote Procedure Call	Objekt-orientierte Ansätze
Explizite Repräsentation von Verteilungseinheiten	BS-Prozeß	BS-Prozeß	BS-Prozeß	Objekt
Flexible Granularität	nein	nein	nein	ja
Verteilungsunabh. Aufrufe	nein	nein	bedingt	ja
Dynamische Plazierung	Prozeß-migration	Prozeß-migration	Prozeß-migration	Objekt-migration
Flexibler Grad der Verteilungs-transparenz	nein	nein	nein	nein
Konfigurationsverwaltung	in einigen Systemen	in einigen Systemen	nein	nein

Tabelle 2.2: Vergleich verschiedener Ansätze zur verteilten Programmierung

2.2.6 Vergleich mit dem geforderten Modell

In Tabelle 2.2 wird ein Vergleich der beschriebenen Mechanismen im Hinblick auf das in Kap. 1 geforderte Modell gegeben. Alle Ansätze ermöglichen eine *explizite Repräsentation von Verteilungseinheiten.* Abgesehen von verteilten objektorientierten Systemen ist dabei jedoch die *Granularität* durch den Betriebssystemprozeß als Einheit der Verteilung fest vorgegeben und damit nicht flexibel wählbar. Die zum Datentransfer verwendeten Nachrichten selbst können i.a. nicht beliebig (insbesondere nicht entfernt) referenziert werden und genügen damit nicht der Definition einer Verteilungseinheit (Kap. 1). Operationsaufrufe sind nur beim objektorientierten Ansatz vollständig verteilungsunabhängig; der Remote Procedure Call ermöglicht dies nur mit den genannten Einschränkungen, während die übrigen Ansätze stets unterschiedliche Konstrukte für lokale und entfernte Operationen erfordern.

Die Plazierung von Verteilungseinheiten ist in verteilten objektorientierten Systemen durch *Objektmigrationen* dynamisch modifizierbar. Bei den übrigen Ansätzen wird dies z.T. durch die Möglichkeit der Prozeßmigration unterstützt; dabei ist jedoch die Granularität der verlagerten Einheiten wiederum fest vorgegeben. Der *Grad der Verteilungstransparenz* in bezug auf die Plazierung von Verteilungseinheiten ist bei keinem der Ansätze flexibel wählbar; i.a. müssen die initiale Plazierung wie auch die dynamischen Änderungen stets explizit vorgegeben werden. Zusätzliche *Strukturierungs- und Verwaltungsmechanismen* existieren für die auf dem Nachrichtenaustausch basierenden Betriebssystemansätze, was bei der Diskussion der Konfigurationsverwaltung in Abschnitt 2.5 deutlich wird. In existierenden verteilten objektorientierten Systemen wird hierfür jedoch keine weitere Unterstützung geboten.

Da objektorientierte Systeme die einleitend aufgestellten Forderungen zu einem höheren Grad erfüllen als die übrigen Ansätze, konzentriert sich die Arbeit im folgenden auf diesen Bereich. Für die Arbeit sind dabei vor allem die genannten Verteilungseigenschaften des objektorientierten Ansatzes von Bedeutung.

2.3 Verteilte objektorientierte Ansätze

Dieser Abschnitt führt zunächst die Grundlagen des objektorientierten Ansatzes ein und beschreibt dann Erweiterungen dieser Konzepte auf verteilte Umgebungen. Einen Schwerpunkt bildet dabei die Diskussion der *Objektmobilität*.

2.3.1 Grundlagen des objektorientierten Ansatzes

Der objektorientierte Ansatz [GOR83, WEG87, BAW88] geht auf die Programmiersprache *Simula* [DAM70] zurück, die bereits seit Beginn der 70er Jahre existiert. Stärkere Verbreitung fand dieser Ansatz jedoch erst in den 80er Jahren mit dem System *Smalltalk* und mit nachfolgenden hybriden objektorientierten Sprachen. Die Grundprinzipien des Ansatzes sind die *Datenabstraktion*, die *Vererbung* von Datenstrukturen und Operationen und das *dynamische Binden* von Operationen zu Aufrufen zur Laufzeit. Die zentrale Motivation für den objektorientierten Ansatz liegt in der zunehmenden Komplexität von Softwaresystemen, die sich durch konsequente Einkapselung von Daten und Operationen besser beherrschen läßt. Gleichzeitig besteht Bedarf nach der Wiederverwendung existierender Software, was durch das Prinzip der Vererbung ermöglicht wird. Der Softwareentwurf wird durch die Möglichkeit der direkten Abbildung von Elementen des Problembereichs auf Objekte begünstigt.
Im Vergleich zum objektorientierten Ansatz realisieren statische Modulkonzepte zur Einkapselung von Datenstrukturen und Operationen wie z.B. *Packages* in *ADA* [BAR84] zwar das Prinzip der Datenabstraktion, ermöglichen aber keine *dynamische Generierung neuer Modulinstanzen* und unterstützen die Vererbung und das dynamische Binden nicht.

2.3.1.1 Grundbegriffe

Die wichtigsten Begriffe der objektorientierten Programmierung sind *Objekte*, *Klassen*, *Methoden* und *Nachrichten* bzw. *Methodenaufrufe* sowie *Vererbung* (Abb. 2.2). Ein *Objekt* umfaßt eine Datenstruktur sowie zugehörige Operationen (*Methoden*). Gleichartige Objekte werden durch Klassen beschrieben, die den Typ der Datenstruktur und die Implementierung der zugehörigen Methoden definieren. Objekte werden auch als *Instanzen* bezeichnet.

Eine Verarbeitung innerhalb eines objektorientierten Systems erfolgt auf der Basis des *Nachrichtenaustauschs* zwischen Objekten. Eine Nachricht stellt eine Aufforderung zur Ausführung einer Methode dar und soll im folgenden auch als *Methodenaufruf* bezeichnet werden. Das empfangende Objekt führt die in einer Nachricht spezifizierte Methode aus und gibt dem sendenden Objekt im synchronen Fall anschließend eine Rückmeldung. Auf die Rückkehr eines *asynchronen Methodenaufrufs* in Systemen mit parallelen oder quasiparallelen Prozessen wird dagegen nicht vom Sender gewartet; dieser kann mit seiner Bearbeitung sofort nach dem Absetzen des Aufrufs fortfahren.
Das *dynamische Binden* erlaubt es, die Implementierung einer aufgerufenen Methode erst zur Laufzeit gemäß der Klasse des aufgerufenen Objektes auszuwählen. Dies ist bei generischen Klassen wie beispielsweise Listen wichtig. Durch das dynamische Binden kann z.B. auf allen Objekten einer Liste eine Operation ausgeführt werden, die je nach Klasse des entsprechenden Objektes unterschiedlich realisiert wird.
Die verschiedenen Formen der Interaktion zwischen Objekten sollen allgemein auch als *Objektkommunikation* bezeichnet werden. Der Begriff des *Prozesses* soll im folgenden für *leicht-*

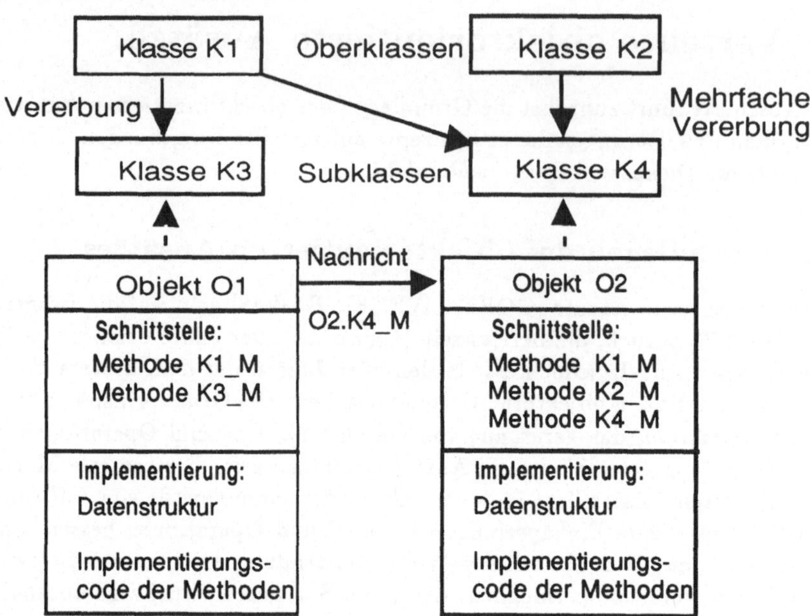

Abbildung 2.2: Elemente der objektorientierten Programmierung

gewichtige Prozesse verwendet werden, die sich den Adreßraum teilen und bei denen ein Kontextwechsel mit geringem Aufwand realisiert werden kann [SSW88]. Als *Betriebssystemprozesse* werden dagegen konventionelle Prozesse bezeichnet, die über einen eigenen Adreßraum verfügen und direkt vom Betriebssystem verwaltet werden.

Beim Aufruf bzw. bei der Rückkehr einer Methode können *Referenzen* auf andere Objekte als Parameter übergeben werden. Eine Objektreferenz stellt einen systemweit eindeutigen Identifikator dar, der bei Erzeugung eines Objektes generiert wird. Zu jedem gültigen Objektidentifikator existiert stets auch eine gültige Objektinstanz. Eine Objektreferenz wird vom System entweder direkt oder indirekt über eine Tabelle auf die physische Repräsentation des referenzierten Objektes abgebildet.

Ein weiteres zentrales Konzept im Rahmen des objektorientierten Ansatzes ist die *Vererbung*. Hierdurch wird es möglich, die Eigenschaften existierender Objektklassen bei der Definition neuer Klassen wiederzuverwenden und zu ergänzen. Dabei erfolgt eine Vererbung der Datenstruktur und der Operationen einer *Oberklasse* an eine *Subklasse*. Objekte der Subklasse bieten also mindestens alle Operationen ihrer Oberklasse nach außen an. Sprachen mit Objekten, aber ohne Vererbung, werden im Gegensatz zu den objektorientierten Sprachen lediglich als *objekt-basiert* bezeichnet [WEG87].

2.3.1.2 Spezielle Eigenschaften

Neben den elementaren Grundbegriffen sind zusätzlich die angebotene *Typisierung*, die verschiedenen *Arten der Vererbung*, die mögliche *Nebenläufigkeit* bzw. *Parallelität* sowie die angebotene *Speicherverwaltung* als spezielle Eigenschaften des objektorientierten Ansatzes von besonderer Bedeutung.

Untypisierte Sprachen behandeln alle Referenzen auf Objekte gleich; es ist daher keine Überprüfung von Objektreferenzen zur Übersetzungszeit möglich. Bei *typisierten* Sprachen kann neben einer solchen Fehlerprüfung in vielen Fällen auch eine Zuordnung von Methodenaufrufen zu deren Implementierung zur Übersetzungszeit erfolgen, wodurch Effizienzprobleme bei Methodenaufrufen weitgehend behoben werden.
Bei den angebotenen *Vererbungsmechanismen* wird zwischen *einfacher* und *mehrfacher* Vererbung unterschieden. Sprachen mit einfacher Vererbung erlauben für jede Klasse nur maximal eine Oberklasse, während die Zahl der Oberklassen bei mehrfacher Vererbung beliebig ist. Bei mehrfacher Vererbung sind Namenskonflikte zwischen gleichnamigen Methoden und zwischen Instanzvariablen verschiedener Oberklassen aufzulösen. Einfache Ansätze verwenden dazu feste systeminterne Schemata wie z.B. im einfachsten Fall die Reihenfolge der einzelnen Oberklassen; weitergehende Ansätze [BOR88] lassen dagegen explizite Angaben des Softwareentwicklers bzgl. der Konfliktauflösung zu.

Durch unabhängige Prozesse in objektorientierten Programmiersprachen bzw. Systemen wird *Nebenläufigkeit* bzw. *Parallelität* innerhalb einer Anwendung ermöglicht. Echte Parallelität ist dabei nur auf einem Multiprozessorsystem möglich. Generell sind Prozeßkommunikations- und -synchronisationsprimitiven erforderlich, die meist selbst wieder in Form von Methoden spezieller Objektklassen angeboten werden.
Die *Speicherverwaltung* in objektorientierten Systemen ist komplexer als in konventionellen Systemen, da Objekte fast immer über die Dauer von Aufrufen hinweg existieren und oft von mehreren Seiten referenziert und aufgerufen werden. Daher ist zur Freigabe von nicht mehr verwendeten Objekten Systemunterstützung wünschenswert. Bekannte Verfahren zu einer entsprechenden automatischen Speicherverwaltung sind *Mark-and-Sweep* und *Reference Counting* [ATN88].

2.3.1.3 Existierende Sprachen und Systeme

Existierende objektorientierte Sprachen lassen sich grob in *reine* und in *hybride* Ansätze gliedern. Reine objektorientierte Sprachen beschränken sich weitgehend auf die elementaren Konstrukte *Klasse*, *Objekt*, *Methode* und *Nachricht*. Hybride objektorientierte Sprachen umfassen neben diesen objektorientierten Elementen auch konventionelle prozedurale bzw. funktionale Konstrukte. Damit ist die Weiterverwendung existierender nicht objektorientierter Software leichter möglich. Anwendungen mit eher funktionsorientiertem Charakter lassen sich außerdem in hybrider Form adäquater repräsentieren.

Wichtige Vertreter reiner objektorientierter Sprachen und Systeme sind *Smalltalk* [GOR83], *Trellis/Owl* [SCB86] und *Eiffel* [MEY88]. *Smalltalk* war die erste vollständig realisierte objektorientierte Sprache. Neben der Sprache selbst umfaßt das System eine komfortable Programmierumgebung mit einer graphischen Benutzerschnittstelle. Die Sprache bietet jedoch keine strenge Typisierung und läßt in ihrer Grundform nur die einfache Vererbung zu. *Concurrent Smalltalk* [YOT87] erweitert die Sprache um nebenläufige Prozesse. *Trellis/Owl* dagegen realisiert eine volle Typisierung und bietet darüber hinaus parallele Prozesse und auch *permanente Objekte* mit Datenbankunterstützung an. *Eiffel* realisiert neben einer strengen Typisierung auch einige höhere Konstrukte zur Entwurfsunterstützung, wie z.B. vom System überprüfbare Vor- und Nachbedingungen von Methoden.

	Smalltalk	Concurr. Smalltalk	C++	PRESTO	Objective C	Trellis/ Owl	Eiffel
Vererbung	X	X	X	X	X	X	X
Mehrfache Vererbung	(X)		(X)		(X)	X	X
Strenge Typisierung			X	X		X	X
Hybrider Ansatz			X	X	X		
Dynamisches Binden	X	X	X	X	X	X	X
Automatische Speicherverw.	X	X			(X)	X	X
Nebenläufig-keit		X	(X)	X		X	
Parallelität				X			

Tabelle 2.3: Vergleich verschiedener objektorientierter Programmiersprachen

Die existierenden hybriden objektorientierten Sprachen sind Erweiterungen prozeduraler oder funktionaler Sprachen. Wichtige Beispiele für prozedurale objektorientierte Sprachen sind *C++* [STR86] und *Objective-C* [COX86]. *C++* ist die inzwischen wohl am weitesten verbreitete objektorientierte Sprache und realisiert neben objektorientierten Konstrukten auch wichtige allgemeine Erweiterungen der Sprache *C*. Dazu gehört z.B. ein strenges Typkonzept oder auch das Überladen von Operatoren. Als Besonderheit erlaubt *C++* es, auf Objekte fremder Klassen aus Effizienzgründen anstatt über Methodenaufrufe auch direkt zuzugreifen; dies geschieht jedoch nur in kontrollierter Weise mit Hilfe des sogenannten *Friend-Access*. *C++* erlaubt in seiner Grundform nur einfache Vererbung und realisiert auch keine automatische Speicherverwaltung wie z.B. *Smalltalk* oder *Eiffel*. Das System *Presto* [BLL88] erweitert *C++* um parallele Prozesse auf einer Multiprozessorarchitektur mit gemeinsamem Speicher. *Objective-C* ist ebenfalls eine objektorientierte Erweiterung von *C*, es unterstützt jedoch keine strenge Typisierung. Für *Pascal* existieren ähnliche Erweiterungen. Bei den funktionalen Sprachen sind z.B. *LOOPS* [SBM83], *FLAVORS* [MOO86] oder auch *ABCL* [YBS86] zu nennen, die fast alle auf dem *ACTOR-Modell* [AGH86] basieren.

Vergleich:

In Tabelle 2.3 werden die beschriebenen speziellen Elemente des objektorientierten Ansatzes den wichtigsten der genannten Sprachen zugeordnet. Damit wird eine vergleichende Darstellung gegeben. Die Angaben in Klammern bedeuten, daß die entsprechende Eigenschaft lediglich in prototypischen Experimentalversionen bzw. nicht in sprachintegrierter, transparenter Form realisiert ist (letzteres bzgl. der Nebenläufigkeit).

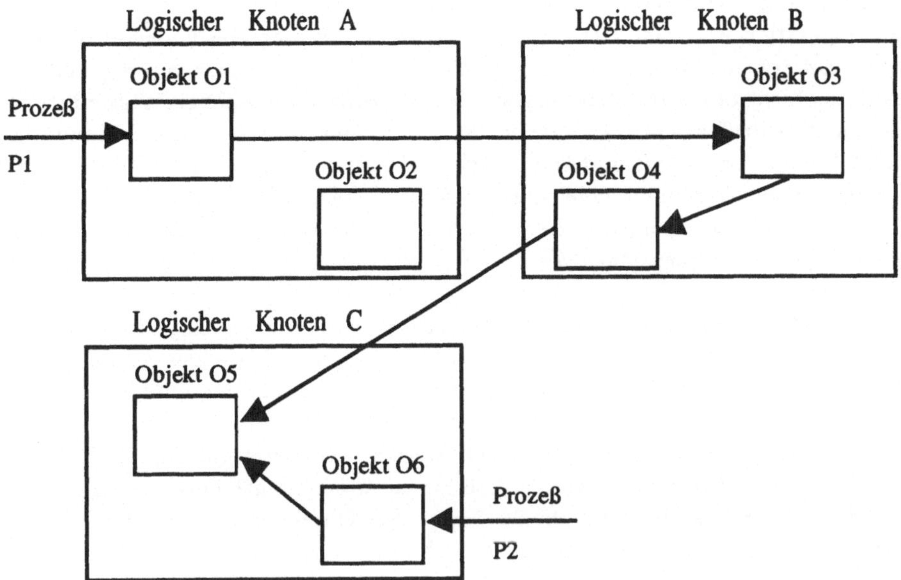

Abbildung 2.3: Logische Knoten und verteilte Objekte

2.3.2 Verteilte Erweiterungen

Das uniforme Modell der objektorientierten Programmierung mit dem Austausch von Nachrichten als einziger Interaktionsmöglichkeit zwischen Objekten legt eine Erweiterung auf verteilte Systeme nahe. Objekte sind in diesem Fall die elementaren Einheiten der Verteilung. Interagierende Objekte können generell auf verschiedene *logische Knoten* verteilt sein (Abb. 2.3). Ein logischer Knoten wird durch den Adreßraum eines Betriebssystemprozesses repräsentiert. Charakteristisch für logische Knoten ist es, daß Objekte auf dem gleichen logischen Knoten über gemeinsamen Speicher kommunizieren können, während bei Interaktionen zwischen Objekten auf verschiedenen logischen Knoten stets ein erheblich aufwendigerer Nachrichtenaustausch zumindest auf Betriebssystemebene erfolgen muß. Zwischen logischen Knoten, die verschiedenen physikalischen Knoten zugeordnet sind, müssen zusätzlich transportorientierte Kommunikationsprotokolle eingesetzt werden.

2.3.2.1 Zentrale Eigenschaften

Mit der Verteilung von Objekten auf verschiedene Knoten sind eine Reihe zentraler Eigenschaften verbunden:

- *Entfernte Referenzierbarkeit und Lokalisierbarkeit von Objekten*
- *Verteilungsunabhängige Ausführung von Methodenaufrufen*
- *Objektmigration zwischen logischen Knoten*

Die Verteilung von Objekten auf unterschiedliche logische Knoten führt zu *entfernten Objektreferenzen*, die vom System unterstützt werden müssen. Damit verbunden ist die Forderung nach der *Lokalisierbarkeit* von Objekten. Zu jedem Zeitpunkt muß die aktuelle *Lokation*

eines Objektes, d.h. seine momentane Zuordnung zu einem logischen Knoten mit Hilfe einer Systemoperation ermittelt werden können. Ein entfernter Methodenaufruf sollte vom System *transparent* an das aufgerufene Objekt über Rechnergrenzen hinweg weitergeleitet und damit aus Sicht des Anwendungsentwicklers verteilungsunabhängig ausgeführt werden. Bei synchronen Aufrufen wird der aufrufende Anwendungsprozeß an der Lokation des aufgerufenen Objektes fortgesetzt und kehrt nach Ende des Aufrufs wieder an die Lokation des Aufrufenden zurück. Der im vorangegangenen Abschnitt eingeführte Prozeßbegriff soll daher nun um den Verteilungsaspekt erweitert werden. Ein *Prozeß* repräsentiert demnach einen *zusammenhängenden, sequentiellen Kontrollfluß, der sich auch über Rechnergrenzen hinweg erstrecken kann.*
Die *Objektmobilität* ermöglicht die Modifikation der momentanen Objektplazierung durch dynamische Verlagerung (*Migration*) von Objekten zwischen logischen Knoten. Die technischen Details von Migrationsoperationen sollten dem Anwendungsentwickler vollständig verborgen bleiben. Bei der dynamischen Änderung von Objektlokationen muß die Referenzierung entfernter Objekte speziell behandelt werden. Gleiches gilt für die Weiterleitung entfernter Methodenaufrufe und insbesondere für die transparente Fortsetzung eines laufenden Aufrufs nach einer Migration. Die Mobilität von Objekten sollte unabhängig von den darauf aktiven Aufrufen sein, um generelle Einschränkungen zu vermeiden. Lösungen für die genannten Probleme werden bei der Betrachtung existierender Ansätze und bei der Diskussion der Objektmobilität angesprochen.

Um eine Abgrenzung zu Ansätzen im Bereich der verteilten und der Netzbetriebssysteme vorzunehmen, sollen im folgenden nur solche Systeme näher betrachtet werden, die zwei zusätzliche Forderungen erfüllen:

- *Freie Definition neuer Objektklassen*
- *Sprachintegration*

Die Möglichkeit zur Definition beliebiger neuer Objektklassen soll im folgenden vorausgesetzt werden. Dies ist z.B. bei verteilten objekt-basierten Betriebssystemansätzen, die sich auf fest vorgegebene Klassen wie z.B. *Ports* oder *Semaphoren* beschränken [EGS88], häufig nicht erfüllt. Die vorliegende Arbeit fordert also auch für den verteilten Fall ein allgemeines Objektmodell, wie es im vorigen Abschnitt bei der Grundlagendiskussion beschrieben wurde. Durch *Integration* der Verteilungsaspekte in die zugrundeliegende objektorientierte Sprache wird eine *uniforme* Behandlung entfernter Aufrufe sowie die Transparenz realisierungstechnischer Aspekte bei der Migration möglich. Reine Betriebssystemansätze bieten dagegen die entsprechenden Mechanismen lediglich über prozedurale Schnittstellen ohne Sprachintegration an. Die Realisierung der Sprachintegration kann zum einen über eine Erweiterung existierender objektorientierter Sprachen um Verteilungskonzepte und zum anderen durch den vollständigen Neuentwurf einer verteilten objektorientierten Sprache erfolgen.

2.3.2.2 Resultierende Vorteile

Aus den genannten Eigenschaften des verteilten objektorientierten Ansatzes resultieren wichtige Vorteile für die Entwicklung verteilter Anwendungen. Dabei sind vor allem die *Verteilungsunabhängigkeit des Implementierungscodes*, der *Direktzugriff auf Objekte* mit flexibler Verteilungsgranularität, die gegebenen Möglichkeiten zur *Übertragung von Objektdaten* und die *Behandlung der Heterogenitätsproblematik* zu nennen.

Durch die *Verteilungsunabhängigkeit von Methodenaufrufen* wird eine weitgehende Verteilungsunabhängigkeit des Implementierungscodes erreicht. Lediglich die Operationen zur Vorgabe und Modifikation der Objektplazierung sind abhängig von Verteilungsaspekten. Bei der Entwicklung von Anwendungen kann jedoch zunächst auf diese Teile verzichtet werden, wodurch das verteilungsunabhängige Testen der Anwendung in einer lokalen Umgebung ermöglicht wird. Auch die Installation in unterschiedlichen verteilten Zielumgebungen wird durch die Trennung verteilungsunabhängiger und verteilungsabhängiger Aspekte begünstigt; gegebenenfalls müssen lediglich die Plazierungsanweisungen modifiziert werden.
Der Zugriff auf Objekte kann in jedem Fall *direkt* über Methodenaufrufe erfolgen. Im Gegensatz zu anderen Ansätzen sind keine Interaktionen mit verwaltenden Betriebssystemprozessen erforderlich. Entsprechende Interaktionen werden in den Systemkern verlagert und sind für die Anwendung transparent. Methodenaufrufe können um *Zugriffsschutzmaßnahmen* ergänzt werden; damit werden die Einheiten der Verteilung gleichzeitig auch zu Einheiten des Zugriffsschutzes. Die Größe und die Funktionalität von Objekten, d.h. ihr Datenvolumen und ihre Operationen können frei vorgegeben werden; somit wird eine *flexible Verteilungsgranularität* erreicht. Generell können beliebige Objekte einer Anwendung zu Einheiten der Verteilung werden und sind damit entfernt referenzierbar und migrierbar.

Bei der *Übertragung von Objektdaten* zwischen logischen Knoten ist keine explizite Transformation in ein geeignetes Übertragungsformat im Rahmen der Anwendungsimplementierung erforderlich. Stattdessen können Migrationsoperationen eingesetzt werden, um Objekte und ihre Daten zu übertragen. Dabei werden auch Objektreferenzen automatisch transformiert, was besonders bei komplex strukturierten Objekten [LAM85] von Bedeutung ist.
Bei der Datenübertragung zwischen *heterogenen Rechnern* mit unterschiedlichen Datenformaten sind grundsätzlich Datentransformationen erforderlich. Da Datenübertragungen lediglich mit Hilfe von Objektmigrationen erfolgen, können diese Transformationen in die Migrationsoperation des jeweiligen Systems integriert werden. Dabei können bekannte Techniken angewendet werden [ISO85]; die dazu erforderliche Beschreibungsinformation kann vom Sprachcompiler erzeugt und bei der zugehörigen Objektklasse abgelegt werden [JUL88].

2.3.2.3 Beispiel: Entfernter Dateizugriff

Die beschriebenen Mechanismen sollen anhand eines Beispiels veranschaulicht werden, das einen entfernten Dateizugriff realisiert. Es umfaßt die Objekte *FileServer*, *NameTable*, *File1*, *File2* und *Client* (Abb. 2.4). Der Client greift auf entfernte Dateien zu, indem er die Methode "OpenFile" des Dateiservers mit dem Dateinamen als Parameter aufruft. Dabei wird bereits vorausgesetzt, daß er über eine Referenz auf den Dateiserver verfügt, die er z.B. von einem getrennten Name-Server erhalten hat. Der Aufruf der Methode "OpenFile" erfolgt in lokationsunabhängiger Form und unterscheidet sich damit abgesehen von möglichen, durch die Verteilung bedingten Fehlersituationen nicht von einem lokalen Aufruf.

Der Dateiserver sucht die entsprechende Datei in seiner Namenstabelle mit der Methode "GetObject" unter Angabe des Dateinamens und erhält im positiven Fall eine *Referenz* auf das betreffende Dateiobjekt. Diese Referenz übergibt er dem Client als Rückgabeparameter der Methode "OpenFile". Der Client kann nun direkt auf das Dateiobjekt durch Aufruf von Methoden zum Lesen bzw. Schreiben von Daten zugreifen ("ReadFile" bzw. "WriteFile"). Dies ist ein wesentlicher Unterschied zu anderen Ansätzen, wo in diesem Moment stets eine zusätzliche explizite Interaktion mit einem Betriebssystemprozeß erforderlich ist.

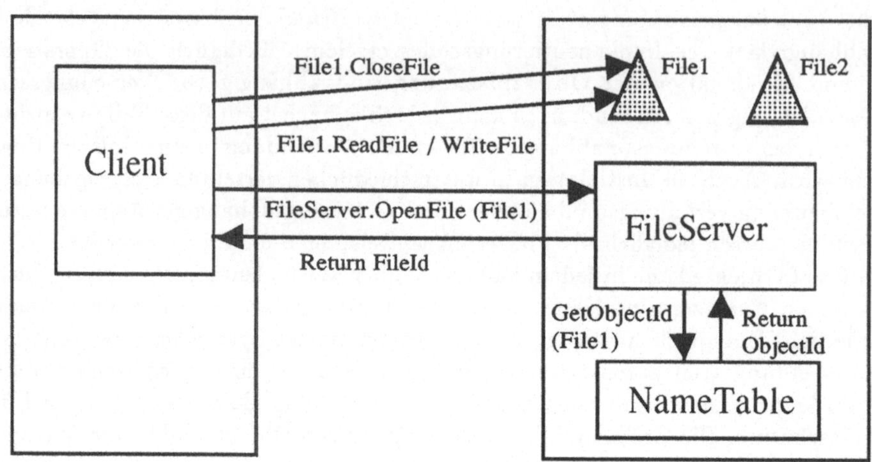

Abbildung 2.4: Entfernter Dateizugriff, objektorientiert realisiert

Nach Abschluß seiner Zugriffsoperationen schließt der Client die Datei durch Aufruf von "CloseFile". Optional ist eine Migration des Dateiobjektes zum Client für die Dauer der Zugriffe möglich, um die entfernte Kommunikation zu reduzieren. Dazu muß lediglich die verfügbare Migrationsoperation aufgerufen werden; die technischen Details der Migration werden jedoch vom System transparent für den Entwickler realisiert. Abgesehen von der erwähnten Migration läßt sich das Beispiel verteilungsunabhängig beschreiben und auch implementieren. Das Dateiobjekt wird im Direktzugriff bearbeitet und kann gleichzeitig eine Einheit des Zugriffsschutzes und der Zugriffssynchronisation darstellen. Durch die Verteilungsunabhängigkeit der Implementierung und durch die klare Strukturierung der Verteilungseinheiten in Form von Objekten vereinfacht sich die Realisierung gegenüber anderen existierenden Ansätzen erheblich.

2.3.2.4 Existierende Systeme

Nach dem Überblick über die grundlegenden Eigenschaften des verteilten objektorientierten Ansatzes sollen nun die wichtigsten existierenden Systeme dieses Bereiches vorgestellt werden. Die Systeme lassen sich grob klassifizieren in *Betriebssystemansätze*, *integrierte verteilte objektorientierte Sprachen*, *Erweiterungen existierender objektorientierter Sprachen*, *datenbankorientierte Ansätze* und *integrierte Gesamtarchitekturen*. Zu jeder dieser Klassen soll zumindest ein repräsentatives Beispiel angesprochen werden.

Betriebssystemansatz:
Das System *EDEN* [ABL85], das an der University of Washington in Seattle entwickelt wurde, ist in den Bereich der Betriebssystemansätze einzuordnen. Es bietet eine eigene objektorientierte Programmiersprache, die eine freie Definition neuer Klassen und Objekte ermöglicht. Das System unterstützt transparente entfernte Aufrufe und Objektmobilität. Allerdings sind die Objekte (sogenannte *Ejects*) als Betriebssystemprozesse realisiert und bieten damit nur eine fest vorgegebene, relativ grobe Verteilungsgranularität.

Integriertes Sprachkonzept:
Wie bereits *EDEN* wurde auch das System *Emerald* [BHJ86, BHJ87, JLH88] an der University of Washington in Seattle entwickelt. Es basiert auf einem uniformen Objektmodell für alle Objekte einer Anwendung unabhängig von ihrer Verwendung oder Verteilung. *Emerald* stellt eine eigene objektorientierte Sprache mit Integration der Verteilungsaspekte zur Verfügung. Damit wird im Gegensatz zu den verteilten Spracherweiterungen eine umfangreiche Systemunterstützung gerade für die Verteilungsproblematik ermöglicht; dies gilt insbesondere für die Migration, die auch bei Objekten mit laufenden Methodenaufrufen uneingeschränkt möglich ist. Die entsprechenden speziellen Fähigkeiten werden unten bei der Diskussion der Objektmobilität beschrieben. Neben den Verteilungsaspekten bietet *Emerald* auch quasi-parallele Prozesse sowie ein strenges Typkonzept mit dem Begriff der Typkonformität [BHJ87]. *Emerald* ist das momentan am weitesten entwickelte System mit voller Integration der Verteilung.

Erweiterung existierender Sprachen:
Smalltalk wurde im Rahmen verschiedener Projekte auf verteilte Systeme erweitert [DEC86], [BEN87], [CUL87]. Diese Ansätze bieten alle eine ähnliche Funktionalität; sie realisieren transparente entfernte Objektzugriffe und auch die Objektmobilität. In allen existierenden Smalltalk-Erweiterungen sind jedoch nur solche Objekte migrierbar, auf denen momentan keine Operationen aktiv sind. Ein neuerer Ansatz [NYT88] vereinigt die Konzepte von *Concurrent Smalltalk* [YOT87] mit *Distributed Smalltalk* [BEN87] und integriert damit Verteilung und Nebenläufigkeit ähnlich wie in Emerald. Ziel dieser Smalltalk-Erweiterungen ist es vor allem, eine Kopplung existierender Anwendungen zu ermöglichen; Emerald wurde dagegen primär zur Realisierung neuer verteilter Anwendungen geschaffen. Daher wurde bei diesem System besonderer Wert auf die Effizienz gelegt.
Schließlich soll noch ein Folgesystem von *Emerald* erwähnt werden, das eine verteilte Erweiterung von *C++* realisiert und momentan ebenfalls an der University of Washington in Seattle entwickelt wird. Dieses System mit dem Namen *Amber* [CAL89] bietet nahezu die gleiche Funktionalität wie *Emerald*; es ist jedoch wegen der starken Verbreitung von *C++* von größerer praktischer Relevanz.

Datenbankorientierter Ansatz:
GEMSTONE [PSM87] realisiert eine Kopplung einer objektorientierten Datenbank mit Smalltalk-Systemen. Interessante Aspekte ergeben sich aus der freien Wahl des Ausführungsortes von Operationen und aus der Migrierbarkeit von Objekten zwischen der Datenbank und einer Smalltalk-Workstation. Es werden hierzu zwar keine Steuerungsmechanismen vorgeschlagen, jedoch zumindest die grundlegenden Probleme aufgezeigt. Neben der Kopplung mit objektorientierten Smalltalk-Systemen bietet *GEMSTONE* auch eine Schnittstelle zur Sprache *C*, dabei geht jedoch die Verteilungstransparenz von Operationsaufrufen verloren.

Integrierte Gesamtarchitekturen:
CSA (*C*ommunications *S*ystems *A*rchitecture) [KRA88] ist ein im Rahmen eines *ESPRIT*-Projektes entwickelter Ansatz und definiert eine objektorientierte Basisarchitektur für verteilte Anwendungen aus dem Bürobereich. Die Konzepte beschränken sich jedoch weitgehend auf die transparente Objektkommunikation; für die Objektmigration existieren nur rudimentäre Ansätze. Dagegen definiert *COMANDOS* [HOR87, HOR88], das ebenfalls im Rahmen eines *ESPRIT*-Projektes entwickelt wird, eine vollständige Architektur für ein in-

tegriertes Gesamtsystem. Die Konzepte von *COMANDOS* umfassen neben der vollen Unterstützung transparenter entfernter Aufrufe und der Objektmigration auch datenbankorientierte Elemente wie Transaktionen, persistente Objekte und Versionen, eine streng typisierte objektorientierte Programmiersprache, höhere Synchronisationsprimitiven für Objekte und ein spezielles Architekturmodell für Abläufe mit entfernten Interaktionen.

2.4 Objektmobilität

Dieser Abschnitt vertieft die Problematik der *Mobilität* von Objekten von feiner Granularität. Nach der Einführung elementarer Definitionen werden auch realisierungstechnische Probleme erörtert. Als wichtigster Vertreter einer praktischen Realisierung wird dann die Objektmobilität im verteilten objektorientierten System *Emerald* beschrieben. Anschließend wird noch kurz auf den Mechanismus der Prozeßmigration eingegangen und eine Abgrenzung gegenüber der Objektmobilität vorgenommen.

2.4.1 Grundbegriffe

Objektmobilität wird als die *Möglichkeit der Migration von Objekten* in einer verteilten objektorientierten Anwendung verstanden. Bei einer *Objektmigration* wird ein Objekt mit den zugeordneten Instanzdaten und allen momentan darauf aktiven Prozeßsegmenten von seiner momentanen Lokation, dem *Ausgangsknoten*, auf einen anderen Rechnerknoten, den *Zielknoten*, verlagert. Unter einem *Prozeßsegment* wird in diesem Zusammenhang der zu einem entsprechenden Methodenaufruf gehörige Kontext eines Prozesses, bestehend aus Stacksegment und Registern verstanden. Die beliebige Migrierbarkeit von Objekten unabhängig von den momentan darauf aktiven Aufrufen soll als *absolute Objektmobilität* bezeichnet werden. Systeme mit *beschränkter Objektmobilität* können dagegen nur Objekte ohne laufende Methodenaufrufe migrieren. Eine wichtige Eigenschaft bei der Migration ist die *Erhaltung des transparenten Zugriffs* auf ein migriertes Objekt. Jeder Aufruf an ein solches Objekt muß vom System transparent an die neue Lokation weitergeleitet werden. Ebenso muß jeder Aufruf, der vom migrierten Objekt selbst ausgeht, verteilungstransparent ausgeführt werden; dies gilt insbesondere für Aufrufe auf Objekten an der bisherigen Lokation.

2.4.2 Realisierungstechnische Probleme

Mit der Realisierung von Objektmigrationen sind eine Reihe technischer Probleme verbunden, die das *Auffinden von Objektreferenzen*, die *absolute Mobilität* und die *transparente Weiterleitung von Aufrufen* an ein Objekt nach der Migration betreffen. Die von einem migrierenden Objekt ausgehenden Referenzen müssen aus zwei Gründen erkannt werden: Zum einen müssen gegebenenfalls speziell gekennzeichnete Referenzen mit enger Bindung (Abschnitt 2.4.3) gefunden werden, um die so referenzierten Objekte gemeinsam zu migrieren, zum anderen müssen Objektreferenzen nach einer Migration gegebenenfalls an die neue Lokation angepaßt werden. Eine wichtige Voraussetzung dafür ist die Erzeugung entsprechender Formatbeschreibungen für Objektklassen durch den Compiler. Solche Formatbeschreibungen können zusätzlich auch die Transformation zwischen heterogenen Datenformaten unterstützen.

Mit der Realisierung *absoluter Objektmobilität* sind spezielle technische Probleme verbunden, da das System über eine Formatbeschreibung für die Stacksegmente aktiver Methodenaufrufe verfügen muß, um diese zusammen mit dem Objekt migrieren und auf der entfernten Seite reinstantiieren zu können. Die Stacksegmente selbst müssen also auch einzeln migrierbar sein. Außerdem muß jedes Objekt zunächst über Referenzen auf alle zugehörigen Aufrufstacks verfügen. Solche Fähigkeiten sind nur durch umfangreiche Eingriffe in den Compiler und das Laufzeitsystem einer existierenden Sprache oder durch Neukonzeption einer verteilten objektorientierten Sprache zu erreichen, wie es bei Emerald der Fall ist [JLH88]. Die verteilten Smalltalk-Erweiterungen realisieren dagegen nur beschränkte Mobilität.

Zur transparenten Weiterleitung von Aufrufen an ein migriertes Objekt existieren im wesentlichen drei Techniken, das *Forward Addressing*, das *Immediate Update* und der Einsatz eines *Name-Servers*. Beim *Forward Addressing* [FOW86] wird an der bisherigen Lokation ein Vorwärtsverweis auf die neue Lokation eingetragen. Aufrufe werden indirekt über die bisherige Lokation vom System weitergeleitet. Andere Knoten mit referenzierenden Objekten müssen daher nicht sofort von einer Migration unterrichtet werden; dies erfolgt erst beim nächsten Zugriff über die Forward Address. Bei mehreren aufeinanderfolgenden Migrationen entstehen Referenzketten; dies erhöht den Aufwand bei nachfolgenden Zugriffen, es werden dann jedoch i.a. alle Referenzen einer solchen Kette aktualisiert. Falls eine Referenzkette durch den möglichen Absturz eines Knotens unterbrochen wurde, wird auf ein Broadcast-Verfahren zur Lokalisierung eines migrierten Objektes zurückgegriffen. Das System *Emerald* arbeitet mit dem Prinzip des Forward Addressing.

Beim *Immediate Update* [DEC86] werden alle Knoten mit referenzierenden Objekten von der Migration des referenzierten Objektes unterrichtet. Damit werden Ketten von Forward Addresses vermieden. Jeder referenzierende Knoten verfügt über ein sogenanntes *Proxy-Objekt*, das einen lokalen Stellvertreter des referenzierten Objektes darstellt und einen Verweis auf die aktuelle Lokation dieses Objektes umfaßt. Dieses Verfahren wird in den verteilten Smalltalk-Erweiterungen eingesetzt. Dabei entsteht jedoch ein zusätzlicher Aufwand bei der Migration, selbst wenn vor einer eventuellen Rückmigration keine Zugriffe von entfernt referenzierenden Objekten auf ein migriertes Objekt erfolgen. Dieser Aufwand ist bei vielfach referenzierten Objekten signifikant und daher in großen Systemen problematisch. Ein weiterer Nachteil ist die Notwendigkeit von Rückverweisen auf alle Knoten mit referenzierenden Objekten.

Eine weitere Alternative ist die indirekte Verwaltung von entfernten Objektreferenzen über einen zentralen *Name-Server* [SAL78]. Ein solcher zentraler Ansatz hat jedoch neben Verfügbarkeitsproblemen auch Effizienzprobleme zur Folge. Daher wird dieser Ansatz von keinem der beschriebenen Systeme gewählt und bisher lediglich in verteilten Betriebssystemen zur Objektverwaltung eingesetzt. Bei den auf diese Weise verwalteten Objekten handelt es sich dann meist um Repräsentanten von Betriebssystemdiensten, auf die meist mit geringerer Intensität zugegriffen wird als auf die Objekte einer verteilten Anwendung. Durch eine verteilte Realisierung in Form eines dezentralen Name-Servers können die Probleme einer zentralen Lösung jedoch teilweise kompensiert werden.

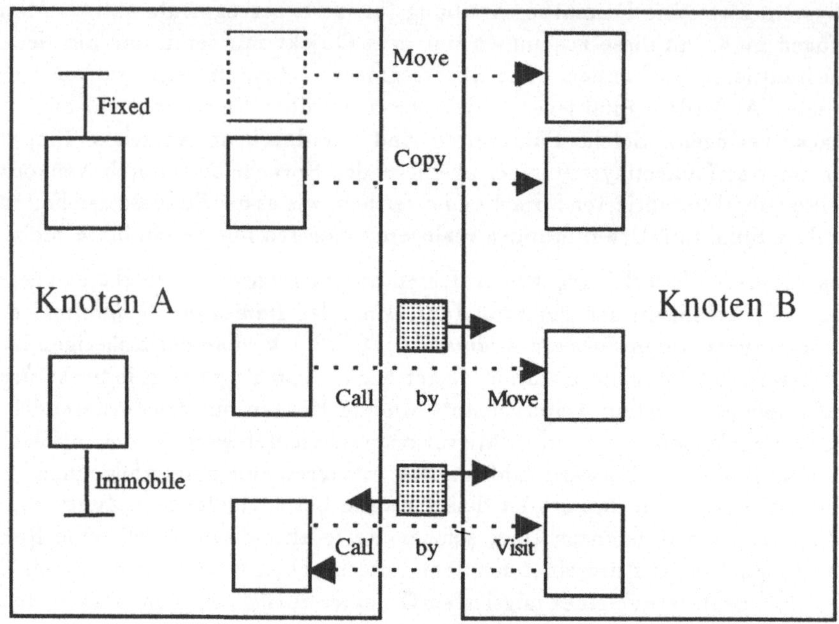

Abbildung 2.5: Objekte in Emerald

2.4.3 Objektmobilität in einem existierenden System

Dieser Abschnitt geht auf die vom System *Emerald* angebotene Objektmobilität [JLH88] ein. Unter den angesprochenen Systemen bietet Emerald die umfangreichsten Mechanismen für Objektmigrationen an und wird daher hier als exemplarischer Vertreter gewählt (Abb. 2.5).

Objektstruktur:
Ein Objekt in Emerald besteht aus den folgenden Komponenten:

- Ein systemweit eindeutiger *Objektbezeichner* zur Referenzierung des Objektes auch über Rechnergrenzen hinweg
- Ein *Datenbereich*, der die Daten des Objektes sowie seine Referenzen auf andere Objekte umfaßt
- Eine Menge von auf dem Objekt ausführbaren *Operationen*, wobei zwischen *privaten* (nur vom Objekt selbst aufrufbaren) und *exportierten* (von anderen Objekten aufrufbaren) Operationen unterschieden wird
- Ein optionaler, mit dem Objekt assoziierter *Prozeß*, der bei der Erzeugung des Objektes vom System gestartet wird

Generell wird in Emerald zwischen *globalen* und zugehörigen *lokalen* Objekten unterschieden. Nur globale Objekte sind unabhängig migrierbar, entfernt referenzierbar und entfernt aufrufbar. Lokale Objekte sind dagegen immer Teil eines übergeordneten globalen Objektes und können nur mit diesem zusammen migrieren und auch nur von diesem bzw. anderen dazu lokalen Objekten aufgerufen werden. Durch eine solche Unterscheidung wird die Strukturierung einer Anwendung unterstützt, vor allem aber können lokale Objekte effizienter realisiert werden. Bei globalen Objekten ist zur Detektion und zur transparenten Weiterleitung entfernter Aufrufe eine Indirektion von Objektreferenzen über eine Objekttabelle erforderlich. Der damit verbundene zusätzliche Laufzeitaufwand entfällt bei lokalen Objekten.

Attachment:
In Emerald wird die Definition größerer Migrationseinheiten unterstützt. Dazu können Objektreferenzen innerhalb der Klassendefinition mit dem Attribut *attached* versehen werden. Ein über eine solche Referenz zur Laufzeit erreichtes Objekt migriert stets zusammen mit dem referenzierenden Objekt. Auf diese Weise lassen sich auch komplex strukturierte Objekte als Einheit beschreiben und migrieren. Die Relation des Attachments zwischen Objekten ist transitiv und irreflexiv.

Migrationsoperationen:
Emerald bietet dem Anwendungsentwickler spezielle Migrationsoperationen an. *Move* migriert ein Objekt an die Lokation eines als Parameter angegebenen Objektes. Es muß also nicht unbedingt ein logischer Knoten als Ziel vorgegeben werden; Bezugspunkt kann auch ein anderes Anwendungsobjekt sein. *Locate* ermittelt die momentane Lokation eines Objektes, also den logischen Knoten, auf dem es plaziert ist. *Fix* hebt die Eigenschaft der Migrierbarkeit eines Objektes auf und fixiert es damit an seiner momentanen Lokation, *Unfix* macht eine solche Fixierung wieder rückgängig. *Refix* führt die Operationen *Unfix*, *Move* und *Fix* in atomarer Form durch, d.h. das betroffene Objekt ist für diesen Zeitraum für andere Migrationsoperationen gesperrt. Eine Objektklasse kann auch mit dem Attribut *immobile* versehen werden; ihre Objekte sind dann nicht migrierbar. Ebenso können Klassen als *immutable* gekennzeichnet werden; dies zeigt dem System an, daß ihre Objekte nicht modifiziert werden und daher generell als Kopie übergeben werden können.

Aufrufmigration:
Emerald erlaubt auch die direkte Anforderung einer Migration von Parameterobjekten bei entfernten Methodenaufrufen, um entfernte Folgeaufrufe auf diesen Objekten zu vermeiden (*Aufrufmigration*). Dazu bietet es die Parameterübergabemechanismen *Call-by-move* und *Call-by-visit* an. Ein mit Hilfe von *Call-by-move* übergebenes Parameterobjekt wird im entfernten Fall an die Lokation des Aufgerufenen migriert und verbleibt dort auch nach Ende des Aufrufs. Bei *Call-by-visit* wird es dagegen mit der Rückkehr des Aufrufs zurück zum Aufrufenden migriert. Der Vorteil dieser Primitiven im Vergleich zu separaten Migrationsaufrufen ist neben der syntaktischen Vereinfachung auch die Integration von Aufruf und Migration. Dadurch können bei der Realisierung Übertragungspakete des zugrundeliegenden Kommunikationssystems eingespart werden.

Ablauf einer Objektmigration:
Abb. 2.6 zeigt den Ablauf einer Objektmigration in *Emerald*. Eine Migration kann direkt mit Hilfe der Operation *Move* oder indirekt unter Einsatz von *Call-by-move* oder *Call-by-visit* angefordert werden. Zunächst werden die Daten des zu migrierenden Objektes sowie der zugehörigen lokalen Objekte in ein Übertragungsformat konvertiert. Hierzu werden Formatbeschreibungen eingesetzt, die vom Compiler generiert werden. Außerdem werden die Stacksegmente der momentan auf dem Objekt aktiven Aufrufe ermittelt und ebenfalls in ein Übertragungsformat konvertiert. Die Aufrufe selbst werden bereits zu Beginn der Migrationsoperation suspendiert. Schließlich werden noch die gegebenenfalls über Attach-Relationen

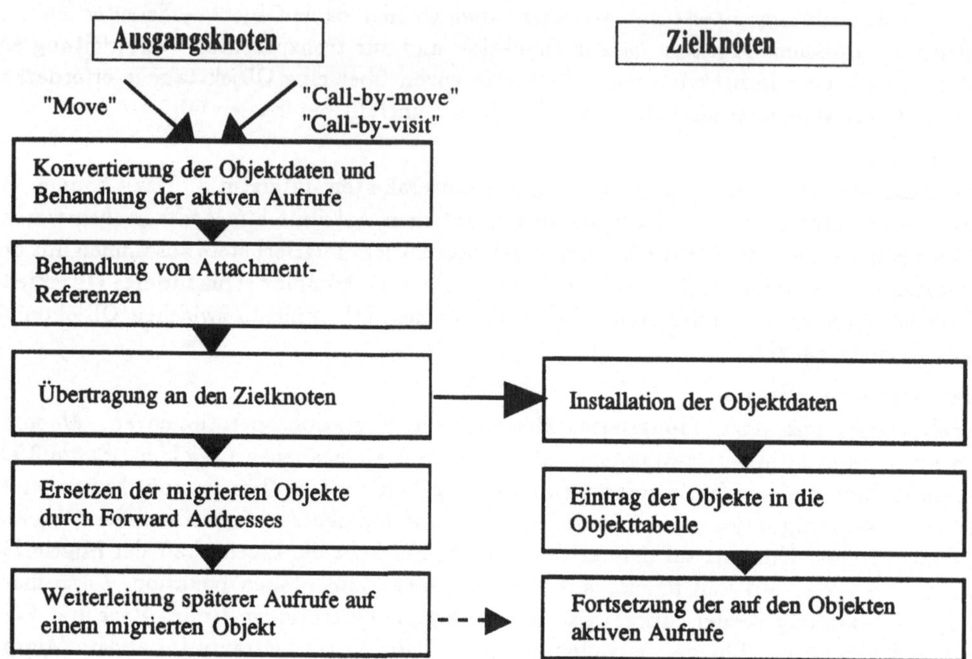

Abbildung 2.6: Ablauf einer Objektmigration in Emerald

referenzierten Objekte ermittelt und auf ihnen rekursiv die Migrationsoperation aufgerufen. Die damit zusätzlich zu übertragenden Daten werden aus Effizienzgründen in einen gemeinsamen Übertragungspuffer kopiert. Nun erfolgt die Übertragung der Objektdaten an den Zielknoten mit Hilfe eines entsprechenden Protokollelementes. Außerdem werden die migrierten Objekte in der Objekttabelle des Ausgangsknotens durch *Forward Addresses* ersetzt.

Am Zielknoten werden die empfangenen Objektdaten installiert, indem die zugehörigen Objekte generiert und mit den Objektdaten initialisiert werden. Anschließend werden die Objekte in die Objekttabelle des Zielknotens eingetragen. Außerdem werden die Stacksegmente der auf den migrierten Objekten aktiven Aufrufe am Zielknoten installiert und fortgesetzt. Dazu werden sie intern in die lokale Prozeßverwaltung des logischen Knotens aufgenommen. Spätere Aufrufe auf einem migrierten Objekt werden vom Ausgangsknoten unter Verwendung seiner *Forward Address* an den Zielknoten der Migration weitergeleitet.

2.4.4 Abgrenzung zur Prozeßmigration

Die *Prozeßmigration* [SMI88], die von einer Reihe verteilter Betriebssysteme realisiert wird, unterscheidet sich wesentlich von der Objektmigration; dies soll im folgenden verdeutlicht werden. Eine *Prozeßmigration* kann verstanden werden als *Transfer eines signifikanten Teils eines Betriebssystemprozesses auf einen anderen physikalischen Rechnerknoten* [SMI88]. Dabei werden der Prozeßkontext und die Daten des Adreßraums vollständig oder auch nur partiell auf den Zielknoten der Migration übertragen. Variationen der Prozeßmigration seg-

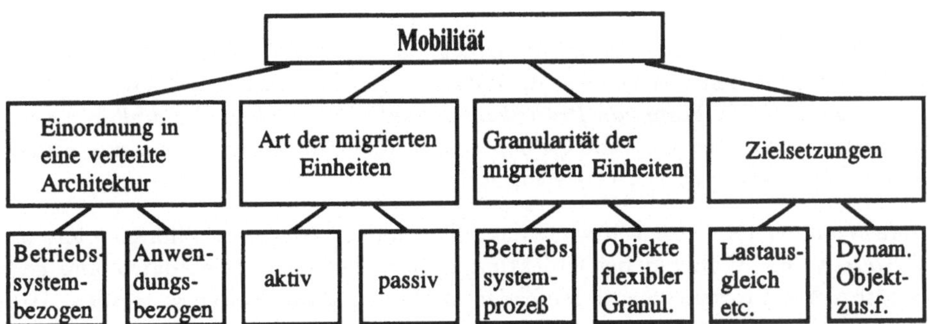

Abbildung 2.7: Klassifikationskriterien für Objekt- und Prozeßmigration

mentieren den Datentransfer, indem Speicherseiten erst bei späteren Zugriffen übertragen werden (*Copy on Reference* [ZAY87]). Grundvoraussetzung für die Prozeßmigration ist, daß alle Referenzen eines Betriebssystemprozesses, die auf Elemente außerhalb seines eigenen Adreßraums verweisen, entweder lokationsunabhängig sind oder sich bei der Migration selbst identifizieren und transformieren lassen. Beispiele hierfür sind *geöffnete Dateien*, *Betriebssystem-Ports* zur Interprozeßkommunikation oder Referenzen auf andere betriebssystemnahe Elemente wie z.B. *globale Speicherbereiche* oder auch andere *Betriebssystemprozesse*. Realisierungen der Prozeßmigration sind vor allem aus verteilten Betriebssystemen bekannt; exemplarisch seien hier die Systeme *LOCUS* [POW85], *DEMOS/MP* [POM83], *MACH* [JOR86] oder auch das System *V* [CHE88] genannt.

Eine Variation für den heterogenen Fall ist die Prozeßmigration unter Verwendung von *Checkpoints* [KAU89]. An jedem solchen Checkpoint liegt eine vollständige Beschreibung der bei einer Migration zu übertragenden Information vor, so daß eine Datentransformation zwischen heterogenen Datenformaten ermöglicht wird. Diese Beschreibungsinformation und auch die Checkpoints selbst sollten automatisch vom Compiler erzeugt werden; dies ist nur durch Integration der Migrationsmechanismen in die verwendete Programmiersprache zu erreichen. Die Unterschiede zwischen Objekt- und Prozeßmigration lassen sich anhand der folgenden Klassifikationskriterien verdeutlichen (Abb. 2.7):

- *Einordnung in die Architektur eines verteilten Systems*
- *Art und Granularität der migrierten Einheiten*
- *Zielsetzungen von Migrationen*

Die *Einordnung* von Objekt- und Prozeßmobilität in die Architektur eines verteilten Systems ergibt sich direkt aus der entsprechenden Einordnung der migrierten Einheiten. Zu migrierende Objekte sind Bestandteil einer verteilten Anwendung, während zu migrierende Prozesse Bestandteil des zugrundeliegenden verteilten Systems sind. Somit kann man die Objektmigration als einen Mechanismus zur Unterstützung *verteilter Anwendungen* betrachten, während die Prozeßmigration einen *Betriebssystemmechanismus* darstellt. Diese Unterscheidung wird auch durch die unterschiedlichen *Bezugspunkte* zur Beschreibung der Ziellokation von Migrationen deutlich. Bezugspunkt einer Prozeßmigration ist ein *physikalischer Rechnerknoten*, während der Bezugspunkt von Objektmigrationen durch *Objekte der Anwendung* oder durch einen *logischen Knoten* bestimmt wird.

Die *migrierten Einheiten* lassen sich grob in *aktive* und *passive* Einheiten sowie in Kombinationen derselben klassifizieren. Sowohl bei Objekt- als auch bei Prozeßmigrationen können beide Arten von Einheiten auch gemeinsam auftreten. Bei der Prozeßmigration ist jedoch immer eine Kombination in Form von *Prozeßkontext* (aktive Einheit) und *Adreßraum* (passive Einheit) gegeben, während Objektmigrationen sich häufig auch nur auf passive Einheiten, also auf die *Datenstrukturen von Objekten*, beziehen.

Die *Granularität* der bei Prozeß- bzw. Objektmigrationen verlagerten Einheiten unterscheidet sich wesentlich. Während bei Objektmigrationen lediglich Objektdaten und gegebenenfalls assoziierte Prozeßsegmente laufender Methodenaufrufe verlagert werden [JUL88], umfaßt eine Prozeßmigration i.a. den Transfer der Daten des gesamten Adreßraums eines Betriebssystemprozesses [SMI88]. Der Unterschied der übertragenen Datenmengen beträgt daher i.a. mehrere Größenordnungen. Die bei Objektmigrationen meist sehr viel kleinere Granularität erlaubt einen relativ häufigen Einsatz dieser Art der Migration. Insbesondere können Objektmigrationen direkt mit Interaktionsereignissen innerhalb der verteilten Anwendung gekoppelt werden, wie dies bei der Aufrufmigration im System *Emerald* deutlich wurde. Die Objektmigration kann daher auch als eine Ergänzung der Kommunikationsmechanismen in verteilten objektorientierten Anwendungen verstanden werden.

Die Hauptzielsetzungen von Objektmigrationen sind die *dynamische Zusammenführung kommunizierender Objekte* an einer gemeinsamen Lokation und die *verteilungstransparente Übertragung* von Objektdaten. Prozeßmigrationen konzentrieren sich dagegen auf den *Lastausgleich* in einem verteilten System und auf die *Reduzierung von Antwortzeiten* einzelner Benutzeraufträge durch Migration auf gering belastete physikalische Knoten. Diese Unterscheidung ist jedoch nur als tendenziell anzusehen; Mischformen sind generell möglich [JLH88]. In Kap. 3 werden die Zielsetzungen von Migrationen und der zugehörigen Steuerungsverfahren ausführlicher diskutiert.

2.5 Verteilte Konfigurationsverwaltung

Neben allgemeinen Konstrukten zur *Kommunikation* in verteilten Systemen ist für verteilte Anwendungen auch Unterstützung bei der Verwaltung ihrer *Konfiguration* erforderlich. Die Konfiguration einer verteilten Anwendung setzt sich aus der Gesamtheit der momentan existierenden, speziell gekennzeichneten *konfigurierten Elemente* zusammen. Die wichtigste Zielsetzung in diesem Bereich ist eine von der Anwendungsimplementierung getrennte, flexible Konfigurationsverwaltung. Die Anwendungskonfiguration soll mit Hilfe eines Konfigurationswerkzeugs auf der Basis einer Konfigurationssprache flexibel in implementierungsunabhängiger Form beschrieben und auch dynamisch modifiziert werden können. Damit ergibt sich eine Trennung in die *statische* Konfigurationsverwaltung mit der Definition einer initialen Konfiguration und die *dynamische* Konfigurationsverwaltung mit Modifikationen im laufenden Betrieb.

Neben dieser Unterscheidung soll auch der Bereich der *Anwendungskonfiguration* von der *Systemkonfiguration* getrennt werden. Obwohl für die Zielsetzungen der Arbeit vor allem die Anwendungskonfiguration von Bedeutung ist, muß auch die Systemkonfiguration repräsentiert werden, um eine Abbildung der Anwendungskonfiguration darauf zu ermöglichen. Die Anwendungskonfiguration sollte sich weitgehend unabhängig von der Sy-

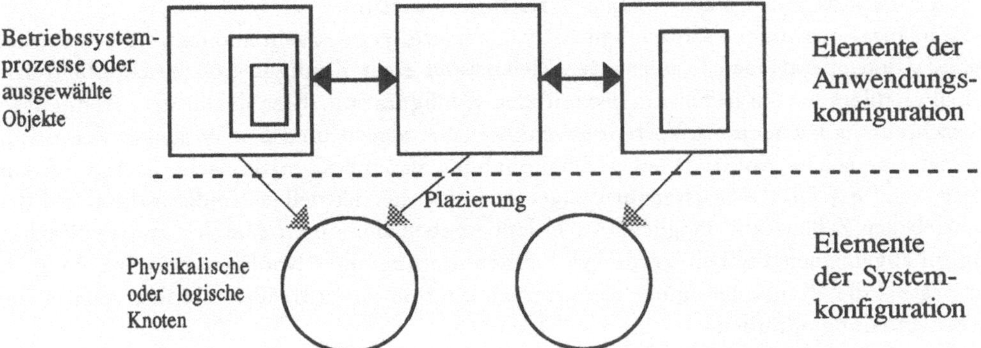

Abbildung 2.8: Elemente der Konfigurationsverwaltung

stemkonfiguration beschreiben lassen. Ein zugehöriges Konfigurationswerkzeug sollte eine globale oder zumindest partiell globale Sicht auf die momentane Anwendungskonfiguration besitzen, um auf diese Weise auch übergreifende Konfigurationsentscheidungen treffen zu können.

Abbildung 2.8 zeigt exemplarisch Elemente der Anwendungskonfiguration, die wie in existierenden Ansätzen *Betriebssystemprozesse* oder aber auch *spezielle Objekte* bei objektorientierter Strukturierung sein können. Diese Elemente können auch hierarchisch strukturiert sein. Zwischen ihnen bestehen Kommunikationsbeziehungen, die ebenfalls der Konfigurationsverwaltung unterliegen. Die Elemente der Anwendungskonfiguration sind auf physikalischen bzw. logischen Knoten plaziert, den Elementen der Systemkonfiguration.
Mit diesen Basiselementen läßt sich die Grundstruktur einer verteilten Anwendung getrennt von ihrer Implementierung beschreiben. Auf die zahlreichen dabei interessanten Detailaspekte wird kurz in diesem Abschnitt, vor allem aber in Kap. 4 eingegangen.

2.5.1 Anforderungen

Die allgemeinen Anforderungen im Bereich der Konfigurationsverwaltung gliedern sich in die folgenden beiden Teilbereiche [KRM87]:

- *Konfigurationssprache*
- *Zugrundeliegendes System*

Anforderungen an die Konfigurationssprache:
Zur Verwaltung der Konfiguration ist eine eigene *Konfigurationssprache* wünschenswert. Als Grundlage für die Vorgabe einer Anwendungskonfiguration müssen damit zunächst die vorhandenen *Typen* der konfigurierten Elemente definiert werden können. Darauf aufbauend ist eine Beschreibung der *initialen Instanzen* dieser Typen sowie ihrer *Allokation* im verteilten System und ihrer *Kommunikationsbeziehungen* erforderlich. Dabei ist eine explizite Trennung der Verwaltung von Instanzen und ihren Beziehungen anzustreben. Die Instanzen und deren Beziehungen müssen dann dynamisch erzeugt und gelöscht werden können. Solche *Konfigurationsänderungen* sollten nicht nur über eine Benutzerschnittstelle von außen,

sondern auch von der laufenden Anwendung selbst initiiert werden können. Die Konfigurationsbeschreibung selbst sollte *modular* strukturierbar sein.
Die Konfigurationssprache sollte möglichst von *deklarativer* Art sein und damit nicht einzelne Konfigurationsoperationen, sondern den Zielzustand einer Konfiguration beschreiben. Dies gilt insbesondere für die Definition der initialen Konfiguration. Eine deklarative Konfigurationsbeschreibung hat mehrere Vorteile gegenüber einer algorithmischen Vorgehensweise: Zum einen ist eine solche Notation leichter handhabbar als eine algorithmische Definition; zum anderen sind explizite Konsistenzprüfungen zwischen der aktuellen Konfiguration und dem beschriebenen Zielzustand möglich. Außerdem ergeben sich durch eine deklarative Beschreibung im allgemeinen Freiheitsgrade bei der Realisierung einer Konfigurationsänderung, die dem System die Berücksichtigung von interner Information, z.B. über die momentane Ressourcenverteilung erlauben.

Anforderungen an das zugrundeliegende Laufzeitsystem
Das zugrundeliegende Laufzeitsystem bzw. die damit angebotene verteilte Programmiersprache muß *Module* unterstützen, die unabhängig von ihrer Umgebung implementiert und eingesetzt werden können. Die Kommunikationsbeziehungen zwischen Modulen müssen explizit definiert und modifiziert werden können, anstatt implizit innerhalb der Module selbst verwaltet zu werden. Die Intermodul-Kommunikation muß über *typisierte Schnittstellen* erfolgen, wobei im verteilten Fall die Konformität zwischen gleichen Typen auf unterschiedlichen Rechnerknoten gefordert werden muß. Diese Typisierung ermöglicht die *Konsistenzprüfung* der Schnittstellen kommunizierender Module. Die angebotenen Kommunikationsprimitiven sollten gegenüber der Verteilung transparent sein. Wünschenswert wäre zusätzlich die Verfügbarkeit von Information über den Ressourcenbedarf eines Moduls. Eine direkte Unterstützung dieser Anforderungen durch das zugrundeliegende Betriebssystem ist sinnvoll; eine getrennte Realisierung auf der Basis einfacher Kommunikationsmechanismen ist jedoch auch möglich.

2.5.2 Existierende Ansätze

Unter den existierenden Ansätzen zur Konfigurationsverwaltung ist besonders das System *CONIC* [DKM87, KRM87] hervorzuheben. Es erfüllt die meisten der beschriebenen Basisanforderungen. Die Hauptkonstrukte der zugehörigen Konfigurationssprache sind das *Modul* und der *Schnittstellenport* zur Beschreibung von Modulschnittstellen. Mit Hilfe des *Link*-Konstrukts können gerichtete Verbindungen zwischen den Ports verschiedener Module in deklarativer Form definiert werden. *CONIC* beschreibt den Zielzustand einer Konfiguration und verwendet nicht wie andere Ansätze Konfigurationsprogramme mit ausführbarem Code. Die Initiierung von Konfigurationsänderungen durch die Anwendung selbst wird jedoch von *CONIC* nicht unterstützt.
Das System *DESIGN* [MÜH86, MÜH88] stellt ähnliche Mechanismen wie *CONIC* zur Verfügung, integriert diese jedoch in die verteilte Programmiersprache selbst. Der Vorteil dabei ist die Möglichkeit der Konfigurationsänderung durch die Anwendung selbst, der Nachteil ist die mangelnde Trennung von Konfigurations- und Implementierungssprache. Die Konfigurationssprache *NETSLA* des Systems *PRONET* [LEM82] sowie *ARGUS* [LSB79] bieten ebenfalls Mechanismen zur getrennten Definition von Modulen und Modulverbindungen, dies jedoch nicht in deklarativer, sondern in operationaler Form. Die von *PCL* [LIS83] angebotene Konfigurationssprache ist dagegen wie auch *CONIC* deklarativ.

2.5.3 Bewertung

Die Mechanismen zur Konfigurationsverwaltung ergänzen die beschriebenen Basismechanismen zur verteilten Kommunikation. Für komplexe verteilte Anwendungen ist eine separate Konfigurationsverwaltung unerläßlich; dies gilt besonders für Anwendungen mit dynamisch variierender Konfiguration. Existierende Ansätze wie z.B. *CONIC* basieren jedoch auf einem Verteilungsmodell mit Betriebssystemprozessen als den kleinsten Verteilungseinheiten. Die flexible Verteilungsgranularität des verteilten objektorientierten Ansatzes wird damit nicht unterstützt. Ebenso wird auch nicht die Definition von *Konfigurationsbedingungen* ermöglicht; dies aber würde die Prüfung einer Konfiguration auf Konsistenz gegenüber den gestellten Bedingungen erlauben.

Daher soll im Rahmen dieser Arbeit ein neuer objektorientierter Ansatz zur Verwaltung einer verteilten Anwendungskonfiguration entwickelt werden. Hauptanforderungen dabei sind die Integration mit der objektorientierten Strukturierungsweise einer Anwendung, die explizite Trennung von System- und Anwendungskonfiguration sowie die Möglichkeit zur Vorgabe von Konfigurationsbedingungen mit der zugehörigen Konsistenzprüfung einer Konfiguration gegenüber diesen Bedingungen.

2.6 Modellbildung

Als Grundlage für den Kernteil der Arbeit soll ein *Basismodell* dienen, das die für die Migrationssteuerung und für die Konfigurationsverwaltung erforderlichen Elemente einer verteilten Anwendung explizit repräsentiert. Dies ist Grundvoraussetzung, um die nötige Information für unterstützende Methoden und Werkzeuge zugänglich zu machen. In den existierenden verteilten objektorientierten Systemen ist dagegen die Information über die Elemente einer Anwendung in der Implementierung verborgen und damit nicht für Werkzeuge zugänglich. Nach der Beschreibung des Basismodells wird ein Architekturmodell abgeleitet, das Grundlage für die Realisierung der in Kap. 1 gestellten Forderungen ist.

2.6.1 Basismodell

Das Basismodell umfaßt die folgenden Elemente:

- *Objekte* als Einheiten der Verteilung mit Datenstrukturen und Operationen
- *Beziehungen* zwischen Objekten
- *Logische und physikalische Knoten*
- *Prozesse* als potentiell verteilte, sequentielle Kontrollflüsse
- *Ports* und *Semaphoren* zur Prozeßkommunikation und -synchronisation
- *Zeiträume* und *Ereignisse* zur Repräsentation dynamischer Eigenschaften

Diese Elemente sind grundsätzlich typisiert und werden durch *Klassen* beschrieben. Die Klassen und auch ihre Instanzen sind in expliziter Form repräsentiert und damit zur Definition weiterer Konstrukte verwendbar und für Systemwerkzeuge zugänglich. Das Basismodell ist *sprachunabhängig* und kann damit auf unterschiedliche Sprachen abgebildet werden. Die dynamische Ankopplung an eine entsprechende Implementierungsebene erfolgt über die

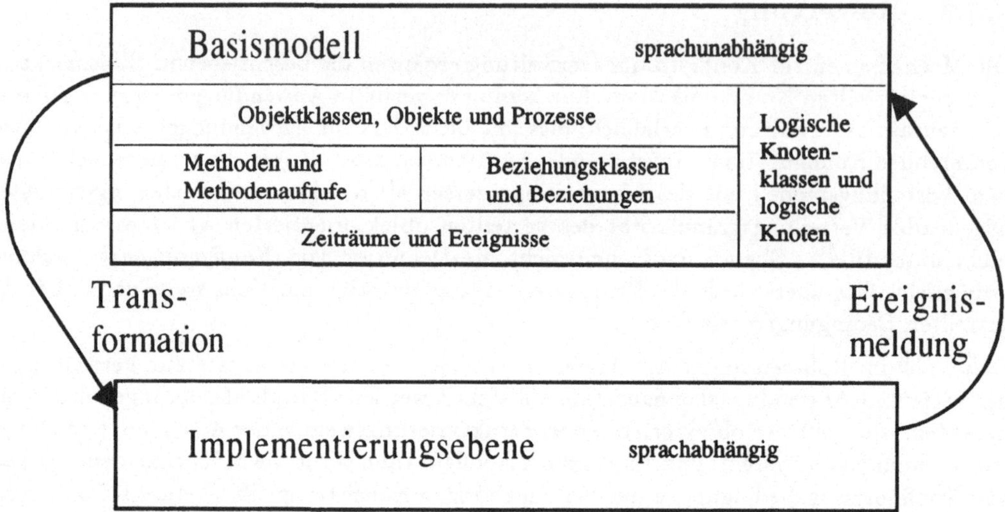

Abbildung 2.9: Ankopplung des Basismodells an die Implementierungsebene

genannten *Ereignisse* (Abb. 2.9). Eine syntaktische Beschreibung der einzelnen Modellelemente kann automatisch in Elemente der Implementierungsebene transformiert werden, um redundante Definitionen zu vermeiden. Im folgenden werden die einzelnen Elemente genauer beschrieben.

Objekte:
Objekte sind im Sinne des objektorientierten Ansatzes zu verstehen und dienen zur expliziten Repräsentation von Verteilungseinheiten. Die jeweiligen *Objektklassen* sind frei definierbar; damit läßt sich die Granularität der Verteilungseinheiten flexibel bestimmen. Die Unterscheidung in *globale* und zugehörige *lokale* Objekte wird von den beschriebenen Systemen übernommen. Aufrufe auf globalen Objekten sind dabei stets verteilungsunabhängig. Zusätzlich werden *konfigurierte Objekte* eingeführt, die einer separaten Konfigurationsverwaltung unterliegen. Jedem Objekt sind *Methoden* zugeordnet, die mit einer typisierten Schnittstelle versehen sind. Globale Objekte haben bestimmte Eigenschaften, die initial durch ihre Klasse vorgegeben werden, aber auch dynamisch variieren können:

- *Veränderbarkeit der Objektdaten:* Eigenschaft *veränderbar* oder *nicht veränderbar*
- *Mobilitätsrestriktionen:* Eigenschaft *mobil* oder *immobil*
- *Lokationsrestriktionen:* Als Lokation zugelassene Klassen logischer Knoten
- *Objektgröße:* Erwartete mittlere Größe bzw. aktuelle Größe einschließlich der zugehörigen lokalen Objekte und der Aufrufstacks der auf einem Objekt aktiven Aufrufe

Weiterhin ist jedem Objekt eine aktuelle *Lokation*, also ein logischer Knoten zugeordnet. Um die *Zustandsinformation* eines Objektes in abstrahierter Form zur Verfügung zu stellen, können jedem Objekt *binäre Zustandskennungen* zugeordnet werden. Zu einem Zeitpunkt können mehrere Zustandskennungen gesetzt sein. Die Verwaltung der Zustandskennungen erfolgt mit Hilfe spezieller Methoden, die im Rahmen der Klassendefinition vorgegeben werden müssen und einen Wahrheitswert liefern.

Beziehungen zwischen Objekten:
Beziehungen zwischen Objekten werden durch *Beziehungsklassen* mit Kardinalität $1 : n$ ($n >= 1$) beschrieben. Beziehungsklassen sind im Kontext einer Objektklasse durch einen eindeutigen Namen gekennzeichnet. Ein Objekt $O1$ ist von einem anderen Objekt $O2$ aus *erreichbar*, wenn transitiv Beziehungen von $O2$ nach $O1$ bestehen. Eine Objektklasse $K1$ ist von einer anderen Objektklasse $K2$ aus erreichbar, wenn transitiv Beziehungsklassen zwischen $K2$ und $K1$ existieren. Beziehungsklassen und die zugehörigen Beziehungen können in drei unterschiedliche *Lebensdauerklassen* eingeteilt werden. *Initiale* Beziehungen existieren für die gesamte Lebensdauer der beteiligten Objekte. *Längerfristige* Beziehungen existieren nur für einen begrenzten Zeitraum, der durch den *expliziten Beziehungsaufbau* und den späteren *Beziehungsabbau* bestimmt ist. *Temporäre* Beziehungen existieren maximal für die Dauer eines Methodenaufrufs und repräsentieren z.B. Referenzen auf Objektparameter des Aufrufs oder andere, im Laufe eines Aufrufs generierten und auch wieder gelöschten Objektreferenzen.

Logische und physikalische Knoten:
Zur Repräsentation von Objektlokationen dienen *logische Knoten*, die *logischen Knotenklassen* angehören. Die Knotenklassen sind in einer Vererbungshierarchie mit mehrfacher Vererbung angeordnet, wobei jede untergeordnete Knotenklasse die Eigenschaften aller übergeordneten Knotenklassen erbt. Damit erfüllt eine Knotenklasse auch Lokationsrestriktionen, die durch eine ihrer Oberklassen erfüllt werden. *Physikalische Knoten* und zugehörige *Knotenklassen* sind zur Repräsentation physikalischer Ressourcen und zur Zuordnung logischer Knoten im Rahmen der Konfigurationsverwaltung als Teil des Modells erforderlich.

Prozesse, Ports und Semaphore:
Prozesse sind im Sinne des oben definierten Prozeßbegriffs zu verstehen und stellen eine potentiell verteilte Folge von Aufrufen auf Objekten dar. Sie werden durch einen *asynchronen Methodenaufruf* erzeugt und terminieren nach Ende dieses Aufrufs. Die *portorientierte Kommunikation* mit blockierenden und nicht blockierenden Empfangsoperationen wird als Basiskommunikationsmechanismus zwischen Prozessen gewählt. Ports sind generell als lokale Objekte in globale Objekte eingebettet. Zur Synchronisation von Prozessen werden konventionelle binäre Semaphore verwendet.

Zeiträume und Ereignisse:
Zur Repräsentation dynamischer Eigenschaften werden *Zeiträume* und zugehörige begrenzende *Ereignisse* eingeführt. Relevante Zeiträume sind die *Lebensdauer von Objektbeziehungen* und die *Dauer von Methodenaufrufen* auf globalen Objekten. Zugehörige Ereignisse sind damit der *Aufbau* bzw. der *Abbau* einer Objektbeziehung sowie der *Aufruf* einer Methode bzw. die *Rückkehr* eines solchen Aufrufs, die jeweils als *komplementär* zueinander bezeichnet werden sollen. Jedem Ereignis wird ein *Ereignisobjekt* zugeordnet; im ersten Fall ist es das Objekt, von dem eine auf- oder abgebaute Beziehung ausgeht, im zweiten Fall ist es das aufgerufene Objekt. Der Aufbau bzw. Abbau mehrerer Beziehungen vom gleichen Objekt aus kann durch explizite Definition zusammengefaßt werden.

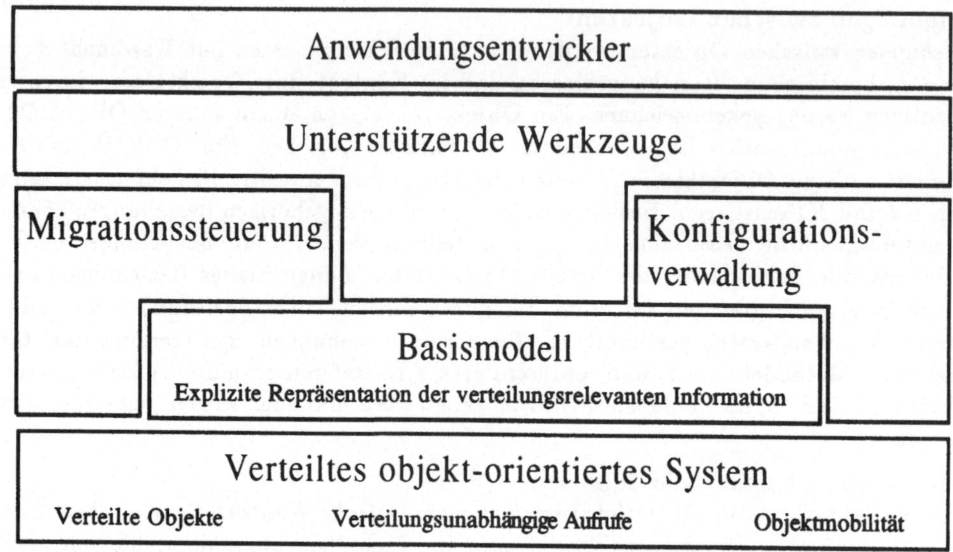

Abbildung 2.10: Architekturmodell

Das beschriebene Modell deckt die in Kap. 1 gestellten elementaren Forderungen ab:

- *Explizite Repräsentation von Verteilungseinheiten*
- *Flexible Granularität von Verteilungseinheiten*
- *Verteilungsunabhängige Operationsaufrufe*
- *Dynamische Plazierung von Verteilungseinheiten*

Das Modell wird durch existierende verteilte objektorientierte Ansätze realisiert. Es würde auch durch ein *dynamisches Modulkonzept* mit dynamischer Generierung von Modulinstanzen und den entsprechenden Verteilungseigenschaften abgedeckt. Existierende objektorientierte Systeme bieten neben den Basismechanismen jedoch zusätzlich die Vererbung und das dynamische Binden an, was aus softwaretechnischen Gesichtspunkten von großer Bedeutung ist.

2.6.2 Architekturmodell

Durch das beschriebene Basismodell und durch existierende objektorientierte Systeme noch nicht abgedeckt ist der Wunsch nach einem *flexibel wählbaren Grad der Verteilungstransparenz* bezüglich der Objektplazierung und nach *Strukturierungs- und Verwaltungsmechanismen* im Rahmen einer Konfigurationsverwaltung. Die dazu erforderlichen Erweiterungen sollen durch zusätzliche Komponenten realisiert und integriert werden. Dies wird durch das in Abb. 2.10 dargestellte Architekturmodell angedeutet.

Die Komponenten *Migrationssteuerung* und *Konfigurationsverwaltung* mit zusätzlichen unterstützenden Werkzeugen bilden den Kern des Modells. Die erste Hauptkomponente ermöglicht die *Steuerung von Objektmigrationen* auf unterschiedlichen Abstraktionsstufen und entlastet damit den Anwendungsentwickler von der Problematik, gewünschte Objektmigrationen detailliert im Implementierungscode vorgeben zu müssen. Die andere Hauptkomponente dient zur *Verwaltung der Konfiguration* einer verteilten objektorientierten Anwendung getrennt von ihrer Implementierung. Dies ist für große verteilte Anwendungen von großer Bedeutung, um eine geeignete Strukturierung sowie die erforderliche Flexibilität bei der Anwendungskonfigurierung zu garantieren.

Im zentralen Teil der Arbeit werden die zur Realisierung dieser beiden Komponenten erforderlichen Konzepte vorgestellt. Über entsprechende zugehörige Werkzeuge hat der Anwendungsentwickler dann Zugang zu der zusätzlich angebotenen Funktionalität. Die beiden zentralen Komponenten setzen auf dem *Basismodell* auf, das die von ihnen benötigte Information explizit repräsentiert und damit den Werkzeugen zugänglich macht. Unterhalb dieser Komponenten ist ein *verteiltes objektorientiertes System* angesiedelt, das die zentralen Eigenschaften des Basismodells, *Objektmobilität* und *verteilungsunabhängige Aufrufe* auf Objekten realisiert. Wie in Abschnitt 2.3.2 deutlich wurde, existieren einige Prototypen solcher Systeme; damit kann diese Ebene des Modells als gegeben vorausgesetzt werden.

In den nachfolgenden Kapiteln werden zunächst neue Konzepte für die Migrationssteuerung eingeführt und eine eigene Konfigurationssprache mit zugehöriger Konfigurationsverwaltung entwickelt. Im Anschluß daran werden diese Ansätze in ein Gesamtsystem integriert, das in seiner Grundstruktur dem oben dargestellten Architekturmodell entspricht. Dieses Gesamtsystem realisiert die neuen Konzepte, um die Entwicklung verteilter Anwendungen wirksam zu unterstützen.

Kapitel 3

Steuerung von Objektmigrationen

Existierende verteilte objektorientierte Systeme, die dem in Abschnitt 2.6 geforderten Basismodell genügen, stellen Mechanismen der Objektmobilität zur Verfügung. Dabei fehlen jedoch geeignete *Steuerungsverfahren*, durch die der Anwendungsentwickler von der expliziten Vorgabe von Migrationen entlastet werden kann.
Im folgenden wird zunächst eine Klassifikation von Steuerungsverfahren für Migrationen gegeben und eine Einordnung des eigenen Ansatzes durchgeführt. Im Anschluß daran werden die einzelnen Teilbereiche dieses Ansatzes beschrieben, dessen Zielsetzung die lokale Zusammenführung kommunizierender Objekte ist.

3.1 Grundlagen und Übersicht

3.1.1 Klassifikation von Migrationsverfahren

Verfahren zur Migrationssteuerung in verteilten Systemen sind bisher aus dem Bereich der *Prozeßmigration* und der *verteilten Auftragsverwaltung* bekannt (z.B. [CAK88, FOE89, GOW89]). Zur Einordnung des eigenen Ansatzes soll das folgende Klassifikationsschema verwendet werden (Abb. 3.1):

- *Zielsetzung:* Beschreibung der Ziele, die durch ein Steuerungsverfahren erreicht werden sollen
- *Information:* Art der zur Entscheidung über Migrationen verwendeten Information
- *Initiierung:* Festlegung der Zeitpunkte bzw. Ereignisse, durch die das Verfahren angestoßen werden soll
- *Enscheidungsinstanzen und Entscheidung:* Verteilung und dynamische Auswahl von Entscheidungsinstanzen; Vorgehensweise bei der Auswertung der verwendeten Information und bei der Enscheidungsfindung
- *Protokoll:* Struktur des verteilten Protokolls zur Realisierung des Verfahrens

Die folgenden *Zielsetzungen* können mit Migrationsverfahren verbunden sein:

- *Lokale Zusammenführung kommunizierender Einheiten:* Kommunizierende Objekte oder Prozesse sollen für die Dauer ihrer Interaktion an einer gemeinsamen Lokation zusammengeführt werden.

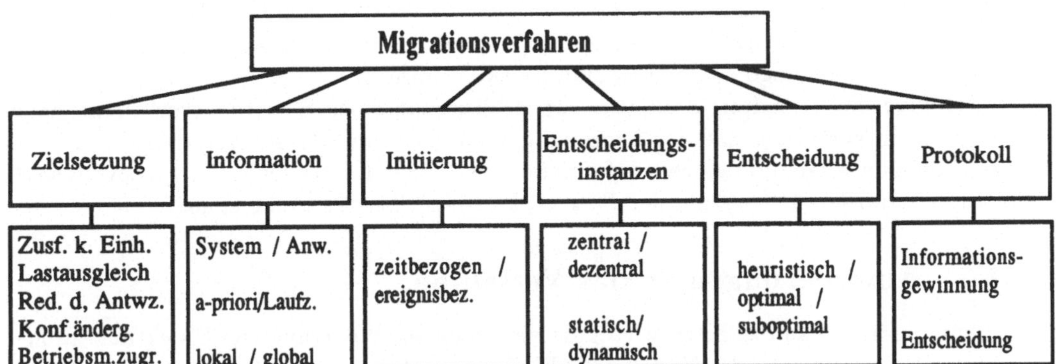

Abbildung 3.1: Klassifikationsschema für Migrationsverfahren

- *Lastausgleich:* Die Last der physikalischen Rechnerknoten eines verteilten Systems soll durch Migration rechenzeitintensiver Einheiten auf gering belastete Knoten ausgeglichen werden.
- *Reduzierung der Antwortzeit einzelner Aufträge:* Die Antwortzeit soll durch Verlagerung einzelner Aufträge oder Teilaufträge auf gering belastete Knoten mit Hilfe von Prozeßmigrationen unter Berücksichtigung von Ziel 1 (Zusammenführung kommunizierender Einheiten) reduziert werden. Im Gegensatz zu Ziel 2 (Lastausgleich) soll dabei nicht die Systemlast global beeinflußt werden, sondern Entscheidungen bezogen auf einzelne Aufträge getroffen werden.
- *Konfigurationsänderungen:* Durch Verlagerung von Verteilungseinheiten auf andere logische oder physikalische Rechnerknoten soll die Konfiguration einer verteilten Anwendung modifiziert werden.
- *Entfernter Betriebsmittelzugriff:* Durch Migration einer Verteilungseinheit an die Lokation eines verwendeten Betriebsmittels soll der Zugang zu diesem ermöglicht werden, falls ein entfernter Zugriff aus technischen Gründen oder wegen des damit verbundenen Aufwands nicht möglich bzw. nicht erwünscht ist.

Die bei Migrationsentscheidungen verwendete *Information* kann eingeteilt werden in *systembezogene Information* (z.B. Lastdaten) und *anwendungsbezogene Information* (z.B. Beschreibung der Kommunikationsmuster einer Anwendung). Eine *zeitbezogene* Unterscheidung kann getroffen werden zwischen *a-priori Information*, die Aussagen über das zukünftige Verhalten eines verteilten Systems oder einer verteilten Anwendung macht, und *Laufzeitinformation*, die die aktuelle Situation beschreibt. Eine *lokationsbezogene* Klassifikation unterscheidet Information, die *lokal* zu einer Entscheidungsinstanz ist und *globale* Information, die sich zum Zeitpunkt der Entscheidung an einer entfernten Lokation befinden kann.

Die *Initiierung* eines Migrationsverfahrens kann *zeitbezogen* oder *ereignisbezogen* sein. Im ersten Fall erfolgt eine Initiierung innerhalb fester oder kontrolliert variierender Zeitintervalle, während das Verfahren im zweiten Fall direkt durch *Ereignisse* der Anwendung oder des Systems angestoßen wird.
Die für das Verfahren relevanten *Entscheidungsinstanzen* können *zentral* oder *dezentral* organisiert sein. Die Zuordnung relevanter Entscheidungsinstanzen zu einzelnen Initiierungen

des Verfahrens kann *statisch* vorgegeben sein oder *dynamisch* variieren. Bei der *Informationsauswertung* und *Entscheidung* können *heuristische*, *suboptimale* oder *optimale* Verfahren in bezug auf die jeweilige Zielsetzung zum Einsatz kommen.
Die Struktur des verteilten *Protokolls* zur Realisierung eines Steuerungsverfahrens hängt stark von der Verteilung und der Zuordnung der Entscheidungsinstanzen und von der Unterscheidung in lokale und globale Information ab. Generell lassen sich die Protokollphasen der *Informationsermittlung* und der *Entscheidung* identifizieren und trennen.

3.1.2 Anforderungen an das Verfahren

Die Anforderungen an das zu entwickelnde Verfahren zur Steuerung von Objektmigrationen umfassen die *Zielsetzung* des Verfahrens, die *Berücksichtigung von Restriktionen*, die *geforderten Abstraktionsstufen* sowie die *Ankopplung an die verteilte Anwendung.*

Zielsetzung:
Aus der beliebig fein wählbaren Granularität der Verteilungseinheiten in verteilten objektorientierten Anwendungen ergeben sich häufig komplexe, dynamisch variierende Kommunikationsmuster. Dabei verursachen entfernte Aufrufe im Vergleich zu lokalen Aufrufen in existierenden Systemen einen um zwei bis drei Größenordnungen höheren Aufwand [JLH88]. Daher ist eine Begrenzung des Anteils der entfernten Kommunikation zugunsten der lokal ablaufenden Kommunikation wünschenswert. Dies kann durch die *dynamische Zusammenführung kommunizierender Objekte* an einer gemeinsamen Lokation erreicht werden. Diese Zielsetzung liegt dem im Rahmen der Arbeit entwickelten Ansatz zugrunde. Wegen der dynamischen Variation von Kommunikationsmustern genügt nicht die Vorgabe einer initialen, statischen Objektplazierung, sondern es sind *dynamische Objektmigrationen* erforderlich. Die Beschreibung der dynamischen Zusammenführung von Objekten soll auch als *dynamische Plazierungsvorgabe* bezeichnet werden. In bezug auf Plazierungsvorgaben soll die Differenz zwischen den Kosten des dadurch vermiedenen Anteils an entfernter Kommunikation und der zur Realisierung der Vorgaben erforderlichen Migrationen als *Plazierungsgewinn* bezeichnet werden.

Berücksichtigung von Restriktionen:
Bei den im Mittelpunkt der Betrachtung stehenden Anwendungen der Klasse des *Daten- und Funktionsverbundes* sind häufig explizite statische Plazierungsvorgaben vorhanden. Durch die zusätzliche Fixierung von Objekten an ihrer initialen oder momentanen Lokation und auch durch Einschränkungen ihrer möglichen Lokationen entstehen *Mobilitäts-* und *Plazierungsrestriktionen*, die bei Migrationsentscheidungen berücksichtigt werden müssen.

Geforderte Abstraktionsstufen:
Das Verfahren zur Steuerung von Objektmigrationen soll dem Anwender unterschiedliche Abstraktionsstufen in bezug auf die Verteilung anbieten. Je nach gewähltem Abstraktionsgrad soll dabei eine unterschiedlich starke Einflußnahme auf Migrationsentscheidungen möglich sein. Geforderte Abstraktionsstufen sind die *explizite Definition dynamischer Plazierungsvorgaben*, die systemseitige *Überprüfung dieser Vorgaben* in bezug auf den erreichbaren Plazierungsgewinn und die systemseitige *automatische Generierung* von Plazierungsvorgaben mit positivem Plazierungsgewinn.

Ankopplung an die verteilte Anwendung:
Bei der Ankopplung des Steuerungsverfahrens zur Initiierung von Objektmigrationen an eine verteilte Anwendung soll eine Trennung des verteilungsunabhängigen Implementierungscodes von den verteilungsabhängigen Migrationen erreicht werden. Dazu soll eine möglichst schmale Schnittstelle zwischen Anwendungsimplementierung und Migrationssteuerung definiert werden. Die Ankopplung soll transparent für den Anwendungsentwickler sein, d.h. es sollen keine expliziten Aufrufe an die Migrationssteuerung erforderlich sein.

3.1.3 Übersicht und Einordnung in das Klassifikationsmodell

Die im folgenden beschriebenen Steuerungsmechanismen können anhand des eingeführten Klassifikationsmodells charakterisiert und damit auch gegenüber anderen Ansätzen abgegrenzt werden:

- *Zielsetzung:* Zielsetzung des Verfahrens ist die dynamische Zusammenführung kommunizierender Objekte und das Erreichen eines positiven Plazierungsgewinns.
- *Information:* Die verwendete Information ist vorwiegend *anwendungsbezogen*; zur Berücksichtigung von Plazierungsrestriktionen wird zusätzlich *systembezogene* Information eingesetzt. Es wird eine Kombination von *a-priori-* und *Laufzeitinformation* verwendet und sowohl *lokale* als auch *globale* Information berücksichtigt.
- *Initiierung:* Die Initiierung des Verfahrens wird durch *Ereignisse der Anwendung* gesteuert.
- *Entscheidungsinstanzen:* Die Entscheidungsinstanzen sind *dezentral* organisiert. Ihre Zuordnung zu Initiierungen des Verfahrens variiert dynamisch.
- *Informationsauswertung und Entscheidung:* Die Auswertung der Information und die Entscheidung über Migrationen basiert auf einem *heuristischen Ansatz.*
- *Protokoll:* Das zur Realisierung in einer verteilten Umgebung eingesetzte Protokoll weist eine *Zwei-Phasen-Struktur* mit Varianten zur Optimierung auf. Sein Ablauf ist vollkommen *dezentral.*

3.2 Basiskonstrukte

Dieser Abschnitt stellt die Basiskonstrukte zur Steuerung von Objektmigrationen, die *Kollokationsdefinition* und die *Kollokation*, vor und führt eine entsprechende neue Begriffsbildung durch. Kollokationsdefinitionen ersetzen die Vorgabe einzelner Migrationen durch eine *Beschreibung der für einen bestimmten Zeitraum an einer Lokation zusammenzuführenden Objekte.* Damit können bei Migrationsentscheidungen gleichzeitig eine größere Anzahl von Objekten berücksichtigt werden. Zusätzlich wird die Repräsentation von *a-priori Information* über die erwartete Kommunikation der Objekte ermöglicht, die durch eine Kollokationsdefinition beschrieben werden. Damit werden Laufzeitbewertungen und somit *bedingte* Objektmigrationen auf der Basis von Migrationsentscheidungen unterstützt. Die systemseitige *Generierung* und *Überprüfung* von Kollokationsdefinitionen ermöglicht die Automatisierung von Migrationsentscheidungen.

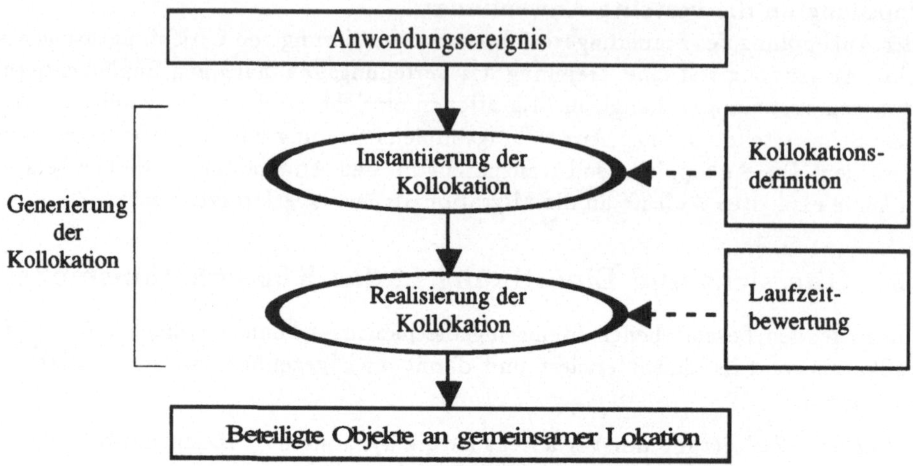

Abbildung 3.2: Vorgang der Kollokationsgenerierung

Kollokationen sind Instanzen von Kollokationsdefinitionen und realisieren die Zusammenführung von Objekten zur Laufzeit. Eine Kollokation wird bei Eintreten eines *Anwendungsereignisses instantiiert*, das bei einer zugehörigen Kollokationsdefinition vorgegeben ist (Abb. 3.2). Die tatsächliche *Realisierung* der Kollokation mit der Migration der beteiligten Objekte an einen gemeinsamen logischen Knoten ist von einer Laufzeitbewertung abhängig. Der Vorgang der Instantiierung und der Realisierung soll insgesamt als *Generierung* einer Kollokation bezeichnet werden.

3.2.1 Kollokationsdefinitionen

Eine *Kollokationsdefinition* (Abb. 3.3) umfaßt die im folgenden beschriebenen Kernelemente:

Objektparameter und Beziehungsklassen:
Jeder Kollokationsdefinition sind ein *Wurzelobjektparameter* und Parameter zur Beschreibung *weiterer beteiligter Objekte* zugeordnet. Diese Parameter sind streng typisiert und werden bei der Generierung einer zugehörigen Kollokation durch Objekte instantiiert. Um die beteiligten Objekte identifizieren zu können, werden innerhalb der Kollokationsdefinition zusätzlich *Beziehungsklassen* angegeben und den Objektparametern zugeordnet. Die Klasse jedes Objektparameters muß von der Klasse des Wurzelobjekt-Parameters aus über Beziehungsklassen erreichbar sein (Abschnitt 2.6.1). Die Beziehungsklassen einer Kollokationsdefinition bilden eine Baumstruktur und sollen als *Beziehungsbaum* der Kollokationsdefinition bezeichnet werden. Die einzelnen Objektparameter können mit verschiedenen *Kennungen* versehen werden:

- *Optional:* Objekte zur Instantiierung *optionaler* Parameter müssen bei der Realisierung einer zugehörigen Kollokation nicht präsent sein. Das Fehlen von Objekten zur Instantiierung der übrigen, *obligatorischen* Parameter verhindert dagegen die Realisierung einer Kollokation.

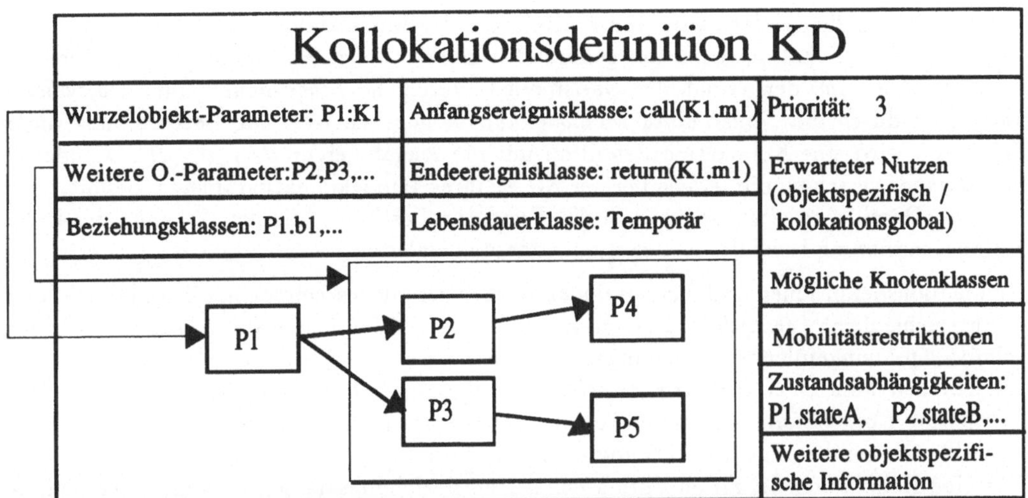

Abbildung 3.3: Beispiel einer Kollokationsdefinition

- *Fremd:* Ein als *fremd* markierter Parameter wird nur zur Identifikation weiterer transitiv referenzierter Objekte einer Kollokation eingesetzt, ohne daß das dafür instantiierte Objekt selbst in die Kollokation einbezogen wird.
- *Fixiert:* Ein Objekt, das für einen als *fixiert* gekennzeichneten Parameter instantiiert wurde, darf zur Realisierung einer Kollokation nicht migrieren, d.h. die Kollokation muß an der Lokation dieses Objekts realisiert werden.
- *Zustandsabhängigkeiten:* Zur Definition von *Zustandsabhängigkeiten* für Objektparameter werden die bei Objektklassen definierbaren *Zustandskennungen* verwendet (Abschnitt 2.6.1). Bei der Realisierung einer zugehörigen Kollokation werden die angegebenen Zustandskennungen eines Objektes als Konjunktion geprüft. Nur bei positivem Ergebnis wird es als präsent betrachtet. Ansonsten wird bei obligatorischen Objekten eine Kollokationsrealisierung verhindert; ein optionales Objekt wird dagegen lediglich nicht mit in die Kollokation aufgenommen.
- *Nicht bewertungsrelevant:* Objektparameter können als *nicht bewertungsrelevant* gekennzeichnet werden. In diesem Fall wird ihre Laufzeitinformation nicht mit in die Bewertung und Entscheidung über die Kollokationsrealisierung aufgenommen. Parameterobjekte, die als obligatorisch oder fixiert gekennzeichnet oder mit Zustandsabhängigkeiten belegt sind, sind in jedem Fall bewertungsrelevant. Dies gilt auch für Objekte, deren Klasse mit dem Attribut *immobil* versehen ist, die also statisch fixiert sind.
- *Lokationspräferent:* Ein *lokationspräferenter* Parameter steht für Objekte, an deren aktueller Lokation eine zugehörige Kollokation bevorzugt realisiert werden soll. Falls lokationspräferente Parameter existieren, so wird die Kollokationsrealisierung zunächst nur an der Lokation der dafür instantiierten Objekte versucht und bei positiver Bewertung (Abschnitt 3.3.3) auch durchgeführt. Dadurch reduzieren sich die im Rahmen der Bewertung zu betrachtenden Alternativen.

Beschreibung des Zeitraums der Kollokationslebensdauer:
Die zu einer Kollokationsdefinition gehörenden Kollokationen existieren nur für einen begrenzten *Zeitraum*, der gemäß des Basismodells durch die *Lebensdauer einer Objektbeziehung* oder durch die *Dauer eines Methodenaufrufs* gegeben ist. Zur Beschreibung dieses Zeitraums wird eine Kollokationsdefinition mit der Angabe einer *Beziehungsklasse* oder einer *Methode* versehen, die jeweils bei der Klasse ihres Wurzelobjektparameters definiert sein müssen. Damit sind gleichzeitig auch die *Ereignisse* bestimmt, die den Vorgang der Kollokationsgenerierung bzw. der Kollokationsauflösung einleiten.

Kollokationsdefinitionen und Kollokationen werden gemäß des Zeitraumes ihrer Lebensdauer in unterschiedliche *Lebensdauerklassen* eingeteilt, die mit den Lebensdauerklassen der in Abschnitt 2.6.1 eingeführten Beziehungen korrespondieren. *Initiale* Kollokationen existieren für den Zeitraum einer *initialen Beziehung*; analoges gilt für *längerfristige* Kollokationen. *Temporäre Kollokationen* existieren für die Dauer eines Methodenaufrufs. Auf den Lebensdauerklassen sei die folgende Ordnung definiert: *Initial* > *Längerfristig* > *Temporär*.
Für eine Kollokationsdefinition dürfen nur solche Beziehungsklassen verwendet werden, deren Lebensdauerklasse größer oder gleich der Lebensdauerklasse der Kollokationsdefinition ist.

Priorität:
Jede Kollokationsdefinition ist mit einer *Priorität* versehen, die für die Konfliktbehandlung der zugehörigen Kollokationen relevant ist (Abschnitt 3.3.4). Vom System werden den Kollokationsdefinitionen automatisch bestimmte Prioritäten zugeordnet (Abschnitt 3.3.2). Durch die explizite Angabe einer Priorität kann diese Vorgabe überschrieben werden.

Erwarteter Nutzen zugehöriger Kollokationen:
Für die Entscheidung über die Realisierung einer Kollokation ist Information über den mit der Kollokation verbundenen *erwarteten Nutzen* von Bedeutung. Diese Art der a-priori Information kann in unterschiedlich abstrahierter Form angegeben werden, z.B. als globale Bewertungszahl oder als detaillierte Bewertungsmatrix bezogen auf einzelne Objektpaare (Abschnitt 3.3.3). Die Angabe des erwarteten Nutzens ist optional; falls sie fehlt, wird eine zugehörige Kollokation ohne Bewertung realisiert.

Mögliche Knotenklassen zur Kollokationsrealisierung:
Zur Vermeidung zusätzlicher Laufzeitanalysen werden einer Kollokationsdefinition bereits statisch die logischen Knotenklassen zugeordnet, deren Knoten als Lokation zur Realisierung der zugehörigen Kollokationen prinzipiell zulässig sind. Diese ergeben sich durch Zusammenfassung der Lokationsrestriktionen, die für die Objektklassen der Objektparameter definiert sind. Zur Bestimmung der aktuell für eine Kollokationsrealisierung möglichen logischen Knoten zur Laufzeit sind jedoch weitere Informationen wie z.B. die dynamische Fixierung von Objekten zu beachten.

Wie globale Objekte können auch Kollokationen statisch *fixiert* werden und durch diese *Mobilitätsrestriktion* selbst von einer Migration ausgeschlossen werden. Dazu wird die beschreibende Kollokationsdefinition als *immobil* deklariert. Zur Unterscheidung bei der Vergabe von Prioritäten werden die vom Anwendungsentwickler vorgegebenen Kollokationsdefinitionen im Gegensatz zu den vom System generierten Kollokationsdefinitionen gesondert markiert. Explizit vorgegebene Kollokationsdefinitionen sollen im Rahmen der Laufzeitbehandlung bevorzugt berücksichtigt werden.

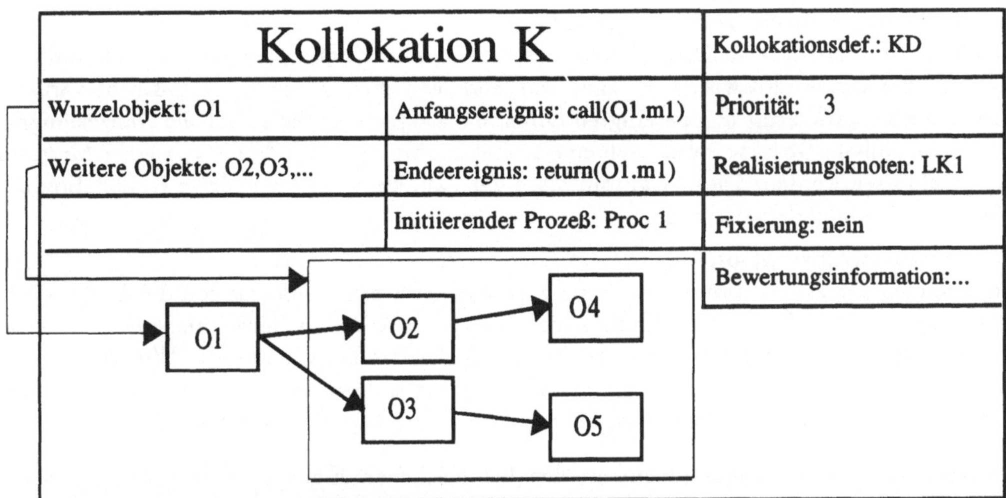

Abbildung 3.4: Beispiel einer Kollokation

3.2.2 Kollokationen

Eine Kollokation (Abb. 3.4) umfaßt die folgenden Elemente:

Zugehörige Kollokationsdefinition:
Diese Angabe verweist auf die Kollokationsdefinition, aus der die Kollokation instantiiert wurde. Die Kollokation erbt die *Priorität* und die *Lebensdauerklasse* von ihrer Kollokationsdefinition.

Wurzelobjekt und weitere an der Kollokation beteiligte Objekte:
Das *Wurzelobjekt* der Kollokation resultiert aus der Instantiierung des Wurzelobjekt-Parameters der zugehörigen Kollokationsdefinition. Die *weiteren beteiligten Objekte* werden durch die Instantiierung der weiteren Objektparameter der Kollokationsdefinition bestimmt. Die Beziehungsklassen der Kollokationsdefinition werden dabei auf Beziehungen zwischen den entsprechenden Objekten abgebildet, um diese zu identifizieren. Daraus ergibt sich der *Beziehungsbaum* der Kollokation. Das Wurzelobjekt und die weiteren beteiligten Objekte bilden zusammen die *Objektmenge* der Kollokation.

Anfangs- und Endeereignis:
Anfangs- und Endeereignis der Kollokation sind durch die Beschreibung des *Zeitraums der Kollokationslebensdauer* innerhalb der Kollokationsdefinition (durch die Angabe einer *Beziehungsklasse* oder einer *Methode*) und durch die entsprechende Instantiierung (durch eine *Beziehung* oder einen *Methodenaufruf*) gegeben: Im ersten Fall ist das Anfangs- bzw. Endeereignis der Auf- bzw. Abbau der Beziehung, im zweiten Fall der Aufruf der Methode bzw. die Rückkehr des Aufrufs. Eine Kollokation $K1$ soll als *jünger* bezeichnet werden als eine andere Kollokation $K2$, wenn das Anfangsereignis von $K1$ zeitlich später eintrat. Die Realisierung zweier Kollokationen soll *gleichzeitig* genannt werden, wenn diese das gleiche Anfangsereignis besitzen. Der *initiierende Prozeß* einer Kollokation ist der Prozeß, der das Anfangsereignis der Kollokation ausgelöst hat. Diese Angabe wird zur späteren Konfliktbehandlung benötigt.

Realisierungsknoten und Fixierung:
Der *Realisierungsknoten* einer Kollokation ist der logische Knoten, der zur Zusammenführung der Objekte ausgewählt wurde. Er kann während der Lebensdauer der Kollokation variieren, d.h. die Kollokation mit den beteiligten Objekten ist gegebenenfalls auch als Ganzes migrierbar. Wie globale Objekte kann auch eine Kollokation *fixiert* und damit von einer Migration ausgeschlossen werden. Dies ist automatisch der Fall, wenn die zugehörige Kollokationsdefinition als *immobil* deklariert ist.

Bewertungsinformation:
Im Rahmen der Kollokationsgenerierung wird aus der a-priori Information der Kollokationsdefinition und der Laufzeitinformation der beteiligten Objekte Bewertungsinformation zur Bewertung einzelner Kollokationen bei der Konfliktbehandlung ermittelt. Wie die Beschreibung des Nutzens von Kollokationen im Rahmen einer Kollokationsdefinition kann auch diese Information in unterschiedlich abstrahierter Form vorliegen (Abschnitt 3.3.3).

Neben *allgemeinen* Kollokationen mit den beschriebenen Eigenschaften werden zusätzlich auch *SammlungsKollokationen* angeboten, denen keine Kollokationsdefinition zugeordnet ist. Die beteiligten Objekte müssen einer solchen Kollokation explizit mit Hilfe einer Einfügeoperation zugeordnet werden. Die Kollokationsrealisierung und -auflösung erfolgt ebenfalls mit Hilfe expliziter Aufrufe entsprechender Operationen. Die Realisierung von SammlungsKollokationen ist unabhängig von einer Laufzeitbewertung.

3.3 Semantische Eigenschaften

Die Beschreibung der semantischen Eigenschaften der Basiskonstrukte konzentriert sich auf Kollokationen und behandelt die folgenden Aspekte:

- *Laufzeitbehandlung von Kollokationen*
- *Prioritätsstufen von Kollokationen*
- *Bewertungsproblematik bei der Kollokationsgenerierung*
- *Konfliktbehandlung von Kollokationen mit überlappenden Objektmengen*
- *Abbildung existierender Konstrukte auf Kollokationsdefinitionen und Kollokationen*

3.3.1 Laufzeitbehandlung von Kollokationen

Zentrale Eigenschaft von Kollokationen ist die Zielsetzung, die beteiligten Objekte für die Kollokationslebensdauer am Realisierungsknoten einer Kollokation lokal zusammenzuführen. Dazu müssen Kollokationsdefinitionen die während der Lebensdauer der zugehörigen Kollokationen kommunizierenden Objekte beschreiben und damit identifizierbar machen. Zusätzlich sollte die Angabe über den *Nutzen* der zugehörigen Kollokationen in geeigneter Form verfügbar sein. Unter dieser Voraussetzung kann die Laufzeitbehandlung von Kollokationen erfolgen, die durch das in Abb. 3.5 dargestellte Zustandsmodell einer Kollokation verdeutlicht wird. Der *momentane Zustand* einer Kollokation ist Element der Menge
{ *nicht existent, instantiiert, realisiert, partiell realisiert* }.

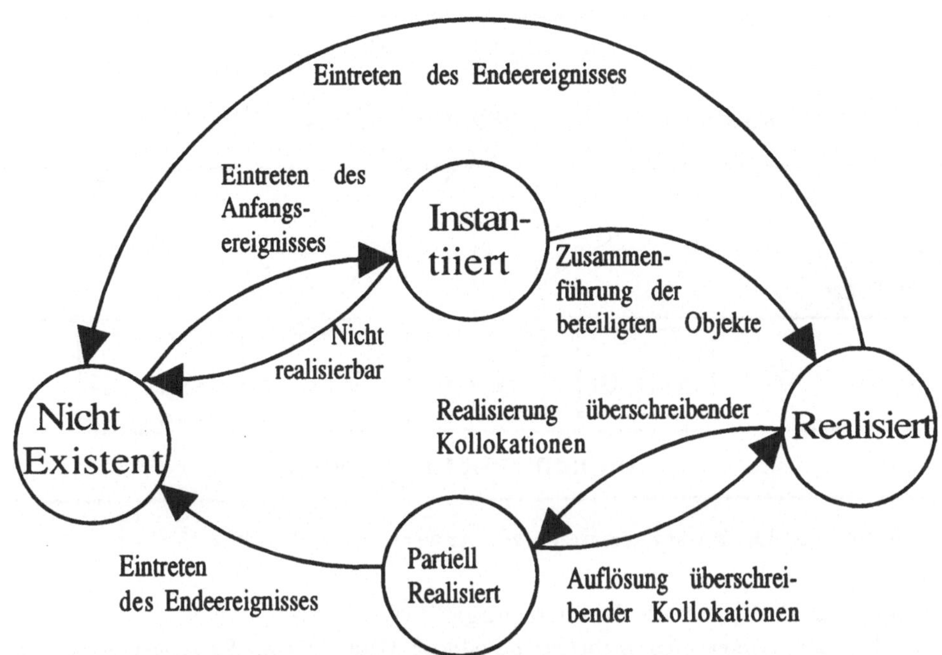

Abbildung 3.5: Zustandsübergangsdiagramm für Kollokationen

Generierungsvorgang:
Die *Generierung* einer Kollokation umfaßt die beiden Hauptphasen der *Instantiierung* und der *Realisierung*. Eine Kollokation wird *instantiiert*, wenn ein Ereignis der Anfangsereignisklasse einer Kollokationsdefinition eintritt. In der ersten Phase werden die an der Kollokation beteiligten Objekte identifiziert und gegebenenfalls die für Migrationsentscheidungen relevante Laufzeitinformation ermittelt. Die zweite Phase umfaßt einen *Bewertungs- und Entscheidungsvorgang* (Abschnitte 3.3.3 und 3.4.2) mit *Auswahl eines Realisierungsknotens*, auf dem die Objekte zusammengeführt werden, sowie die anschließende Migration der Objekte bei einer positiven Entscheidung über die Kollokationsrealisierung. In diesem Fall geht die Kollokation in den Zustand *realisiert* über. Bei einer negativen Entscheidung wird eine Kollokation dagegen nicht realisiert und kehrt in den Zustand *nicht existent* zurück. Beim *Eintreten ihres Endeereignisses* wird eine realisierte Kollokation aufgelöst und geht damit ebenfalls wieder in den Zustand *nicht existent* über.

Nachinstantiierung:
Falls bei der Realisierung einer Kollokation K ein optionales Objekt $O1$ nicht präsent ist, wird dies bei dem Objekt $O2$ vermerkt, von dem aus $O1$ gemäß der Kollokationsdefinition direkt erreichbar sein müßte. Beim späteren Aufbau einer Beziehung von $O2$ zu $O1$ während der Lebensdauer von K wird automatisch eine Bewertung mit eventueller Migration von $O1$ zum Realisierungsknoten von K eingeleitet. Dieser Vorgang wird als *Nachinstantiierung* von K bezüglich $O1$ bezeichnet.

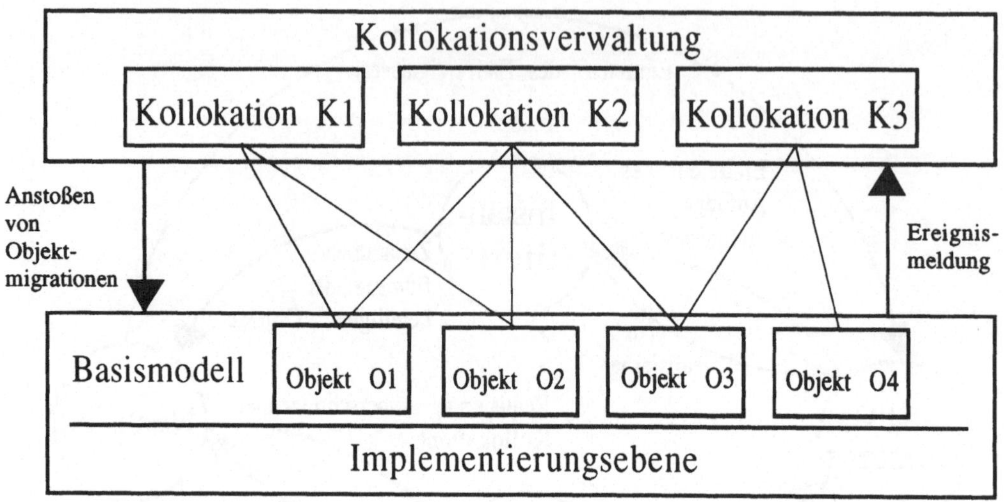

Abbildung 3.6: Zusammenwirken von Anwendung und Kollokationsverwaltung

Überlappung und partielle Realisierung:
Bei der Migration eines oder mehrerer beteiligter Objekte vom Realisierungsknoten einer Kollokation an einen anderen logischen Knoten bedingt durch die Realisierung einer anderen Kollokation erfolgt ein Übergang in den Zustand *partiell realisiert*. Die betroffene Kollokation wird dann auch als *überschrieben*, die andere Kollokation als *überschreibend* bezeichnet. Wenn sich alle beteiligten Objekte wieder am Realisierungsknoten der Kollokation befinden, kehrt sie in den Zustand *realisiert* zurück. Falls ein Objekt an mehreren Kollokationen beteiligt ist, werden diese als *überlappend* bezeichnet. Das Überschreiben ist ein Spezialfall hiervon, bei dem die Kollokationen nicht an einem gemeinsamen Knoten realisiert werden. Die Schnittmenge der Objektmengen überlappender Kollokationen soll sinngemäß *Überlappungsmenge* der Kollokationen genannt werden. Die Kollokationen, an denen ein Objekt momentan beteiligt ist, stellen die *Kollokationsmenge* des Objektes dar. Die Kollokationen der Kollokationsmenge, an deren Lokation sich ein Objekt momentan befindet, werden als *aktuelle Kollokationen* des Objektes bezeichnet.

Allgemeine Eigenschaften:
Die Generierung und die Auflösung von Kollokationen ist *lose* über Ereignisse an die Anwendung gekoppelt. Damit wird eine Trennung zwischen verteilungsabhängigen und verteilungsunabhängigen Elementen erreicht. Konzeptionell betrachtet, wird zur Laufzeit der verteilungsunabhängige Implementierungscode einer Anwendung abgearbeitet und dabei die Verwaltung von Kollokationen als Seiteneffekt der beschriebenen Ereignisse gesteuert, was dann wiederum zu Objektmigrationen führt (Abb. 3.6). Die Realisierung von Kollokationen kann als *bedingt* bezeichnet werden; das Eintreten eines entsprechenden Ereignisses führt nicht in jedem Fall zur Zusammenführung von Objekten. Der Realisierungsknoten ist ebenfalls nicht a-priori vorgegeben, sondern wird dynamisch bestimmt. Um die bei Überlappungen möglichen *Konflikte* zwischen Kollokationen zu behandeln, sind *Prioritätsstufen*, *Bewertungsdaten* und *heuristische Regeln* notwendig.

Absolut	7	Kollokationen zur unbedingten Zusammenführung von Objekten
	6	Kollokationen zur Fixierung von Objekten
	5	Attachment-Kollokationen
Bedingt	4	Benutzerdefinierte Kollokationen
	3	Temporäre Kollokationen
	2	Längerfristige Kollokationen
	1	Initiale Kollokationen

Tabelle 3.1: Prioritätsstufen von Kollokationsdefinitionen und Kollokationen

3.3.2 Prioritätsstufen von Kollokationen

Die möglichen Prioritäten von Kollokationsdefinitionen werden in *absolute* und *bedingte Prioritätsstufen* aufgeteilt. Wie erwähnt, wird die Priorität einer Kollokationsdefinition an die zugehörigen Kollokationen vererbt. Kollokationen bedingter Prioritätsstufe werden nur dann realisiert, wenn die Bewertung im Rahmen der Realisierungsphase ein positives Ergebnis liefert. Kollokationen absoluter Prioritätsstufe werden dagegen grundsätzlich realisiert, sofern dies nicht durch Konflikte verhindert wird. Innerhalb der beiden Prioritätsstufen werden im einzelnen die folgenden vorgegebenen Prioritäten unterschieden (Tabelle 3.1):

Bedingte Prioritätsstufe:
Bei den Prioritäten innerhalb der *bedingten Prioritätsstufe* wird unterschieden zwischen Kollokationen, deren Kollokationsdefinition vom System generiert wurde, und solchen, deren Kollokationsdefinition vom Entwickler vorgegeben wurde. Kollokationen mit explizit vorgegebenen Kollokationsdefinitionen erhalten eine höhere Priorität, um die damit verbundene Intention des Entwicklers bevorzugt zu berücksichtigen. Zusätzlich ist eine Unterscheidung von Prioritäten gemäß der Lebensdauerklasse von Kollokationen vorgesehen; die Prioritäten stehen dabei in umgekehrtem Verhältnis zur Ordnung der Lebensdauerklassen. *Initiale* Kollokationen sind damit am niedrigsten eingestuft, danach folgen *längerfristige* und schließlich *temporäre* Kollokationen. Dieser Einteilung liegen heuristische Annahmen über die Kommunikationsintensität während der Kollokationslebensdauer zugrunde, die im Rahmen von Bewertungen zu validieren sind.

Absolute Prioritätsstufe:
Die Prioritäten der *absoluten Prioritätsstufe* dienen v.a. zur Nachbildung existierender Konstrukte (Abschnitte 2.4 und 3.3.5) durch Kollokationen. Kollokationen von absoluter Priorität sind nicht an eine bestimmte Lebensdauerklasse gebunden. Die niedrigste absolute Priorität wird an Kollokationen vergeben, die zum Zwecke des *Attachments* von Objekten definiert werden. Damit werden Objekte zu festen Migrationseinheiten zusammengefügt; daher werden die zugehörigen Kollokationen höher bewertet als Kollokationen von bedingter Prioritätsstufe. Die *Fixierung* von Objekten wird ebenfalls über Kollokationen in uniformer Weise realisiert; ein fixiertes Objekt wird mit dem logischen Knoten, an dem es sich momentan befindet, in eine Kollokation eingebunden. Diese Art der Kollokation wird höher als die

des Attachments eingestuft. Die höchstpriore Art von Kollokationen dient zur *unbedingten Zusammenführung von Objekten* und damit zur *unbedingten Erfüllung von Plazierungsanforderungen.* Solche Anforderungen führen bei Nichterfüllung zu Fehlerfällen und dürfen daher nicht verletzt werden. Ein Beispiel hierfür ist der *Friend-Access* in der Sprache *C++* [STR86], bei dem sich Objekte im verteilten Fall unbedingt an einer gemeinsamen Lokation befinden müssen. Die Ergänzung neuer Prioritäten im Rahmen der gegebenen Prioritätsstufen ist jederzeit möglich.

3.3.3 Bewertungsproblematik

Die *Bewertung* von Kollokationen ist für folgende Aspekte der Laufzeitverwaltung von Bedeutung:

- *Entscheidung über die Realisierung von Kollokationen von bedingter Prioritätsstufe*
- *Auswahl des Realisierungsknotens einer Kollokation*
- *Konfliktbehandlung bei überlappenden Kollokationen*, die nicht an der gleichen Lokation realisiert werden bzw. realisiert sind
- *Nachinstantiierung von Objekten*

Im folgenden werden die relevanten Bewertungsdaten aufgezeigt und ihre Auswertung im Rahmen von Steuerungsverfahren diskutiert. Dabei sollen die möglichen Alternativen identifiziert und klassifiziert werden (s. auch Abschnitt 3.4.3).

3.3.3.1 Bewertungsdaten

Die für die Kollokationsverwaltung relevanten Bewertungsdaten setzen sich aus folgenden Elementen zusammen (Abb. 3.7):

Unterliegendes Basissystem:

- *Kosten für entfernte Aufrufe*
- *Kosten für Objektmigrationen* in Abhängigkeit der Größe des zu migrierenden Objektes einschließlich aller lokalen Objekte und einschließlich der Stacksegmente der aktuellen Aufrufe. Optional können dabei auch unterschiedliche Migrationskosten berücksichtigt werden, z.B. für die Migration innerhalb des gleichen oder zwischen verschiedenen physikalischen Knoten.
- *Menge der momentan existierenden logischen Knoten*

Globale Objekte:

- *Aktuelle Größe* einschließlich der Stacksegmente, die zusammen mit dem Objekt migrieren
- *Aktuelle Kollokationen* und *aktuelle Kollokationsmenge*
- *Lokation* und *Fixierung*
- *Lokationsrestriktionen* der zugehörigen Objektklasse

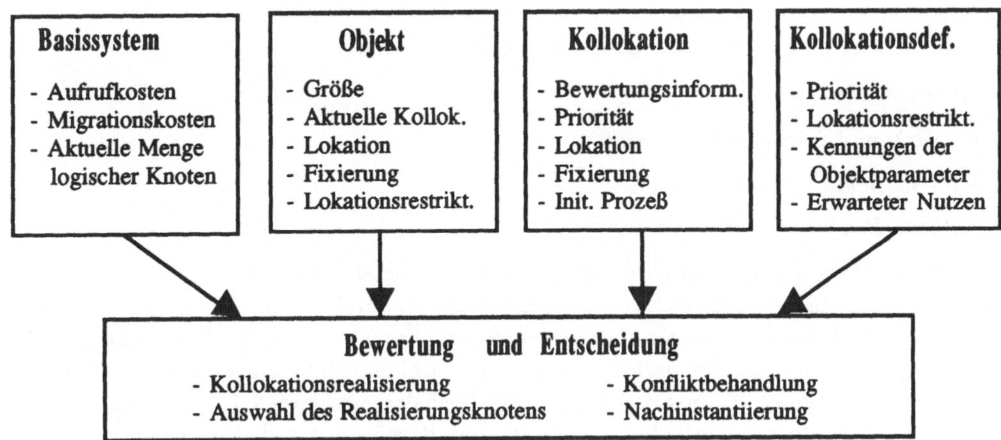

Abbildung 3.7: Bewertungsinformation für die Kollokationsverwaltung

Kollokationsdefinitionen:

- *Priorität*
- *Lokationsrestriktionen*
- *Kennungen der Objektparameter*
- *Erwarteter Nutzen* der zugehörigen Kollokationen

Die optionale Angabe des erwarteten Nutzens kann in unterschiedlich abstrahierter Form vorliegen:

- *Detailliert:* Vollständige Kommunikationsmatrix zur Beschreibung der erwarteten mittleren Aufrufhäufigkeiten zwischen den Objekten während der Lebensdauer einer zugehörigen Kollokation.
- *Objektspezifisch:* Bewertungsvektor mit einer Bewertungszahl zur Beschreibung der erwarteten mittleren Aufrufhäufigkeit pro Objekt während der Lebensdauer einer zugehörigen Kollokation. Dabei werden die auf einem Objekt durchgeführten und die von ihm selbst initiierten Aufrufe zusammengefaßt.
- *Global:* Bewertungszahl zur Beschreibung der erwarteten gesamten Aufrufhäufigkeit zwischen den Objekten einer zugehörigen Kollokation.
- *Fehlend:* Bei Fehlen der Angabe wird eine Standard-Bewertungszahl verwendet; dies entspricht dann dem globalen Fall und ist z.B. bei Kollokationen mit absoluter Prioritätsstufe oder bei SammlungsKollokationen sinnvoll.

Der erwartete Nutzen, der mit der Integration eines bestimmten Objektes in eine zugehörige Kollokation verbunden ist, berechnet sich aus der erwarteten Aufrufhäufigkeit eines Objektes und der erwarteten Anzahl der auf ihm selbst durchgeführten Aufrufe. Zu einer exakten Berechnung muß außerdem die jeweilige Verteilungssituation der entsprechenden Objekte berücksichtigt werden, um zwischen kommunizierenden Objekten an der gleichen Lokation bzw. an unterschiedlichen Lokationen zu unterscheiden. Dies ist nur bei einer detaillierten Angabe des Nutzens möglich. Bei einer objektspezifischen oder einer globalen Angabe berechnet sich der Nutzen eines Objektes bezüglich einer Kollokation dagegen durch eine einfache Gewichtung und stellt eine heuristische Größe dar.

Kollokationen:

- *Priorität* und *initiierender Prozeß*
- *Aktuelle Lokation* und *Fixierung*
- *Aktuelle Bewertungsinformation*

Die aktuelle Bewertungsinformation kann wie der erwartete Nutzen von Kollokationsdefinitionen in unterschiedlich abstrahierter Form *detailliert*, *objektspezifisch* oder *global* vorliegen. Sie kann außerdem *zeitabhängig* oder *zeitunabhängig* sein. Durch die Zeitabhängigkeit der Bewertungsinformation wird berücksichtigt, daß zu einem bestimmten Zeitpunkt während der Lebensdauer einer Kollokation bereits ein Teil der erwarteten Gesamtkommunikation zwischen den beteiligten Objekten stattfand. Damit reduziert sich der aktuelle Wert einer Kollokation unter der Zielsetzung, kommunizierende Objekte an einer gemeinsamen Lokation zusammenzuführen.
Da die Lebensdauer von Kollokationen von *Ereignissen* und nicht von absoluten Zeiten abhängt, muß der dabei verwendete Zeitbegriff ebenfalls auf Ereignissen basieren. Neben einer detaillierten, laufzeitaufwendigen Zählung von Aufrufen zwischen den beteiligten Objekten und einem Vergleich mit der erwarteten Aufrufhäufigkeit bietet sich die zusätzliche, explizite Definition ausgewählter Ereignisse an. Diese werden beim Wurzelobjekt einer Kollokation ausgelöst und führen zur Dekrementierung eines Gewichtungsfaktors, mit dem die initiale Bewertungsinformation gewichtet wird. Diese Lösung sowie die einfache Verwendung zeitunabhängiger Bewertungsinformation ist praktikabel, da sie nur mit geringem Zusatzaufwand verbunden ist.

3.3.3.2 Bewertungsansatz

Auf der Basis der genannten Bewertungsdaten kann die Bewertung von Kollokationen zur Behandlung der aufgezählten Bewertungsaufgaben durchgeführt werden. Dabei sind sowohl bei der Art der verwendeten Bewertungsinformation als auch bei der Verknüfung dieser Information Alternativen möglich. Im folgenden soll daher die prinzipielle Vorgehensweise bei der Bewertung aufgezeigt und damit auch Alternativen verdeutlicht werden; ein exemplarisches Bewertungsverfahren wurde im Rahmen von [BAA89, WER89, WAG89] realisiert. Ein zugehöriges Protokoll zur Kollokationsverwaltung in einer verteilten Umgebung wird in Abschnitt 3.4.2 vorgestellt.

Die Entscheidung über die Realisierung einer Kollokation sollte auf der durch die Kollokationsdefinition gegebenen a-priori Information und auf der Laufzeitinformation über alle beteiligten Objekte basieren. Die Verfügbarkeit der Laufzeitinformation bei einer Entscheidungsinstanz wird im folgenden vorausgesetzt und kann durch ein verteiltes Protokoll (Abschnitt 3.4.2) gewährleistet werden.
Für jedes an der entsprechenden Kollokation beteiligte Objekt O wird seine momentane *Migrationsfähigkeit* und der mit seiner Migration verbundene *Aufwand* ermittelt. Die Lokationsrestriktionen der Objekte sind bereits bei der Kollokationsdefinition erfaßt.

Migrationsfähigkeit:
Ein Objekt O wird im Rahmen der Kollokationsverwaltung normalerweise als *migrationsfähig* betrachtet und ist nur unter einer der folgenden Voraussetzungen nicht migrierbar:

- *Statische Fixierung:* Die Objektklasse von O ist als *immobil* deklariert.
- *Dynamische Fixierung:* Das Objekt O wurde explizit durch einen entsprechenden Methodenaufruf fixiert.
- *Fixierung im Rahmen der Kollokationsdefinition:* Der Objektparameter der zugehörigen Kollokationsdefinition, für den O instantiiert wurde, ist als *fixiert* gekennzeichnet (Abschnitt 3.2.1).
- *Beteiligung des Objekts an einer höher priorisierten Kollokation:* In diesem Fall wird das Objekt als nicht migrierbar betrachtet. Alternativ kann auch eine Migration der höherprioren Kollokation in Betracht gezogen werden, falls diese nicht selbst fixiert ist.

Migrationsaufwand:
Der Migrationsaufwand eines Objektes O setzt sich aus den folgenden Daten zusammen:

- *Übertragungskosten* für die Migration des Objektes
- *Beteiligung an anderen Kollokationen:* Hierdurch wird der Aufwand bewertet, der durch die zusätzliche entfernte Kommunikation von O mit anderen Objekten aus seinen aktuellen Kollokationen nach seiner Migration an eine andere Lokation entsteht.

Bei der Beteiligung an anderen Kollokationen werden nur solche mit folgenden Eigenschaften berücksichtigt:

- *Gleiche Priorität* und *unterschiedliche initiierende Prozesse*
- *Höhere Priorität der absoluten Prioritätsstufe* und *keine Fixierung der Kollokation*

Kollokationen von niedrigerer Priorität werden dagegen nicht berücksichtigt. Für eine nicht fixierte Kollokation von höherer Priorität wird eine Bewertungszahl, die ihre Migrationskosten beschreibt, ermittelt und dem Objekt O zugerechnet. Dabei werden auch transitiv alle mit ihr überlappenden und nicht fixierten Kollokationen gleicher oder höherer Priorität berücksichtigt. Die Heuristik zur Behandlung der Beteiligung an anderen Kollokationen wird im Rahmen der Konfliktbehandlung (Abschnitt 3.3.4) weiter diskutiert.

Entscheidung:
Die Entscheidung über die Realisierung einer Kollokation wird auf der Basis einer globalen Sichtweise aller bewertungsrelevanten Objekte der Kollokation (Abschnitt 3.2.1) getroffen. Sie setzt sich aus der *Bestimmung der Menge der möglichen Realisierungsknoten* und der *Selektion eines Realisierungsknotens* zusammen. Die erste Teilphase berücksichtigt folgende Daten:

- *Lokationsrestriktionen* der beteiligten Objekte
- *Migrationsfähigkeit* der beteiligten Objekte
- *Kennzeichnung lokationspräferenter Objekte* innerhalb der Kollokationsdefinition
- *Menge der aktuell existierenden logischen Knoten*

Falls mehrere nicht migrationsfähige und nicht optionale Objekte (Abschnitt 3.2.1) mit unterschiedlicher Lokation beteiligt sind, wird die Kollokation als nicht realisierbar betrachtet.

Ansonsten wird die Menge der möglichen Realisierungsknoten zunächst mit der Vereinigung der aktuellen Lokationen der lokationspräferenten Objekte initialisiert und gemäß der gegebenen Lokationsrestriktionen reduziert. Falls mögliche Realisierungsknoten verbleiben, wird die Realisierung der Kollokation auf diesen Knoten bewertet. Ansonsten wird die Vereinigung der Lokationen aller übrigen beteiligten Objekte gebildet und die resultierende Menge möglicher Realisierungsknoten analog behandelt. Optional können schließlich auch andere logische Knoten aus der Menge der momentan existierenden Knoten als Realisierungsknoten berücksichtigt werden.

Die zweite Teilphase führt dabei dann die Bewertung der verbliebenen möglichen Realisierungsknoten und gegebenenfalls die Selektion eines Knotens durch. Hierzu sind folgende Daten relevant:

- *Migrationsaufwand* der beteiligten Objekte; dieser wird nur dann berücksichtigt, falls die Lokation eines Objektes ungleich dem untersuchten Realisierungsknoten ist.
- *Erwarteter Nutzen* der zugehörigen Kollokationsdefinition

Der Migrationsaufwand aller beteiligten Objekte und der erwartete Nutzen der zugehörigen Kollokationsdefinitionen werden gemäß der Kosten für entfernte Aufrufe und für Objektmigrationen des unterliegenden Systems normiert und sind damit vergleichbar. Der Vergleich erfolgt zunächst pauschal, d.h. der gesamte Migrationsaufwand wird für jeden Knoten aus der Menge der möglichen Realisierungsknoten mit dem erwarteten Nutzen verglichen. Bei positivem Ergebnis stellt der entsprechende Knoten einen *Realisierungskandidat* dar. Schließlich wird aus der Menge der Realisierungskandidaten der Knoten mit dem besten Ergebnis als Realisierungsknoten ausgewählt. Bei der Realisierung von Kollokationen der absoluten Prioritätsstufe entfällt die Entscheidung über die Realisierung; die Auswahl des Realisierungsknotens wird jedoch in der gleichen Weise durchgeführt.

Falls in der Bewertungsphase kein Realisierungsknoten mit positivem Ergebnis gefunden wird, kann optional in die erste Phase zurückgekehrt werden, um die Menge der betrachteten Realisierungsknoten wie beschrieben zu vergrößern.
Falls der erwartete Nutzen objektspezifisch oder detailliert vorgegeben ist, kann nachträglich eine zusätzliche Bewertung einzelner Objekte erfolgen, indem der Migrationsaufwand eines Objektes mit dem erwarteten objektspezifischen Nutzen verglichen wird und das Objekt bei negativem Ergebnis nicht mit in die Kollokation einbezogen wird.

Nachinstantiierung:
Bei der Nachinstantiierung einer Kollokation bezüglich eines Objektes wird ebenfalls eine Bewertung durchgeführt. Zu diesem Zeitpunkt steht der Realisierungsknoten der Kollokation bereits fest; im Rahmen der Nachinstantierung wird keine Migration der gesamten Kollokation in Betracht gezogen. Daher wird nur eine Bewertung des Migrationsaufwands nach dem obigen Schema durchgeführt und ein Vergleich mit der Bewertungsinformation der Kollokation durchgeführt. Falls der Migrationsaufwand des Objektes die gewichtete Bewertungsinformation unterschreitet, wird die Migration durchgeführt. Falls der erwartete Nutzen nur global vorliegt, erfolgt die Entscheidung zwar in der gleichen Weise, beruht dann aber auf einer einfacheren Heuristik.

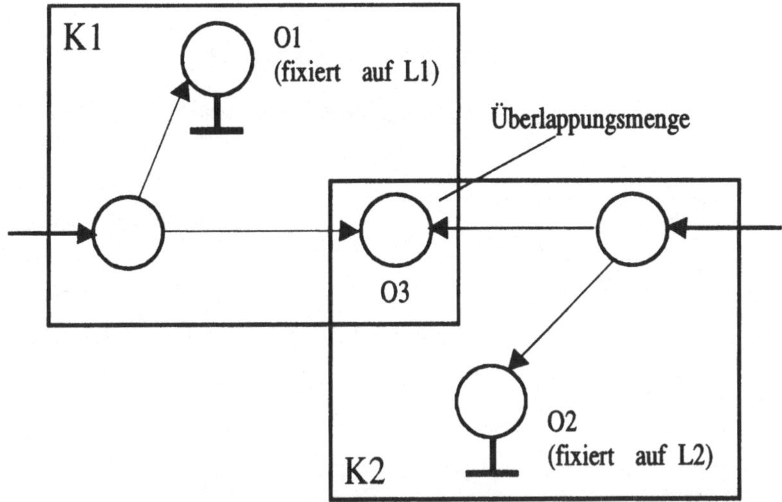

Abbildung 3.8: Konflikt zwischen Kollokationen

3.3.4 Konfliktbehandlung für Kollokationen

Bei der obigen Diskussion der Bewertung wurde bereits auch die Konfliktproblematik bei Kollokationen deutlich; sie soll in diesem Abschnitt vertieft werden. Ein *Konflikt* zwischen zwei Kollokationen $K1$ und $K2$ tritt genau dann auf, *wenn sich* $K1$ *und* $K2$ *überlappen* (Abschnitt 3.3.1) *und auf verschiedenen logischen Knoten realisiert werden sollen bzw. bereits realisiert wurden.* Grund dafür kann z.B. die Fixierung von Objekten oder aber auch die Bevorzugung eines bestimmten Realisierungsknotens im Rahmen der Bewertung sein. Abb. 3.8 zeigt zwei einfache Kollokationen $K1$ und $K2$, die in Konflikt stehen, da sie sich überlappen und die zugehörigen Objekte $O1$ und $O2$ auf unterschiedlichen logischen Knoten $L1$ und $L2$ fixiert sind. Damit lassen sich $K1$ und $K2$ nicht auf dem gleichen Knoten realisieren. In einem solchen Fall ist eine *Konfliktbehandlung* erforderlich, um zu entscheiden, zu welchem logischen Knoten die Objekte der Überlappungsmenge migrieren sollen. Aus der Sicht eines Objektes basiert die Migrationsentscheidung bei der Beteiligung an mehreren in Konflikt stehenden Kollokationen auf der folgenden Heuristik:

1. *Priorität:*
   Kollokationen höherer Priorität werden stets gegenüber niedriger priorisierten Kollokationen vorgezogen.

2. *Prozeßgleichheit und Alter:*
   Bei Kollokationen gleicher Priorität, die durch den gleichen Prozeß initiiert wurden, wird die jüngere Kollokation vorgezogen.

3. *Bewertungszahl:*
   Bei Kollokationen gleicher Priorität, die durch verschiedene Prozesse initiiert wurden, wird die Kollokation mit der höheren Bewertungszahl vorgezogen.

Diese Heuristik wird durch den in Abb. 3.9 dargestellten Entscheidungsbaum veranschaulicht; *Prio (K)* sei dabei die Priorität einer Kollokation K, *Proc (K)* sei der initiierende

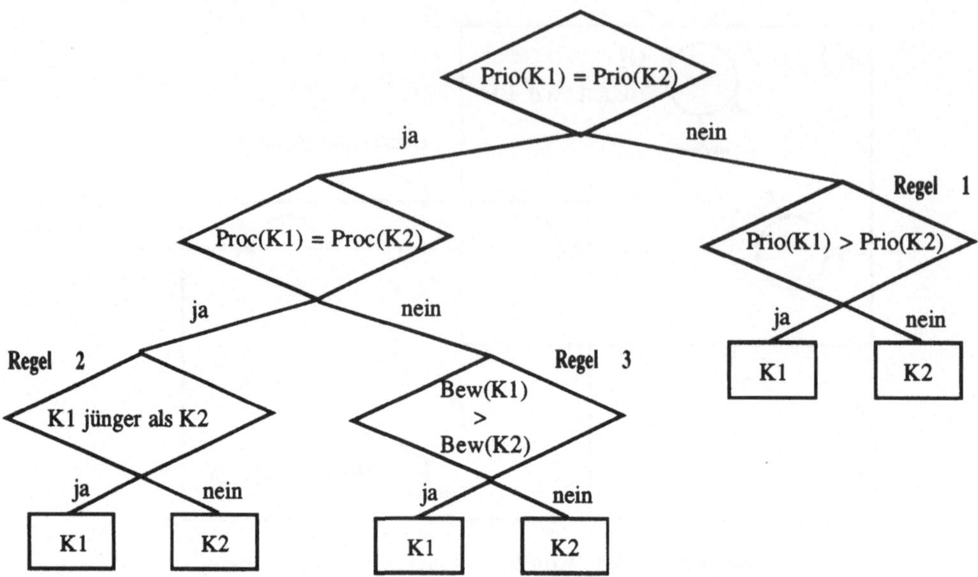

Abbildung 3.9: Entscheidungsbaum zur heuristischen Konfliktbehandlung von Kollokationen

Prozeß von K und *Bew (K)* sei die Bewertungsinformation von K als einfache Bewertungszahl. Regel 1 der Heuristik ist eine einfache Festlegung, um die Unterscheidung verschiedener Prioritätsstufen in eine entsprechende Laufzeitbehandlung umzusetzen. Regel 2 ist dadurch motiviert, daß die durch einen Prozeß verursachte Objektkommunikation auch jeweils von der momentan aktiven Methode hervorgerufen wird, daß also übergeordnete Methodenaufrufe und zugehörige Kollokationen mit gleichem initiierenden Prozeß für diesen Zeitraum vernachlässigt werden können. Regel 3 behandelt Konflikte zwischen Kollokationen mit unterschiedlichen initiierenden Prozessen. In diesem Fall kann nur die Bewertungszahl als Entscheidungsgrundlage dienen. Ein solcher Konfliktfall soll als *echter Konflikt* bezeichnet werden; charakteristisch dafür ist, daß der Konflikt durch unabhängige Prozesse erzeugt wurde und nicht durch unterschiedliche Kollokationsprioritäten aufgelöst wird. Zusätzlich ist eine Sonderbehandlung der beiden höchsten Prioritätsstufen (*Fixierung von Objekten* und *unbedingte Zusammenführung von Objekten*) erforderlich. Konflikte zwischen Kollokationen dieser Prioritätsstufen werden nicht aufgelöst, sondern als *Laufzeitfehler* behandelt. Dies ist notwendig, da die Realisierung von Kollokationen dieser Prioritätsstufen als Voraussetzung für korrekte Abläufe innerhalb der verteilten Anwendung betrachtet wird.

3.3.5 Abbildung existierender Konstrukte

Durch die Abbildung existierender Konstrukte aus dem Bereich der verteilten objektorientierten Programmierung auf Kollokationsdefinitionen und damit zur Laufzeit auch auf Kollokationen können diese durch die Kollokationsverwaltung uniform realisiert werden. Auf diese Weise wird die universelle Anwendbarkeit der entwickelten Konzepte deutlich. Im folgenden wird exemplarisch die Abbildung der Konstrukte des *Attachments*, des *Call-by-visit* und *Call-by-move*, des *Friend-Access*, der *Fixierung von Objekten* und der *initialen Allokation* von Objekten behandelt (Tabelle 3.2).

Konstrukt	Verwendete Kollokationsdefinition bzw. Kollokation
Attachment	Attachment-Kollokation von absoluter Prioritätsstufe
Call-by-visit	Temporäre Kollokation
Call-by-move	Längerfristige Kollokation mit erhöhter Priorität
Friend-Access	Kollokation zur unbedingten Zusammenführung von Objekten
Fixierung	Kollokation zur Fixierung von Objekten von absoluter Prioritätsstufe
Initiale Allokation, relativ	Initiale Kollokation

Tabelle 3.2: Abbildung existierender Konstrukte

Das *Attachment* von Objekten mit der statischen engen Bindung von Objektreferenzen zur gemeinsamen Migration von Objekten läßt sich direkt auf eine *Attachment-Kollokation* von absoluter Prioritätsstufe abbilden. Die beteiligten Objekte verbleiben damit am Realisierungsknoten der Kollokation, auch wenn Überlappungen mit Kollokationen bedingter Prioritätsstufe auftreten. Auf diese Weise lassen sich auch *komplex strukturierte Objekte* [LAM85, WAD88] zu Migrationseinheiten in einer verteilten Umgebung zusammenfassen.
Die *Call-by-visit*-Parameterübergabe bei einem Methodenaufruf mit der Migration eines Parameterobjektes zum Aufgerufenen und der späteren Rückmigration kann direkt auf eine *temporäre Kollokation* zwischen dem aufgerufenen Objekt und dem Parameterobjekt abgebildet werden. Die *Call-by-move*-Parameterübergabe ohne Rückmigration läßt sich auf eine *längerfristige Kollokation* abbilden, die mit Hilfe einer Beziehung vom Aufgerufenen zum Parameterobjekt definiert wird. Damit verbleibt das Parameterobjekt nach Ende des Aufrufs an der Lokation des Aufgerufenen. Die Priorität der zugehörigen Kollokationsdefinitionen muß dabei der Priorität von explizit vorgegebenen Kollokationsdefinitionen gleichgesetzt werden, um andere temporäre Kollokationen mit dem Parameterobjekt zu überschreiben.
Der *Friend-Access* in *C++* [STR86] erlaubt einen Direktzugriff ohne Methodenaufruf auf die Daten eines Objektes, um eine effizientere Bearbeitung zu ermöglichen. Dies ist z.B. bei der Multiplikation von großen, als Objekten repräsentierten Matrizen von Bedeutung. In einer verteilten Umgebung müssen die betroffenen Objekte dabei in jedem Fall lokal zusammengeführt werden, da sich Direktzugriffe nicht in transparenter Weise an eine entfernte Lokation weiterleiten lassen. Dies läßt sich mit Hilfe einer *Kollokation zur unbedingten Zusammenführung von Objekten* realisieren, wie sie in Abschnitt 3.3.2 eingeführt wurde.
Die *Fixierung von Objekten* kann auf eine Kollokation abgebildet werden, die das zu fixierende Objekt und den logischen Knoten umfaßt, der seine momentane Lokation darstellt. Die Priorität einer solchen Kollokation ist höher als die aller übrigen Kollokationen (mit Ausnahme von Kollokationen zur unbedingten Zusammenführung von Objekten). Dadurch wird eine Migration des fixierten Objektes verhindert.

Die *initiale Allokation* von Objekten, also die Erstzuordnung zu einer Lokation bei der Objekterzeugung, läßt sich entweder *absolut* durch die Zuordnung zu einem logischen Knoten oder *relativ* durch die Definition einer initialen Kollokation mit einem bereits allokierten Objekt realisieren. Eine relative Allokation ist flexibler gegenüber Änderungen. Die absoluten Allokationen innerhalb einer Anwendung können sich auf *konfigurierte* Objekte beschränken (Kap. 4).

3.4 Kollokationsverwaltung

Dieser Abschnitt beschreibt die *Laufzeitverwaltung* von Kollokationen in einer verteilten Umgebung mit Hilfe eines dezentralen, verteilten Verfahrens. Dabei sollen existierende Kollokationsdefinitionen vorausgesetzt werden. Zunächst werden die Anforderungen an entsprechende Verfahren untersucht. Anschließend wird ein exemplarisches Verfahren vorgestellt, mögliche Verfahrensvarianten diskutiert und eine Bewertung durchgeführt.

3.4.1 Anforderungen

Die Anforderungen an Verfahren zur Kollokationsverwaltung lassen sich unterteilen in *funktionelle Anforderungen* einerseits und *bewertungs-* und *verteilungsbezogene Anforderungen* andererseits. Aus den Eigenschaften von Kollokationsdefinitionen und Kollokationen lassen sich die *funktionellen Anforderungen* direkt ableiten:

- *Ereignisgesteuerte Initiierung*
- *Identifikation beteiligter Objekte*
- *Migration der Objekte an den Realisierungsknoten einer Kollokation*
- *Ereignisgesteuerte Auflösung von Kollokationen*

Zusätzliche Anforderungen resultieren aus der *Bewertungsproblematik* und aus der *Verteilung*:

- *Entscheidung über die Realisierung einer Kollokation*
- *Geeignete Bestimmung des Realisierungsknotens einer Kollokation*
- *Geeignete Auswahl und Kombination von a-priori- und Laufzeitinformation*
- *Geeignete Konfliktbehandlung*
- *Geringer Laufzeitaufwand bei der Informationsgewinnung und beim Bewertungsvorgang*
- *Erzielung eines positiven mittleren Plazierungsgewinns*

3.4.2 Ein Verfahren zur Kollokationsverwaltung

Unter Berücksichtigung der genannten Anforderungen wurde ein Verfahren zur Kollokationsverwaltung gemäß der in Abschnitt 3.3 beschriebenen semantischen Eigenschaften von Kollokationen entwickelt und realisiert [BAA89, WER89]. Dabei wurde eine möglichst exakte Laufzeitbewertung angestrebt. Das Verfahren kann gut als Prototyp zur Ableitung vereinfachter Varianten verwendet werden; dies wird in Abschnitt 3.4.3 diskutiert.

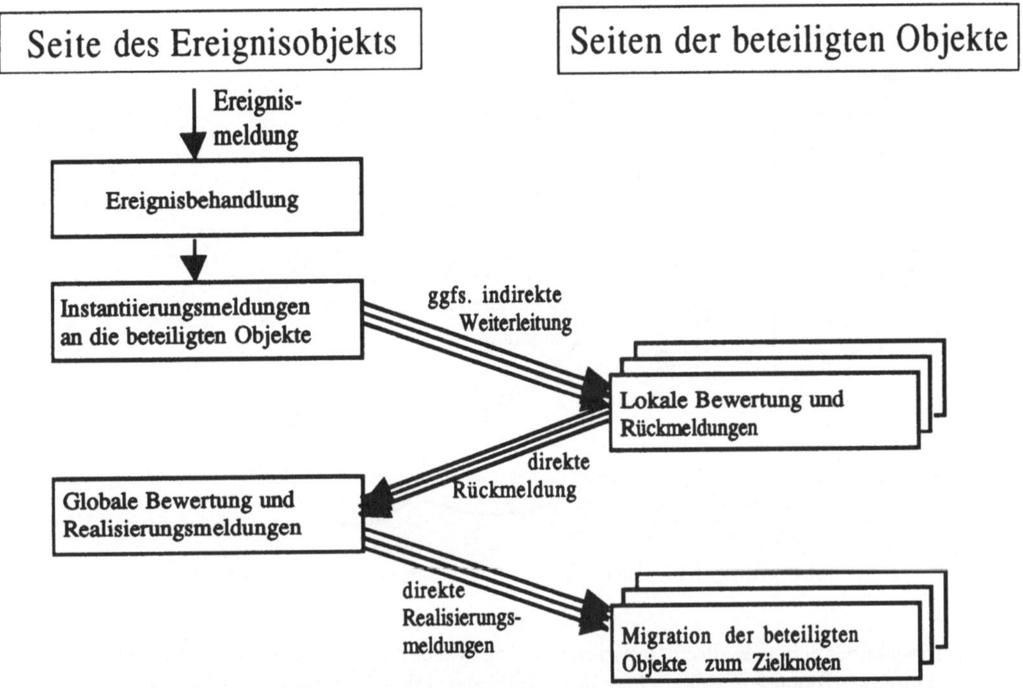

Abbildung 3.10: Phasen der Kollokationsrealisierung

Struktur des Verfahrens:
Der Ablauf einer Kollokationsgenerierung setzt sich aus den Hauptphasen der *Instantiierung* und der *Realisierung* zusammen, die sich selbst wiederum in Teilphasen gliedern lassen:

- **Instantiierungsphase:**

- *Ereignisbehandlung beim Wurzelobjekt der Kollokation*
- *Instantiierungsmeldungen an die beteiligten Objekte*
- *Lokale Bewertungen bei den beteiligten Objekten und direkte Rückmeldung an das Wurzelobjekt*

- **Realisierungsphase:**

- *Globale Bewertung und Bestimmung des Realisierungsknotens beim Wurzelobjekt*
- *Realisierungsmeldungen an die beteiligten Objekte mit Migrationsaufforderung*
- *Migration der beteiligten Objekte an den Realisierungsknoten der Kollokation*

Die einzelnen Teilphasen sind in Abb. 3.10 schematisch in Protokollform dargestellt. Die vertikale Richtung repräsentiert dabei die Zeitachse; die horizontale Dimension stellt die potentiell verteilten Interaktionen dar. Die mögliche Beteiligung einer Vielzahl von Objekten ist durch Vervielfachung der jeweiligen graphischen Symbole angedeutet. Das bei der Kollokationsgenerierung ablaufende Protokoll kann in seiner Grundform der Klasse der *Zwei-Phasen-Protokolle* zugerechnet werden. Die möglicherweise verteilten Interaktionen zwischen den beteiligten Objekten sind in Abb. 3.11 beispielhaft skizziert. Die zur Lauf-

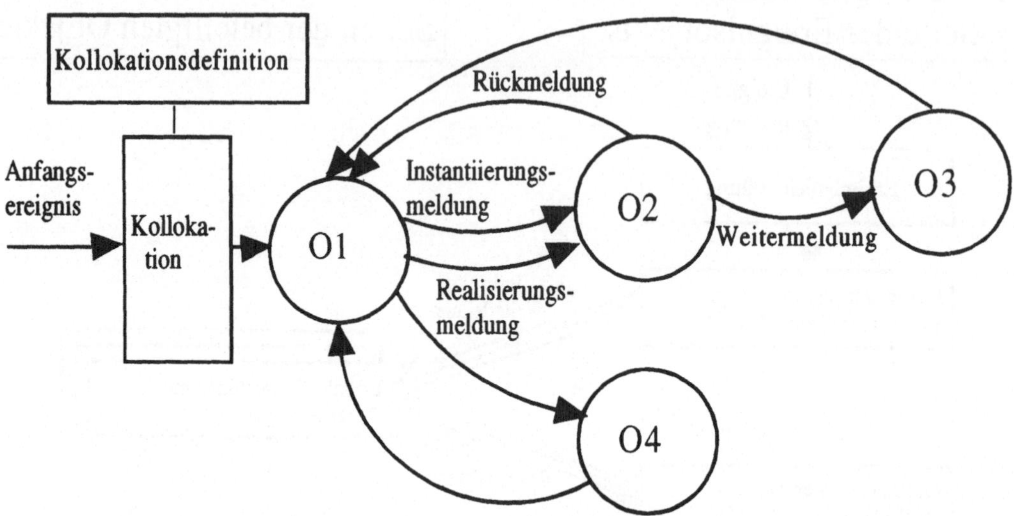

Abbildung 3.11: Interaktionen bei der Kollokationsrealisierung

zeit unveränderlichen Kollokationsdefinitionen werden in der verteilten Umgebung repliziert, Kollokationen dagegen nicht. Die innerhalb der Objektklassen repräsentierte Information wird ebenfalls repliziert, wie dies z.B. auch im System *Emerald* [HUT88] der Fall ist. Der Grobablauf der beiden Teilphasen hat folgende Struktur:

Instantiierungsphase:
Nach einer *Ereignismeldung* aus der unterliegenden Ebene des Basismodells erfolgt im Rahmen der *Ereignisbehandlung* zunächst eine Prüfung, ob das Anfangsereignis einer Kollokationsdefinition vorliegt. In diesem Fall wird das Ereignisobjekt zum Wurzelobjekt einer neuen Kollokation. Zur Benachrichtigung und Identifikation der an der Kollokation beteiligten Objekte und zur Gewinnung der zugehörigen Laufzeitinformation werden nun asynchrone *Instantiierungsmeldungen* an diese versendet. Das Wurzelobjekt schickt dazu Nachrichten an alle direkt von ihm aus über Beziehungen erreichbaren Objekte, wobei die betreffenden Beziehungen gemäß der Beziehungsklassen der Kollokationsdefinition ermittelt werden.

Jedes der Objekte leitet die Meldungen nun wiederum asynchron an die von ihm aus erreichbaren und in der Kollokationsdefinition beschriebenen Objekte weiter. Dies setzt sich fort, bis alle mit Hilfe der Kollokationsdefinition ermittelten und auch momentan erreichbaren Objekte benachrichtigt sind. Jedes erreichte Objekt führt eine *lokale Bewertung* durch und sendet eine asynchrone *Rückmeldung* direkt an das Wurzelobjekt. Dabei ist also keine rückwärtige Traversierung der Beziehungen zwischen den Objekten erforderlich. Falls in der Kollokationsdefinition *Zustandsabhängigkeiten* bezüglich eines Objektes gegeben sind, werden diese vom jeweiligen Objekt geprüft und die positive Rückmeldung davon abhängig gemacht.

Realisierungsphase:
Beim Eintreffen einer Rückmeldung wird das erreichte Objekt in die Kollokation eingetragen und mögliche Lokationsrestriktionen des Objektes mit den bereits ermittelten Lokationsrestriktionen anderer beteiligter Objekte zusammengefaßt. Im Falle der Nichtrealisierbarkeit

der Kollokation wegen solcher Restriktionen kann der Vorgang der Kollokationsgenerierung hier gegebenenfalls abgebrochen werden. Nach dem Eintreffen der letzten Rückmeldung wird vom Wurzelobjekt eine *globale Bewertung* mit der endgültigen *Entscheidung* über die Kollokationsrealisierung sowie der *Auswahl des Zielknotens* durchgeführt.

Bei einer positiven Entscheidung werden nun asynchrone *Realisierungsmeldungen* an alle beteiligten Objekte verschickt, die eine Aufforderung zur Migration auf den Zielknoten darstellen. Die Objekte führen nun gegebenenfalls eine lokale Konfliktbehandlung durch (Abschnitt 3.3.4). Im positiven Fall *migrieren* sie zum Realisierungsknoten der Kollokation und werden bei der Kollokation als *präsent* markiert.
Bei negativer globaler Bewertung werden *Abbruchmeldungen* verschickt, um interne Markierungen bei den Objekten wieder zu löschen. Während der Durchführung des Verfahrens ist keine Suspendierung der Anwendungsabläufe erforderlich; die mögliche konkurrierende Generierung von Kollokationen mit nichtleerer Überlappungsmenge ist im Verfahren berücksichtigt.

Für ein Objekt, das in der zugehörigen Kollokationsdefinition als *optional* gekennzeichnet ist, wird gegebenenfalls eine Sonderbehandlung durchgeführt, falls es zum Zeitpunkt der Kollokationsrealisierung nicht existent oder vom Wurzelobjekt aus nicht erreichbar ist. Der nachträgliche Beziehungsaufbau zu einem solchen Objekt wird beim potentiell referenzierenden Objekt als relevantes Ereignis eingetragen. Bei Eintreten dieses Ereignisses wird im Rahmen der *Nachinstantiierung* direkt eine *Realisierungsmeldung* an das nun erreichbare Objekt gesendet. Der Realisierungsknoten der Kollokation steht zu diesem Zeitpunkt bereits fest; daher erfolgt keine zusätzliche Bewertung, sondern gegebenenfalls lediglich eine lokale Konfliktbehandlung beim betreffenden Objekt und dann eine direkte Migration zum Realisierungsknoten der Kollokation.

Das *Eintreten des Endeereignisses* der Kollokation führt zur *Kollokationsauflösung*. Dabei erfolgt eine *Rückmigration* der beteiligten Objekte an ihre ursprüngliche Lokation vor der Kollokationsgenerierung; die Rückmigration wird durch *Rückmigrationsmeldungen* vom Wurzelobjekt aus initiiert. Zur Realisierung der Rückmigrationen verwaltet jedes Objekt einen erweiterten Stack von *Rückmigrationslokationen.* Aus dieser Datenstruktur können auch Einträge außer der Reihe gelöscht werden, um die Einträge für vorzeitig aufgelöste Kollokationen zu entfernen.

3.4.3 Verfahrensvarianten

Nachdem ein exemplarisches Verfahren zur Kollokationsverwaltung beschrieben wurde, sollen in diesem Abschnitt mögliche Verfahrensvarianten diskutiert werden. Die wichtigsten Merkmale und die damit zusammenhängenden Freiheitsgrade möglicher Verfahren bezüglich der *verwendeten Information*, der *Entscheidung* und des verteilten *Protokolls* (Abb. 3.12) werden im folgenden diskutiert.

Die *a-priori Information* umfaßt Daten zur *Identifikation* der an einer Kollokation beteiligten Objekte, *bewertungsrelevante Daten* und Daten, um die *Gewinnung von Laufzeitinformation* zu steuern. Freiheitsgrade sind vor allem bei den bewertungsrelevanten Daten über die erwartete Kommunikation zwischen den Objekten einer Kollokation gegeben.

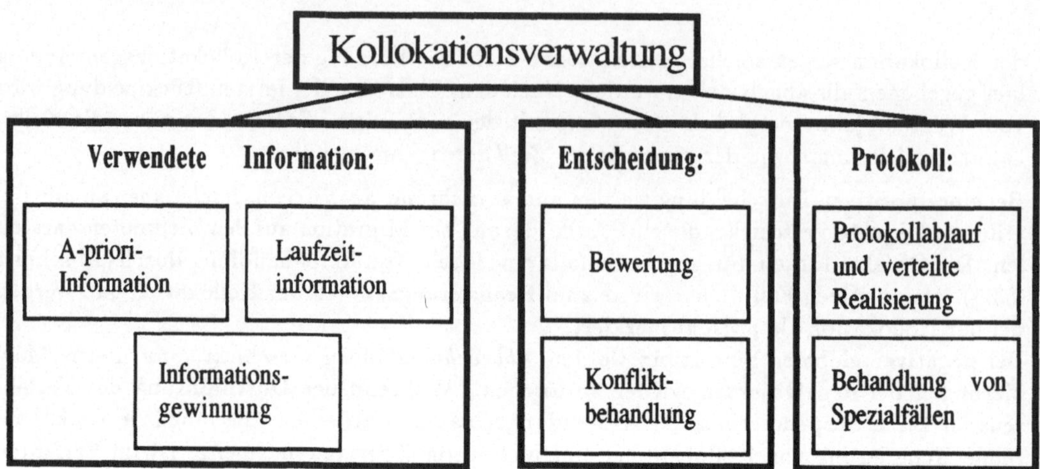

Abbildung 3.12: Merkmale und Freiheitsgrade von Verfahren zur Kollokationsverwaltung

Ensprechende Kennzahlen können in unterschiedlicher Abstraktionsform vorliegen:

- *Global für eine Kollokationsdefinition:* Einheitliche Bewertungszahl für eine gesamte Kollokationsdefinition
- *Objektspezifisch:* Bewertungszahl pro Objekt
- *Detailliert:* Bewertungszahlen für alle Objektpaare einer Kollokationsdefinition

Folgende Arten von *Laufzeitinformation* sind für die Bewertung von Bedeutung:

- *Aktuelle Objektgrößen* einschließlich der Stacksegmente laufender Methodenaufrufe
- *Aktuelle Lokation von Objekten*
- *Aktuelle Fixierung von Objekten*
- *Momentane Beteiligung von Objekten an Kollokationen*

Auch hier sind unterschiedliche Abstraktionsgrade möglich. Zum Beispiel können die Objektgrößen in grobe *Kategorien* eingeordnet werden oder die momentane Beteiligung von Objekten an Kollokationen zu einer objektspezifischen *Bewertungszahl* zusammengefaßt werden. Diese Bewertungszahl beschreibt dann den Aufwand, der mit der Wegmigration eines Objektes von der Lokation seiner aktuellen Kollokationen verbunden ist. Ein weiterer wichtiger Aspekt ist die eventuelle Berücksichtigung der *Zeitabhängigkeit* der Bewertungsinformation. Möglichkeiten hierfür wurden in Abschnitt 3.3.3 angesprochen; sinnvoll ist eine ereignisgesteuerte Modifikation eines Bewertungsfaktors im Verlauf der Kollokationslebensdauer.

Die *Gewinnung von Laufzeitinformation* zur Entscheidungsfindung kann auf bestimmte Objekte beschränkt werden. In diesem Zusammenhang besonders bewertungsrelevant sind statisch *fixierte* Objekte sowie Objekte von *signifikanter Größe*. Andere Objekte können dagegen innerhalb der Kollokationsdefinition als *nicht bewertungsrelevant* gekennzeichnet werden. Dadurch verringert sich die Anzahl der erforderlichen potentiell entfernten Aufrufe im Rahmen der Instantiierungsphase.

Die *Bewertung* im Rahmen der *Entscheidungsfindung* basiert auf der zu einem entscheidungsrelevanten Ereignis gehörigen a-priori- und Laufzeitinformation. Dabei kann die Gewichtung der einzelnen Informationsarten parametrisiert werden. In jedem Fall muß aber zwischen absolut zu berücksichtigenden *Restriktionen* und anderen bewertungsrelevanten Daten unterschieden werden.
Die objektspezifische *Konfliktbehandlung* in der Realisierungsphase von Kollokationen erfolgt unter Einsatz der beschriebenen Heuristik. Mögliche Variationen betreffen die Aufteilung der einzelnen Prioritäten und die Detaillierung der Bewertungszahl von Kollokationen.
Die *Identifikation* der an einer Kollokation beteiligten Objekte und die *Gewinnung von Laufzeitinformation* ist in einer verteilten Umgebung durch entfernte Interaktionen im Rahmen eines verteilten Protokolls bestimmt. Um vollständige Laufzeitinformation von allen an einer Kollokation beteiligten Objekten zu erhalten, ist prinzipiell mindestens eine Interaktion mit jedem der Objekte erforderlich. Varianten und Optimierungen lassen sich durch folgende Maßnahmen erreichen:

- *Ausnutzung spezieller Kommunikationsmechanismen* (insbesondere Multicast- und Broadcastprotokolle)
- *Replikation von Laufzeitinformation mit Hilfe von Broadcast*
- *Einschränkung der Art der berücksichtigten Laufzeitinformation*
- *Einschränkung der bei der Informationsgewinnung berücksichtigten bewertungsrelevanten Objekte gemäß der vorliegenden a-priori Information*
- *Ersetzung von Laufzeitinformation durch a-priori Information, z.B. bei Objektgrößen*

Durch eine *Integration* der Steuerungsmechanismen mit den Interaktionen der objektorientierten Anwendung lassen sich durch die gesonderte *Behandlung von Spezialfällen* Effizienzsteigerungen erzielen. Speziell bei der Übergabe von Objektparametern verfügt der Aufrufende bzw. bei der Methodenrückkehr der Aufgerufene evtl. bereits über Information über nachfolgende Kollokationsgenerierungen. In diesem Fall können schon vorab geeignete Objektmigrationen eingeleitet werden, wodurch sich entfernte Interaktionen beim Ablauf des eigentlichen Verfahrens reduzieren lassen.

3.4.4 Verfahrensbewertung

Die *Bewertung* des entwickelten Verfahrens soll Aufschluß über seine Einsatzmöglichkeiten geben und Richtlinien für die *automatische Generierung* von Kollokationsdefinitionen (Abschnitt 3.5) liefern. Für eine Bewertung ist prinzipiell wichtig, daß nur Aufrufe auf *globalen* Objekten zur Kollokationsgenerierung führen können. Durch Kollokationen ergibt sich damit kein Zusatzaufwand bei der Kommunikation zwischen *lokalen* Objekten. Es kann davon ausgegangen werden, daß ein großer Teil der Objekte einer verteilten Anwendung lokale Objekte sind [HUT88].

Eine einfache Bewertung durch eine Abschätzung läßt sich ohne Simulation oder Messung durchführen. Dazu sollen die folgenden Annahmen getroffen werden: Bei den Aufrufen soll zur Vereinfachung nur zwischen dem lokalen und dem entfernten Fall unterschieden werden. Die entfernte Kommunikation soll stets mit den gleichen Kosten belegt sein, d.h. es wird von unterschiedlichen Netzcharakteristika und unterschiedlichen Netzbelastungen abgesehen. Der Aufwand für die lokale Kommunikation wird unten zwar aufgeführt, kann aber bei Abschätzungen vernachlässigt werden, da er um zwei bis drei Größenordnungen geringer ist als der Aufwand für die entfernte Kommunikation. Außer den Kosten für die Durchführung der globalen Entscheidung sollen alle übrigen lokalen Bearbeitungskosten ebenfalls vernachlässigt werden.

Aufrufe sollen unabhängig von ihren Parametern bewertet werden; Parameterobjekte werden generell als Objektreferenz übergeben und unterliegen selbst wieder der Kollokationsverwaltung. Ein erhöhter Aufwand bei expliziter Anforderung eines *Call-by-move* bzw. *Call-by-visit* sowie bei der Übergabe einer Kopie eines Parameterobjektes soll durch eine erhöhte Aufrufhäufigkeit modelliert werden. Zur Kollokationsgenerierung wird das beschriebene exemplarische Verfahren zugrunde gelegt. Die Objekte einer Kollokation werden von $1..n$ numeriert. Für die Bewertung einer einzelnen Kollokation sind dann folgende Daten relevant:

Charakteristika des unterliegenden Systems:

- *MigCosts(S):* Kosten für eine Objektmigration in Abhängigkeit der Objektgröße S (in Bytes)
- *LocalCosts:* Kosten für einen lokalen Aufruf
- *AsynchCosts:* Kosten für einen asynchronen entfernten Aufruf
- *SynchCosts:* Kosten für einen synchronen entfernten Aufruf

Alle Meldungen innerhalb des Verfahrens werden über asynchrone Methodenaufrufe abgewickelt. Die jeweils dabei übertragenen Daten können in einer Nachricht des unterliegenden Transportsystems aufgenommen werden; damit entstehen für interne Meldungen nur die durch *AsynchCosts* gegebenen Kosten.

Charakteristika einer Kollokation mit Objekten $O_1..O_{Omax}$:

- *ObjSize:* Vektor der Objektgrößen
- *ObjLoc:* Vektor der Objektlokationen zu Beginn der Kollokationsrealisierung
- *Tree:* Beziehungsbaum der Kollokation mit den Wegen $W_1..W_{Wmax}$ vom Wurzelobjekt zu den Blattobjekten
- *DecisionCosts:* Kosten für die globale Bewertung und Entscheidung
- *RealNode:* Realisierungsknoten der Kollokation
- *ObjComm:* Kommunikationsmatrix zur Beschreibung der tatsächlich auftretenden Kommunikation (Aufrufhäufigkeit zwischen Objekten)
- *Conflict:* Vektor der Objekte, die sich nach der Kollokationsrealisierung bedingt durch echte Konfliktfälle nicht am Realisierungsknoten der Kollokation befinden. Hier soll zur Vereinfachung keine weitere zeitliche Unterscheidung getroffen werden; Konflikte werden also über die gesamte Lebensdauer der Kollokation als existent angenommen.

Damit ergeben sich die folgenden Kosten für die Kollokationsgenerierung:

Instantiierungsmeldungen und Rückmeldung (*InstCosts*):
Sei *EdgeMax* die maximale Anzahl der Kanten zwischen den Objekten mit unterschiedlicher Lokation auf einem Weg des Beziehungsbaums, betrachtet über alle Wege im Beziehungsbaum, dann gilt: $InstCosts = (EdgeMax + 1) * AsynchCosts$
für die parallelen Instantiierungsmeldungen und die Rückmeldung.

Bei der Annahme der Parallelität der Instantiierungsmeldungen wird von einem multicastfähigen Netzwerk ausgegangen. Da sich die Meldungen bei der Nachrichtenbearbeitung auf dem gleichen logischen Knoten jedoch vom Laufzeitverhalten her beeinflussen, wird der Wert von *InstCosts* gemäß eines angenommenen möglichen Parallelitätsgrades reduziert.

Bewertung, Realisierung und Migration (*RealCosts*):
Seien *ColMigCosts* die Kosten zur Migration der Objekte, die sich nicht am Realisierungsknoten befinden (die Migration der Objekte kann prinzipiell parallel erfolgen; der mögliche Parallelitätsgrad *Par* ist dadurch begrenzt, daß verschiedene Migrationen evtl. gleiche Quellknoten, in jedem Fall aber den gleichen Zielknoten haben). *ColMigCosts* berechnet sich aus *MigCosts*, *Par*, *ObjSize*, *ObjLoc* und *RealNode*. Für die Entscheidung, die parallelen Realisierungsmeldungen und die Migration der Objekte gilt damit:

$$RealCosts = DecisionCosts + AsynchCosts + ColMigCosts$$

Reduzierung des Anteils der entfernten Kommunikation:
Der Unterschied *CommDiff* zwischen den auftretenden Kommunikationskosten mit und ohne Kollokationsrealisierung läßt sich folgendermaßen beschreiben:

$$CommDiff = \sum_{j=1}^{Omax} \sum_{i=1}^{Omax} ObjComm_{ij} | ObjLoc_i \neq ObjLoc_j$$

Die anfallenden Kosten für eine nicht realisierte Kollokation sind durch $InstCosts + RealCosts$ gegeben; für den durch eine realisierte Kollokation erzielten absoluten Gewinn *ColGain* gilt:

$$ColGain = CommDiff - RealCosts$$

Einsetzen exemplarischer Werte:
Messungen am verteilten objektorientierten System *Emerald* [JUL88] ergaben die folgenden Werte für die unterliegenden Systemcharakteristika (Zeitangaben in Millisekunden):

- $MigCosts(S) = 15.0ms + S * 0.02\frac{ms}{byte}$
- $LocalCosts = 0.02ms$
- $AsynchCosts = 15.0ms$
- $SynchCosts = 28.0ms$

Bei entfernten Aufrufen entfallen ca. 15 % der Zeit auf die lokale Bearbeitung und 85 % der Zeit auf den Nachrichtentransfer.
Die folgenden Kollokationsspezifischen Werte sollen zugrundegelegt werden; dabei muß eine Reihe von Vereinfachungen erfolgen:

- *ObjSize:* Die Größen der Objekte einer Kollokation werden mit $1000Byte$ als gleichgroß angenommen. Die Anzahl der Objekte der untersuchten Kollokation sei 10.
- *ObjLoc:* Die Verteilung der Objekte wird so variiert, daß 50% der Instantiierungs- und Realisierungsnachrichten entfernt sind und ebenfalls 50% der Objekte bei der Kollokationsrealisierung migrieren. Bei der Migration der Objekte soll ein Parallelitätsgrad von 20 % vorausgesetzt werden.
- *Tree:* Der Beziehungsbaum wird nur durch seine Tiefe repräsentiert, die den Wert 4 haben soll.
- *DecisionCosts:* Für die Bewertungskosten wird $1ms$ eingesetzt.

- *RealNode:* Die Wahl des Realisierungsknotens wird nicht explizit repräsentiert, sondern nur durch die bei *ObjLoc* genannten prozentualen Angaben berücksichtigt.
- *ObjComm:* Die Aufrufhäufigkeit zwischen kommunizierenden Objekten soll gleichgroß sein und für ein Objektpaar als *ActComm* bezeichnet werden. Wegen der Baumstruktur der Kommunikationsbeziehungen wird angenommen, daß nur 20% der Objekte einer Kollokation miteinander kommunizieren.
- *Conflict:* Dieser Wert soll implizit berücksichtigt werden, indem das Ergebnis $CommDiff$ um einen Anteil von 10% reduziert wird.

Erzielung eines positiven Plazierungsgewinns:
Zunächst soll der Minimalwert von $ActComm$ ermittelt werden, der bei vorgegebenen Objektgrößen und vorgegebener Verteilung der Objekte zu einem Plazierungsgewinn einer Kollokation führt. Dabei ergibt sich für die interessierenden Daten:

$$InstCosts = (4 * 0.5 + 1) * 15.0ms = 45.0ms$$
$$RealCosts = 1ms + 15.0ms + (15.0ms + 1000 * 0.02ms) * 10 * (1 - 0.2) = 296ms$$
$$CommDiff = ActComm * 10^2 * 0.2 * 0.5 * 0.9 * 28.0ms = ActComm * 252ms$$

Damit ergibt sich bei den zugrundegelegten Daten ein positiver Gewinn $ColGain$, falls $ActComm >= 2$, also im Mittel mindestens 2 Interaktionen zwischen zwei kommunizierenden Objekten stattfinden.

Globale Bewertung:
Für die globale Bewertung aller Kollokationen einer Anwendung sind allgemeine Abschätzungen erforderlich:

- *GRealCol:* Mittlerer Anteil der realisierten Kollokationen an der Gesamtzahl der instantiierten Kollokationen
- *GColGain:* Mittlerer Plazierungsgewinn einer realisierten Kollokation
- *GColCosts:* Mittlere Realisierungskosten einer Kollokation
- *GColNum:* Gesamtzahl der realisierten Kollokationen

Für den insgesamt erzielten Nutzen $GlobGain$ gilt dann:

$$GlobGain = GColNum * (GRealCol * GColGain - (1 - GRealCol) * GColCosts)$$

Falls 60% von 1000 Kollokationen realisiert werden, ergibt sich damit:

$$GlobGain = 1000 * (0.6 * GColGain - 0.4 * GColCosts) = 600 * GColGain - 400 * GColCosts$$

$GlobGain > 0$ gilt dann, wenn $GColGain > \frac{2}{3} GColCosts$.

Durch diese erste Abschätzung wurde deutlich, von welchen Daten der zu erzielende Plazierungsgewinn abhängt und wo im Rahmen der exemplarischen Betrachtung die Grenze eines positiven Plazierungsgewinns liegt. Damit wurde aufgezeigt, daß bei einer realistischen Kommunikationsintensität zwischen den beteiligten Objekten neben den strukturellen Vorteilen der beschriebenen Konzepte auch eine relevante Laufzeitverbesserung einer verteilten objektorientierten Anwendung mit Hilfe von Kollokationen erreicht werden kann.

3.5 Generierung von Kollokationsdefinitionen

In den vorangehenden Abschnitten wurde das Zusammenwirken von Kollokationsdefinitionen und zugehörigen Kollokationen sowie die Laufzeitverwaltung von Kollokationen dargestellt. Dabei wurde von existierenden Kollokationsdefinitionen ausgegangen, wie sie in Abschnitt 3.2.1 beschrieben sind. Um die Steuerungsmechanismen zur dynamischen Objektplazierung dem Entwickler zugänglich zu machen, muß die Möglichkeit der expliziten *Vorgabe* geeigneter Kollokationsdefinitionen bestehen. Zusätzlich ist die *Analyse* und die selbständige *Erzeugung* von Kollokationsdefinitionen durch das System unter der Zielsetzung der Zusammenführung kommunizierender Objekte wünschenswert. Der vorliegende Abschnitt beschreibt unterstützende Mechanismen für diese Aufgaben.

3.5.1 Übersicht

Ein Verfahren zur Erzeugung und Analyse von Kollokationsdefinitionen sollte die folgenden beiden Anforderungen erfüllen:

- *Identifizierbarkeit relevanter Objekte:*
  Durch die generierten Kollokationsdefinitionen sollen Objekte beschrieben und damit identifizierbar werden, zwischen denen während bestimmter Zeiträume Kommunikation stattfindet. Dabei sollte eine möglichst gute Selektion der Objekte erfolgen. Der minimale geforderte Umfang der erwarteten Kommunikation soll flexibel vorgegeben werden können.
- *Repräsentation von bewertungsbezogener a-priori Information:*
  Die generierten Kollokationsdefinitionen sollen mit a-priori Information versehen werden, die eine bedingte Realisierung von Kollokationen und die dazu erforderliche Bewertung ermöglicht.

Das gemäß dieser Anforderungen entwickelte und realisierte Verfahren [WER89] besteht aus drei Hauptphasen:

1. *Vorgabe bzw. Erzeugung von Kollokationsdefinitionen*
2. *Verteilungsunabhängige Analyse von Kollokationsdefinitionen*
3. *Verteilungsabhängige Analyse von Kollokationsdefinitionen*

Abb. 3.13 zeigt die Phasen im Zusammenhang. Dabei wird der prinzipielle Ablauf in vertikaler Richtung und die Verwendung und die Generierung von Daten in horizontaler Richtung dargestellt. In *Phase 1* können beliebige Kollokationsdefinitionen vom Entwickler vorgegeben und einfache Kollokationsdefinitionen vom System generiert werden. Im Anschluß daran werden Kollokationsdefinitionen gegebenenfalls *kombiniert* und damit zu komplexeren Kollokationsdefinitionen zusammengefaßt. In *Phase 2* erfolgt eine *Modifikation* und damit verbunden gegebenenfalls eine *Selektion* von Kollokationsdefinitionen auf der Basis von vordefinierten Regeln. In dieser Phase werden Kollokationsdefinitionen schließlich auch mit bewertungsbezogener a-priori Information versehen. Die Phasen 1 und 2 arbeiten verteilungsunabhängig und können in einer Testumgebung ohne reale Verteilung durchgeführt werden. In *Phase 3* werden Kollokationsdefinitionen aufgrund der Analyse von Kollokationsrealisierungen in einer real verteilten Umgebung erneut modifiziert. Dabei können z.B. Kollokationsdefinitionen gelöscht werden, deren Kollokationen im Mittel keinen positiven Plazierungsgewinn

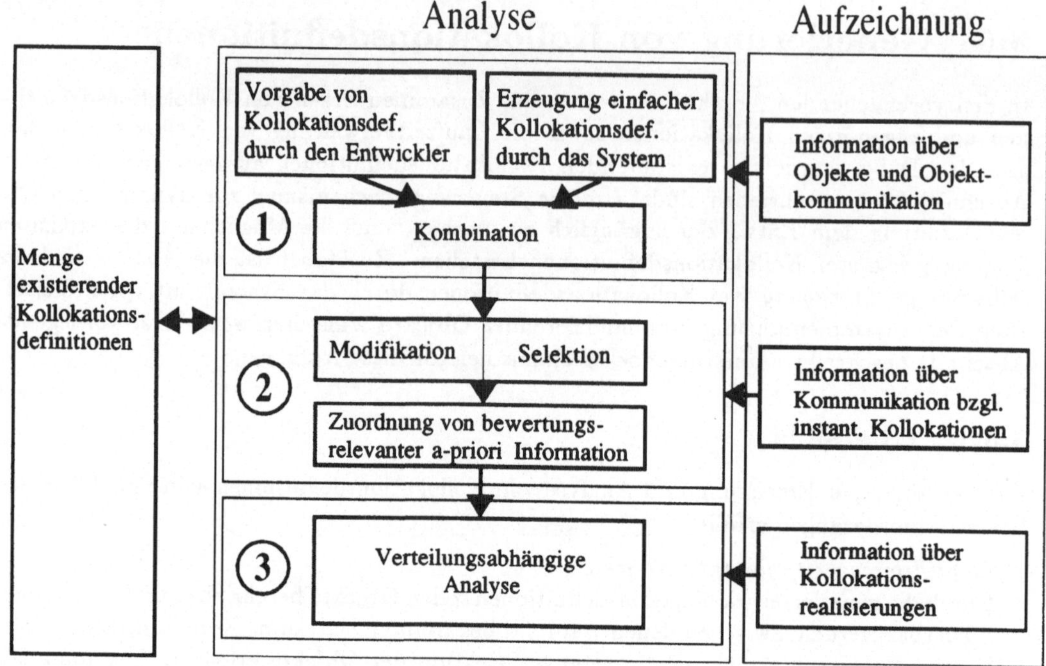

Abbildung 3.13: Verfahren zur Generierung von Kollokationsdefinitionen

liefern. Die Analysephasen können iterierend aktiviert werden, um modifizierte Kollokationsdefinitionen einer erneuten Analyse zu unterziehen. Alle Phasen arbeiten auf einer *globalen Datenbasis*, die die momentan existierenden Kollokationsdefinitionen enthält. Die einzelnen Phasen werden durch eine *Komponente zur Datenaufzeichnung* unterstützt. Für Phase 1 erzeugt diese Komponente Information über die Kommunikation zwischen Objekten in bezug auf die Lebensdauer von Beziehungen oder in bezug auf die Dauer von Methodenaufrufen, für Phase 2 Information über die Kommunikation zwischen Objekten instantiierter Kollokationen; für Phase 3 werden diese Daten um Information über den Realisierungsvorgang von Kollokationen ergänzt.

Das Verfahren weist einige wichtige Charakteristika auf:

- *Uniforme Behandlung der vom System generierten und der vom Entwickler vorgegebenen Kollokationsdefinitionen:*
  Im Rahmen der Analysephasen werden alle Kollokationsdefinitionen in gleicher Form repräsentiert und können den gleichen Modifikationen unterzogen werden. Damit wird z.B. die Kombination beliebiger Kollokationsdefinitionen möglich.
- *Zugangsmöglichkeit des Entwicklers:*
  Der Entwickler einer Anwendung kann jederzeit die Menge der existierenden Kollokationsdefinitionen inspizieren und gegebenenfalls modifizieren.

- *Programmierbarkeit:*
  Die vom System bei der Analyse zu berücksichtigenden Kollokationsdefinitionen können durch Vorgabe von *Selektionsbedingungen* eingeschränkt werden. Damit wird die betrachtete Zielmenge der Kollokationsdefinitionen programmierbar.
- *Erweiterbarkeit:*
  Durch die regelbasierte Realisierung der Analyse wird eine leichte Erweiterbarkeit des Ansatzes durch Hinzufügen oder Modifizieren von Regeln garantiert.

3.5.2 Phase 1: Vorgabe und Erzeugung

3.5.2.1 Vorgabe von Kollokationsdefinitionen

Zur expliziten *Vorgabe* von Kollokationsdefinitionen wurde eine spezielle Notation unter Verwendung der Elemente des Basismodells eingeführt (s. Anhang A und [WAG89]). Die Notation hat folgende Grundstruktur:

- *Name der Kollokationsdefinition*
- *Klasse des Wurzelobjekts*
- *Zeitraum der Kollokationslebensdauer*, gegeben durch eine Methode oder eine Beziehungsklasse
- *Beschreibung der beteiligten Objekte über Beziehungsklassen*
- *Vorgabe der Priorität*
- *Definition objektspezifischer Kennzeichnungen*

Bei der Beschreibung der beteiligten Objekte können *lokale Namen* für die einzelnen Knoten des Beziehungsbaums eingeführt werden, was eine vereinfachte Beschreibung von Hierarchien ermöglicht. Dadurch wird auch die Beschreibung von Zustandsabhängigkeiten und anderen objektspezifischen Angaben wie z.B. der Eigenschaften *optional* oder *fixiert* (Abschnitt 3.2.1) erleichtert. Vorgegebene Kollokationsdefinitionen werden von einem Precompiler in eine interne Repräsentation übersetzt (Kap. 5).

3.5.2.2 Erzeugung von Kollokationsdefinitionen

Im Rahmen der *Erzeugungsphase* werden zunächst *einstufige* Kollokationsdefinitionen generiert, d.h. Kollokationsdefinitionen, deren Beziehungsbaum die Tiefe 1 hat und damit nur das Wurzelobjekt und andere, direkt referenzierte Objekte umfaßt. Die Erzeugung wird durch die in Abschnitt 2.6.1 definierten Ereignisse gesteuert. Während relevanter Zeiträume, die durch ein Ereignis eingeleitet werden, wird die Häufigkeit der vom Ereignisobjekt ausgehenden Aufrufe ermittelt und nach Eintreten des komplementären Ereignisses innerhalb einer *Aufrufbeschreibungsklasse* getrennt nach Beziehungsklassen abgelegt.

Falls die mittlere Aufrufhäufigkeit unterhalb eines vorgegeben Minimalwertes liegt, wird die entsprechende Beziehungsklasse aus der Aufrufbeschreibungsklasse gelöscht. Die Aufrufbeschreibungsklassen mehrerer Testläufe werden zusammengefaßt; dabei werden nur die Beziehungsklassen berücksichtigt, die mit einer minimalen relativen Häufigkeit in den einzelnen Aufrufbeschreibungsklassen vorkommen.

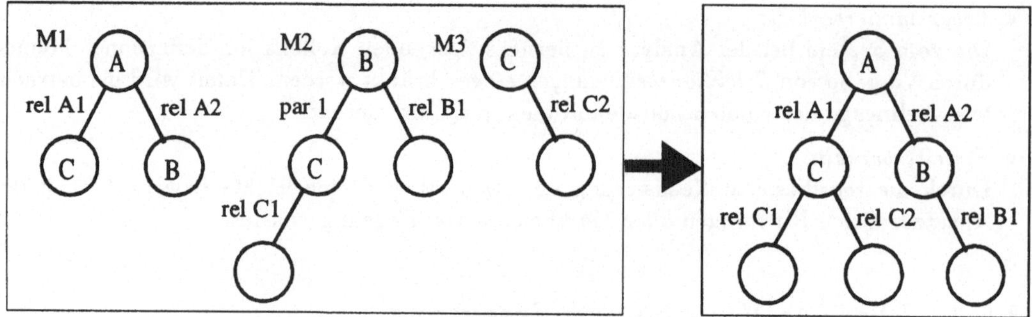

Abbildung 3.14: Kombination von Kollokationsdefinitionen

3.5.2.3 Kombination von Kollokationsdefinitionen

Die zu Beginn von Phase 1 generierten einfachen Kollokationsdefinitionen werden anschließend soweit möglich zu komplexeren Kollokationsdefinitionen zusammengefaßt, um Vorteile bei der Laufzeitbehandlung der zugehörigen Kollokationen zu erreichen:

- *Aufwandsreduzierung bei der Kollokationsgenerierung:*
  Der Aufwand der Kollokationsgenerierung zur Laufzeit fällt nach der Zusammenfassung mehrerer Kollokationsdefinitionen nur noch einmal an und wird damit reduziert.
- *Verbesserte Entscheidungsgrundlage durch die Gesamtsicht auf eine größere Anzahl von Objekten:*
  Die Gesamtsicht auf alle Objekte der zu den zusammengefaßten Kollokationsdefinitionen gehörigen Kollokationen ermöglicht eine verbesserte Entscheidung über die tatsächliche Realisierung und über die Auswahl des Zielknotens, da nun die Bewertungsinformation einer größeren Anzahl von Objekten berücksichtigt werden kann.
- *Reduzierung von Konfliktfällen durch die Gesamtsicht:*
  Restriktionen, die potentiell Ursache für Konflikte zwischen Kollokationen sind, können nach einer Kombination von Kollokationsdefinitionen integriert berücksichtigt werden. Dadurch lassen sich Konflikte vermeiden; die Konflikthäufigkeit läßt sich somit insgesamt reduzieren.

Eine Kombination ist nur bei *temporären* Kollokationsdefinitionen sinnvoll, da nur hier eine zeitliche Beziehung zwischen der Lebensdauer der zugehörigen Kollokationen gemacht werden kann. Zunächst wird die Menge der potentiellen Folgeaufrufe MF einer Methode $M1$ ermittelt, zu der eine Kollokationsdefinition $KD1$ existiert. Dazu werden die Aufrufbeschreibungsklassen verwendet, die bei der Erzeugung einfacher Kollokationsdefinitionen bestimmt wurden. Für jede Methode $M2$ aus MF wird untersucht, ob dazu eine Kollokationsdefinition $KD2$ existiert und ob diese selbst bereits vom Algorithmus dieser Phase behandelt wurde. In diesem Fall kann eine Kombination von $KD1$ und $KD2$ erfolgen. $KD2$ soll in diesem Fall als *untergeordnete* Kollokationsdefinition bezeichnet werden.
Die Kombination erfolgt dabei durch durch Unifikation des Wurzelobjektparameters der untergeordneten Kollokationsdefinition $KD2$ mit dem Objektparameter von $KD1$, der die von $M1$ aus durch $M2$ aufgerufenen Objekte repräsentiert. Dabei wird der Beziehungsbaum von $KD2$ übernommen; temporäre Beziehungsklassen, die nicht Methodenparameter darstellen, werden jedoch gelöscht. Die zugehörigen Beziehungen sind zum Zeitpunkt des Anfangser-

eignisses von $KD1$ noch nicht existent. Die so generierte neue Kollokationsdefinition KD übernimmt das Wurzelobjekt, das Anfangsereignis und das Endeereignis von $KD1$. Im Anschluß daran wird KD weiteren Testläufen und Analysen unterzogen. Die ursprünglichen Kollokationsdefinitionen $KD1$ und $KD2$ bleiben vorerst erhalten und werden erst dann gegebenenfalls gelöscht, wenn die übergeordnete Kollokationsdefinition endgültig beibehalten wird. In Abb. 3.14 ist ein Beispiel für die Kombination dreier Kollokationsdefinitionen gegeben. Die Kollokationsdefinitionen $M2$ und $M3$ werden zu untergeordneten Kollokationsdefinitionen von $M1$. Dabei wird die Parameterbeziehungsklasse $par1$ gelöscht, da die zugehörige Beziehung beim Aufruf des für A instantiierten Objektes noch nicht existiert.

3.5.3 Phase 2: Verteilungsunabhängige Analyse

3.5.3.1 Modifikation und Selektion von Kollokationsdefinitionen

In dieser Phase werden die vorgegebenen bzw. erzeugten Kollokationsdefinitionen analysiert und dabei gegebenenfalls modifiziert und selektiert. Modifizierende Aktionen sind das *Löschen von Objektparametern* aus Kollokationsdefinitionen, die *Aufteilung* von Kollokationsdefinitionen und die *Markierung von Objektparametern* innerhalb einer Kollokationsdefinition mit den in Abschnitt 3.2.1 beschriebenen Kennungen. Aus einer Kollokationsdefinition zu löschende Objektparameter werden zunächst nur als *fremd* gekennzeichnet. Nur Objektparameter, die Blätter des Beziehungsbaumes sind, werden tatsächlich entfernt. Resultierende einfache Kollokationsdefinitionen mit nur einem nicht als *fremd* gekennzeichneten Objektparameter werden vollständig gelöscht. Die modifizierenden Aktionen sind in Form von Regeln vorgegeben:

- *Gesamtkommunikation:*
  Ein Objektparameter wird gelöscht, wenn die mittlere Gesamtkommunikation der dafür instantiierten Objekte mit den anderen Objekten der zugehörigen Kollokationen ein vorgegebenes Minimum nicht übersteigt. Allerdings kann der Entwickler in diesem Fall auch Zustandsabhängigkeiten vorgeben, die in einer erneuten Analyse zu getrennten Erhebungen in Abhängigkeit von Objektzuständen führen.
- *Erwartete Migrationskosten:*
  Wenn die mittlere Größe eines Objektes im Verhältnis zu der mit ihm abgewickelten Kommunikation während der Lebensdauer von Kollokationen einen vorgegebenen Grenzwert überschreitet, wird es als *fixiert* gekennzeichnet. Damit ist es von einer Migration zum Zweck der Kollokationsrealisierung ausgeschlossen. Auf diese Weise wird eine Kollokationsrealisierung verhindert, falls diese die Migration eines solchen Objektes erfordern würde.
- *Behandlung statisch fixierter Objekte:*
  Falls eine Kollokationsdefinition mehr als *einen* statisch fixierten Objektparameter umfaßt, wird versucht, sie in mehrere Kollokationsdefinitionen aufzuteilen, die jeweils nur maximal *ein* statisch fixiertes Objekt enthalten.
- *Behandlung inkompatibler Plazierungsrestriktionen:*
  Falls die Objektparameter einer Kollokationsdefinition mit inkompatiblen Plazierungsrestriktionen belegt sind, werden Objektparameter gelöscht, um die Inkompatibilität zu beseitigen.

3.5.3.2 Zuordnung von Zusatzinformation

Nach Abschluß der Vorgabe bzw. Generierung, Selektion und Modifikation von Kollokationsdefinitionen wird bewertungsrelevante *Zusatzinformation* ermittelt und den Kollokationsdefinitionen zugeordnet. Je nach Art des eingesetzten Verfahrens sind unterschiedlich umfangreiche Daten zur Beschreibung des erwarteten Nutzens der zugehörigen Kollokationen zu erzeugen (Abschnitt 3.2.1). Alternativen sind die *detaillierte* Beschreibung durch eine Kommunikationsmatrix, die *objektspezifische* Beschreibung durch eine Bewertungszahl pro Objektparameter sowie die *globale* Beschreibung durch eine Bewertungszahl für die Kollokationsdefinition als Ganzes. Die Mittelwerte dieser Daten werden jeweils bei der Kollokationsdefinition inkrementell zusammengefaßt.

3.5.4 Phase 3: Verteilungsabhängige Analyse

Während die vorangehenden Phasen *a-priori Analysen* darstellen und nicht in der eigentlichen verteilten Zielumgebung einer Anwendung ablaufen müssen, ist die Phase 3 innerhalb einer konkreten verteilten Umgebung angesiedelt. In dieser Phase wird der Realisierungsvorgang von Kollokationen analysiert. Dazu werden die Kosten für die Instantiierung und die Realisierung und die tatsächlich auftretende Kommunikation zwischen den Objekten einer Kollokation während ihrer Lebensdauer ermittelt. Dabei wird sowohl eine Kollokationsglobale als auch eine objektspezifische Datenerhebung durchgeführt. Die Ergebnisse werden bei der zugehörigen Kollokationsdefinition zu Mittelwerten zusammengefaßt. Auf der Basis dieser Daten werden die folgenden Analysen durchgeführt, die wie in Phase 2 in Form von Regeln vorgegeben sind:

- *Generierungsaufwand von Kollokationen:*
  Kollokationsdefinitionen, bei denen der Aufwand zur Generierung der zugehörigen Kollokationen im Mittel die eingesparte entfernte Kommunikation übersteigt, werden gelöscht. Auf diese Weise werden insbesondere solche Kollokationsdefinitionen entfernt, die sehr häufig wegen Restriktionen nicht realisierbar sind, aber dennoch Kosten für ihre Instantiierung verursachen.
- *Objektspezifische Bewertung:*
  Wie in Phase 2 werden auch einzelne Objektparameter einer Kollokationsdefinition als *fremd* markiert bzw. gelöscht, falls ihre Migrationskosten zur Kollokationsrealisierung im Mittel ihre Kommunikationsintensität mit den Objekten der zugehörigen Kollokationen übersteigen.

3.6 Zusammenfassung

Kollokationsdefinitionen und Kollokationen bieten dem Entwickler die Möglichkeit, die dynamische Objektplazierung mit dem Ziel der Zusammenführung kommunizierender Objekte an einer gemeinsamen Lokation zu kontrollieren. Durch die Möglichkeit der expliziten Vorgabe bzw. der systemseitigen Generierung von a-priori Information über die Objektkommunikation mit der Erzeugung von Kollokationsdefinitionen wird ein flexibel wählbarer Grad der Verteilungstransparenz für den Entwickler erreicht. Die Laufzeitverwaltung von Kollokationen erfolgt durch ein dezentrales, einheitliches Verfahren. Durch die Abbildung existierender

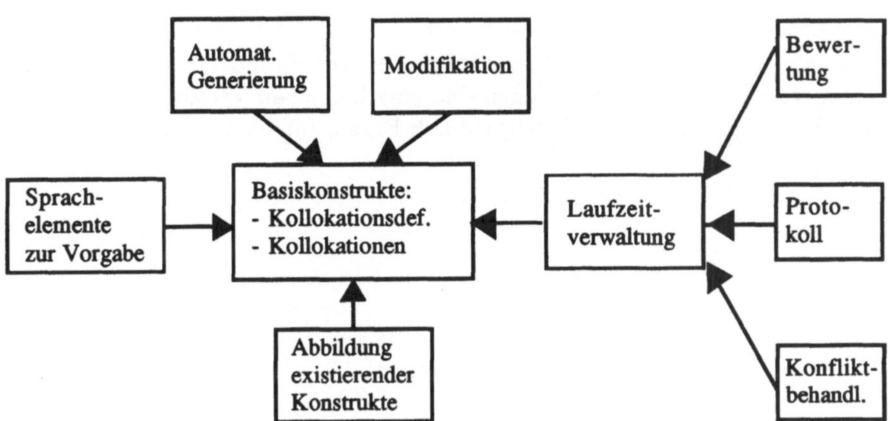

Abbildung 3.15: Zusammenfassende Darstellung der Teilkomponenten

Konstrukte auf die neuen Konzepte wurde der universelle Charakter des Ansatzes deutlich. Im Rahmen der obigen Diskussion wurden auch Varianten von Verfahren zur Laufzeitverwaltung von Kollokationen erörtert; ein exemplarisches Verfahren wurde vollständig implementiert (Kap. 5). Für die Praxis ist dabei die vorgenommene Integration der verschiedenen Teilkomponenten zur Vorgabe, Generierung und Modifikation von Kollokationsdefinitionen und zur Verwaltung von Kollokationen zur Laufzeit mit der angegliederten Bewertung von besonderer Bedeutung. Nur durch das direkte Zusammenwirken der entsprechenden Teilkomponenten wird der praktische Einsatz der Konzepte ermöglicht. Grundvoraussetzung dafür ist eine gemeinsame interne Repräsentation der relevanten Daten (Kap. 5).

Hervorzuheben ist auch die vollständige Integration der entwickelten Konzepte mit dem objektorientierten Ansatz. Die ereignisgesteuerte Ankopplung der Kollokationsverwaltung an die Laufzeitebene konnte durch die Auswahl geeigneter Ereignisarten für den Entwickler transparent realisiert werden. Durch diese lose Kopplung wird auch eine Sprachunabhängigkeit des Ansatzes erreicht.

In Abb. 3.15 sind die verschiedenen Teilkonzepte noch einmal zusammenfassend dargestellt. Zentrale Elemente sind die Basiskonstrukte der *Kollokationsdefinition* und der *Kollokation.* Um diese Elemente gruppieren sich dann konzeptionell die *Sprachelemente zur Vorgabe von Kollokationsdefinitionen*, die *Verfahren zur Generierung und Modifikation von Kollokationsdefinitionen*, die *Abbildung existierender Konstrukte* und vor allem die *Laufzeitverwaltung von Kollokationen.* Diese wiederum umfaßt das *verteilte Protokoll*, den *Bewertungsansatz* sowie die *Konfliktbehandlung für Kollokationen.*

Das Haupteinsatzgebiet von Kollokationsdefinitionen und Kollokationen ist die Steuerung der dynamischen Feinplazierung von Objekten. Durch die Verwendung initialer Kollokationen wird außerdem die initiale Allokation von Objekten ohne absolute Angabe der Lokation ermöglicht. Die Zuordnung von Objekten zu logischen Knoten ist zu jedem Zeitpunkt auf die momentan existierenden Kollokationen rückführbar. Zusätzliche Analysewerkzeuge können auf dieser Basis Diagnosen über eine bestimmte Objektplazierung erstellen. So können z.B. Entscheidungen bei der Realisierung von Kollokationen oder bei der Konfliktbehandlung dem Entwickler durch eine Erklärungskomponente verdeutlicht werden.

Ziel weiterführender Arbeiten kann es sein, ausführliche Verfahrensbewertungen in einer verteilten Umgebung durchzuführen und die möglichen Verfahren zu optimieren. Auch bei der Generierung von Kollokationsdefinitionen sind eine Reihe von Verfahrensvarianten denkbar, die sich in das vorgestellte Konzept leicht durch Ergänzung neuer Regeln einbringen lassen.

Kapitel 4

Verwaltung der Anwendungskonfiguration

Dieses Kapitel beschreibt einen Ansatz zur Konfigurationsverwaltung für verteilte objektorientierte Anwendungen. Zentrale Anforderung hierbei ist die explizite Trennung der *Konfiguration* und der *Implementierung* einer verteilten Anwendung. Dazu wurde eine Konfigurationssprache mit zugehöriger Konfigurationsverwaltung für eine verteilte objektorientierte Umgebung entwickelt.
Der erste Teil des Kapitels führt die erforderlichen Grundlagen ein. Im zweiten Teil wird dann die entwickelte Konfigurationssprache und die zugehörige Konfigurationsverwaltung beschrieben.

4.1 Grundlagen

Zunächst sollen einige elementare Definitionen eingeführt werden. Im Anschluß daran wird eine Klassifikation der zentralen Begriffe aus dem Bereich der Konfigurationsverwaltung vorgenommen. Damit wird auch eine Abgrenzung des entwickelten Ansatzes von existierenden Systemen erreicht. Dann werden die Anforderungen einer Konfigurationsverwaltung an die Konfigurationssprache und an das unterliegende Laufzeitsystem abgeleitet und ein Modell der entwickelten Konfigurationsverwaltung vorgestellt; damit wird die Beschreibung des eigenen Ansatzes vorbereitet.

4.1.1 Definitionen

Die *Konfiguration* einer verteilten Anwendung (kurz *Anwendungskonfiguration*) setzt sich aus der Menge der speziell ausgezeichneten Anwendungselemente zusammen, die explizit von einem Konfigurationswerkzeug verwaltet werden. Ein *Anwendungselement* ist dabei die rechnerinterne Repräsentation eines Elementes des realisierten Anwendungsbereiches.

Im Gegensatz dazu setzt sich die *Systemkonfiguration* aus der Menge der *physikalischen Knoten* zusammen, auf denen eine verteilte Anwendung installiert wird. Eine exakte Repräsentation der Systemkonfiguration umfaßt außerdem die Beschreibung der *physikalischen Kommunikationsverbindungen* zwischen den physikalischen Knoten. Damit sollen auch die zugehörigen *transportorientierten Kommunikationsprotokolle* sowie die unterliegenden *Vermittlungsprotokolle* und *Vermittlungsknoten* eingeschlossen werden. Zusätzlich gehört

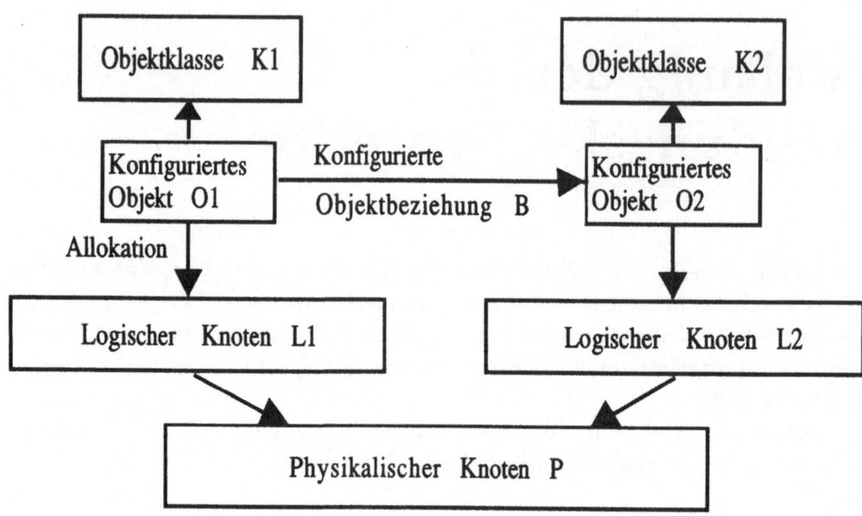

Abbildung 4.1: Basiselemente einer objektorientierten Konfigurationsverwaltung

auch die Beschreibung der im verteilten System verfügbaren *Betriebsmittel* (*Ressourcen*) mit in den Bereich der Systemkonfiguration. Der Übergang zwischen Anwendungs- und Systemkonfiguration kann fließend sein, was z.B. beim Vergleich der existierenden Ansätze zur Konfigurationsverwaltung mit den entwickelten objektorientierten Mechanismen deutlich wird (Abschnitt 4.1.2). Abb. 4.1 zeigt die Basiselemente einer objektorientierten Konfigurationsverwaltung, wie sie im folgenden beschrieben wird. Die Hauptelemente der *Anwendungskonfiguration* sind dabei speziell ausgezeichnete *konfigurierte Objekte* mit zugehörigen Objektklassen. Zwischen diesen Objekten können *Objektbeziehungen* zur Kommunikation bestehen, die der Konfigurationsverwaltung explizit bekannt sind. Die Hauptelemente der *Systemkonfiguration* sind *logische Knoten* und *physikalische Knoten*. Die konfigurierten Objekte sind auf logischen Knoten plaziert, die ihrerseits wiederum auf physikalischen Knoten allokiert sind.

Im folgenden sollen die der Konfigurationsverwaltung explizit bekannten Elemente auch als *konfigurierte Elemente* bezeichnet werden. Der Begriff der *Konfiguration* soll die *System-* und die *Anwendungskonfiguration* zusammenfassen. Die *initiale Konfiguration* ist die Konfiguration beim Start einer verteilten Anwendung; die *aktuelle Konfiguration* ist die momentane, zu einem bestimmten Zeitpunkt existierende Konfiguration.
Unter dem Begriff der *Konfigurationsverwaltung* soll die Beschreibung und Erzeugung einer initialen Konfiguration sowie die Beschreibung und Durchführung von Konfigurationsänderungen verstanden werden. Eine *Konfigurationsänderung* überführt eine aktuelle Konfiguration in eine neue Konfiguration; dabei soll zwischen der *Erweiterung* und der *Modifikation* der aktuellen Konfiguration unterschieden werden. Bei einer Erweiterung werden lediglich neue konfigurierte Elemente erzeugt, während bei einer Modifikation existierende konfigurierte Elemente geändert oder gelöscht werden. Im letzteren Fall ist eine Synchronisation mit momentanen Anwendungsabläufen erforderlich; bei einer reinen Erweiterung einer Konfiguration kann darauf gegebenenfalls verzichtet werden.

Eine *Konfigurationssprache* dient zur Beschreibung einer initialen Konfiguration (*initiale Beschreibungsnotation*) und zur Anforderung von Konfigurationsänderungen (*Änderungsnotation*) und sollte von der Programmiersprache einer verteilten Anwendung getrennt sein. Eine *typisierte* Konfigurationssprache unterscheidet die Beschreibung von *Typen* bzw. *Klassen* konfigurierter Elemente von der Definition der zugehörigen *Instanzen.* Die Begriffe *Typ* und *Klasse* sollen im folgenden synonym gebraucht werden; im Rahmen des objektorientierten Ansatzes wird jedoch der Begriff *Klasse* vorgezogen.
Zu einer Konfiguration können *Konfigurationsbedingungen* existieren, die von ihr erfüllt werden sollen. Die Vorgabe von Konfigurationsbedingungen erfolgt auf der Basis der Beschreibung der konfigurierten Elemente und stellt verschiedenartige Beziehungen zwischen diesen her. Falls eine Konfiguration allen an sie gestellten Konfigurationsbedingungen genügt, soll sie als *konsistent* bezeichnet werden.

Der Begriff der *Konfiguration* wird auch in den Bereichen des *Software-Engineering* und der *Rechnerorganisation* gebraucht; zur Abgrenzung sollen diese Gebiete ebenfalls kurz angesprochen werden. Im Bereich des *Software-Engineering* wird unter einer *Software-Konfiguration* die Menge der *Software-Module* und ihrer *Dokumentation* verstanden, die im Rahmen eines Software-Projektes erstellt und verwaltet werden. Im Bereich der *Rechnerorganisation und -entwicklung* wird häufig der Begriff der *Hardwarekonfiguration* verwendet; dieser beschreibt die Zusammenstellung und Anordnung der Hardwareelemente eines Rechnersystems. Dabei besteht i.a. kein Zusammenhang mit der Verteilungsproblematik; vielmehr werden grundlegende Elemente wie z.B. Hauptspeicher, Daten- und Adreßbus oder E/A-Kanäle beschrieben. Im folgenden soll unter dem Begriff der Konfiguration immer die Konfiguration einer verteilten Anwendung verstanden werden.

4.1.2 Klassifikation

Die im folgenden gegebene Klassifikation (Abb. 4.2) hat die weitere Verdeutlichung des Problembereiches und die Abgrenzung existierender Mechanismen zur Konfigurationsverwaltung (Abschnitt 2.5) von der entwickelten objektorientierten Konfigurationsverwaltung zum Ziel. Dazu werden einige *Abgrenzungskriterien* und auch einige *allgemeine Kriterien* mit ihren zugehörigen Ausprägungen diskutiert.

Hauptelemente der Anwendungskonfiguration:
In existierenden Ansätzen werden die *Hauptelemente der Anwendungskonfiguration* durch Betriebssystemprozesse repräsentiert, die jeweils über eine Liste von typisierten *Eingangs- und Ausgangsports* verfügen. Dadurch wird ihre für die Konfigurationsverwaltung relevante Schnittstelle festgelegt. Ein Betriebssystemprozeß stellt insbesondere auch die *kleinste Einheit der Verteilung* dar. Zur Unterscheidung gegenüber einer objektorientierten Konfigurationsverwaltung soll dieser Ansatz im folgenden als *prozeßorientierte Konfigurationsverwaltung* bezeichnet werden.

In einer objektorientierten Umgebung sind die Hauptelemente der Anwendungskonfiguration dagegen durch *konfigurierte Objekte* gegeben. Diese Objekte sind der Konfigurationsverwaltung explizit bekannt und werden von ihr erzeugt, gelöscht und allgemein verwaltet. Sie sind dabei eine vom Entwickler festzulegende Teilmenge aller verteilbaren (globalen) Objekte (Abschnitt 2.3.2). Alle übrigen globalen und dazu lokalen Objekte sollen zur Unterscheidung auch als *allgemeine* Objekte bezeichnet werden. Die Klassen konfigurierter Objekte

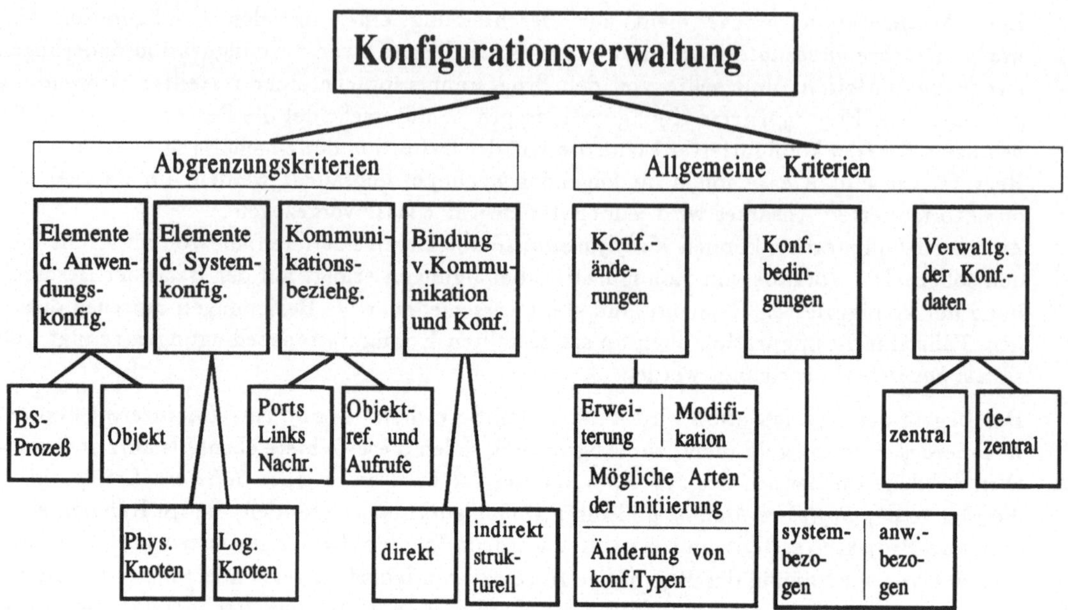

Abbildung 4.2: Konfigurationsverwaltung: Klassifikationskriterien

sollen sinngemäß *konfigurierte Objektklassen* genannt werden. Wie auch bei der Mobilität kann die *Granularität* der Objekte, also der verwalteten Einheiten, beliebig klein gewählt werden. Die *Lokation* eines konfigurierten Objektes ist wie bei globalen Objekten durch einen *logischen Knoten* bestimmt, während sich die Lokation der verwalteten Einheiten bei der prozeßorientierten Konfigurationsverwaltung auf einen *physikalischen Knoten* bezieht.

Hauptelemente der Systemkonfiguration:
In prozeßorientierten Ansätzen setzt sich die Systemkonfiguration aus einer Menge von *physikalischen Knoten* zusammen. In einer objektorientierten Umgebung ist die Systemkonfiguration dagegen zunächst durch die Menge der vorhandenen *logischen Knoten* gegeben, die durch Betriebssystemprozesse repräsentiert werden. In prozeßorientierten Ansätzen sind diese dagegen Elemente der Anwendungskonfiguration. Zusätzlich ist auch bei einer objektorientierten Konfigurationsverwaltung die Repräsentation der vorhandenen physikalischen Knoten erforderlich, um die *Allokation* logischer Knoten und auch die Berücksichtigung von *Plazierungsrestriktionen* gemäß der von physikalischen Knoten angebotenen Ressourcen zu ermöglichen.

Art und Repräsentation von Kommunikationsbeziehungen:
Kommunikationsbeziehungen werden in prozeßorientierten Ansätzen durch unidirektionale *Links* zwischen *Ausgangs-* und *Eingangsports* von Betriebssystemprozessen repräsentiert. Für die Implementierung eines Moduls, das von einem Betriebssystemprozeß ausgeführt wird, sind die vorhandenen Links transparent; es sind lediglich die jeweiligen Ports sichtbar (Abb. 4.3 links).

Im objektorientierten Ansatz erfolgt die Kommunikation über synchrone oder asynchrone Methodenaufrufe auf referenzierten Objekten. Die Kommunikationsbeziehungen zwischen konfigurierten Objekten (*konfigurierte Objektbeziehungen*) werden dabei durch direkte, uni-

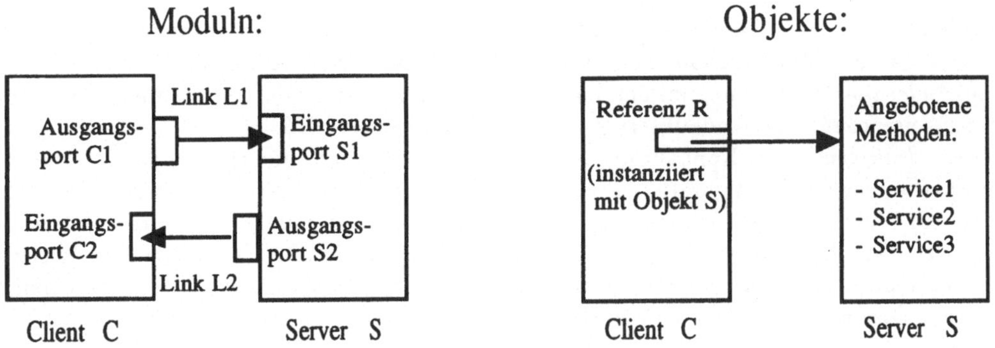

Abbildung 4.3: Kommunikationsbeziehungen zwischen konfigurierten Elementen

direktionale *Objektreferenzen* repräsentiert (Abb. 4.3 rechts). Um die Unabhängigkeit der Implementierung eines konfigurierten Objektes von den konfigurierten Objektbeziehungen zu erreichen, werden diese Referenzen in typisierten *Referenzvariablen* beim jeweiligen Objekt abgelegt, auf die es nur lesend zugreifen darf. Die Modifikation einer Referenzvariablen ist nur der Konfigurationsverwaltung gestattet. Das Eintragen einer Objektreferenz in eine Referenzvariable entspricht dem Verbinden eines Ausgangsports mit einem Eingangsport eines anderen Betriebssystemprozesses in prozeßorientierten Systemen. Die Unterscheidung zwischen verschiedenen Eingangsports muß dabei aber auf unterschiedliche, von der Implementierung aufgerufene Methoden abgebildet werden und ist damit in der Objektimplementierung verborgen. Diesem Nachteil kann jedoch durch geeignete Erweiterungen entgegengewirkt werden (Abschnitt 4.2). Konfigurierte Objekte und Objektbeziehungen, logische Knoten sowie physikalische Knoten sind die wichtigsten *konfigurierten Elemente* eines objektorientierten Ansatzes.

Bindung der Kommunikation an die Konfiguration:
Die prozeßorientierten Ansätze zur Konfigurationsverwaltung sind meist mit einem bestimmten Modell der *Kommunikation* gekoppelt, das auf dem asynchronen Nachrichtenaustausch über Ports und Links basiert. Die ausgetauschten Nachrichten umfassen i.a. keine *Referenzen* auf Elemente anderer Betriebssystemprozesse, sondern nur Daten*werte* (*Call-by-value-Semantik*). Insbesondere ist der *Direktzugriff* auf fremde Daten ausgeschlossen. Auf diese Weise läßt sich die Kommunikation innerhalb der Anwendung vollständig auf die definierten Links beschränken und ist damit direkt an die Konfiguration gebunden.
Im Gegensatz dazu werden bei der Kommunikation zwischen Objekten auch Referenzen auf globale Objekte ausgetauscht; dabei können beliebige, potentiell entfernte direkte Referenzen auf nicht konfigurierte Objekte entstehen (Abschnitt 2.3.2). Durch den so möglichen direkten Aufruf von Methoden auf diesen Objekten wird die Realisierung verteilter Anwendungen oft stark vereinfacht. Andererseits wird dadurch die Objektkommunikation unabhängig von den konfigurierten Objektbeziehungen möglich. Es liegt also keine strenge Bindung der Kommunikation an die Konfiguration vor; vielmehr gibt die Konfigurationsbeschreibung lediglich die Grundstruktur der möglichen Kommunikationsbeziehungen vor.

Unterstützung von Konfigurationsänderungen:
Im einfachsten Fall ermöglicht die Konfigurationsverwaltung nur die Beschreibung einer *initialen Konfiguration*. Zusätzlich sollten jedoch auch *dynamische Konfigurationsänderungen*

unterstützt werden. Gemäß Abschnitt 4.1.1 lassen sich Konfigurationsänderungen in *Erweiterungen* und *Modifikationen* unterteilen. Modifikationen im laufenden Betrieb erfordern eine *Änderungsbehandlung*, um das Laufzeitsystem über die Änderung zu informieren. Auf diese Weise können laufende Interaktionen abgeschlossen werden.
Bei der *Initiierung* von Konfigurationsänderungen muß unterschieden werden, ob diese nur interaktiv über das Konfigurationswerkzeug möglich sind oder ob Konfigurationsänderungen auch von der laufenden Anwendung selbst durch *Anwendungsereignisse* initiiert werden können. Ein weiteres Kriterium ist die Möglichkeit, neben den Instanzen konfigurierter Elemente auch ihre *Klassen* dynamisch ändern bzw. dynamisch neue Klassen definieren zu können. Dies ist für große, offene Systeme von Bedeutung.

Unterstützung von Konfigurationsbedingungen:
Durch die Integration von *Konfigurationsbedingungen* in die Beschreibung einer Konfiguration werden *Konsistenzprüfungen* ermöglicht. Im einfachsten Fall werden nur *implizite* Bedingungen bezüglich der *Typkonformität* konfigurierter Elemente unterstützt, also die Übereinstimmung der Klassen von Parametern, Variablen und Referenzvariablen mit den Klassen der dafür instantiierten Objekte geprüft. Dies wird durch die strenge Typisierung einer Konfigurationssprache ermöglicht. Dabei kann vor allem die Typkonformität von Kommunikationsbeziehungen überprüft werden.
Zusätzliche *explizite* Bedingungen werden dagegen vom Entwickler im Rahmen vorgegebener *Bedingungsarten* definiert. Hierbei muß unterschieden werden zwischen *systembezogenen* und *anwendungsbezogenen* Bedingungen. Systembezogene Bedingungen steuern die Zuordnung von Elementen der Anwendung zu Elementen des Systems; Beispiele hierfür sind Plazierungsrestriktionen oder Ressourcenanforderungen. Anwendungsbezogene Bedingungen beschreiben dagegen die Abhängigkeiten der Elemente der Anwendungskonfiguration untereinander; Beispiele hierfür sind die Deklaration *obligatorischer* konfigurierter Objektbeziehungen oder die Vorgabe von Bedingungen, denen referenzierte konfigurierte Objekte genügen müssen. Neben der Konsistenzprüfung können Konfigurationsbedingungen auch die Auflösung von Freiheitsgraden bei einer unvollständig spezifizierten Konfiguration ermöglichen.

Verwaltung von Konfigurationsdaten:
Die *Verwaltung von Konfigurationsdaten*, die die konfigurierten Elemente beschreiben, kann aus Sicht des Konfigurationswerkzeugs *logisch zentral* oder *logisch dezentral* erfolgen. Eine logisch zentrale Lösung kann auf eine physisch zentrale Datenhaltung oder auf eine dezentrale, verteilungstransparente Datenhaltung abgebildet werden, wie sie z.B. von verteilten Datenbanksystemen [CER84] geboten wird. Bei einer logisch dezentralen Lösung werden Konfigurationsdaten dagegen zumindest teilweise bei den jeweiligen konfigurierten Elementen selbst abgelegt; dies ist z.B. für die von einem konfigurierten Objekt ausgehenden konfigurierten Objektbeziehungen möglich. Das Konfigurationswerkzeug muß in diesem Fall explizite Interaktionen mit den verwalteten Elementen durchführen, um auf die entsprechenden Konfigurationsdaten zuzugreifen.
Der Vorteil einer zentralen Verwaltung liegt in der dadurch gegebenen Gesamtsicht auf die Konfiguration, die Hauptvorteile einer dezentralen Verwaltung sind die Aufteilung der anfallenden Datenmenge auf verschiedene Instanzen und die beim Ausfall von Knoten weiterhin gewährleistete partielle Funktionsfähigkeit des Systems. Allerdings erfordert diese Lösung gegebenenfalls viele entfernte Zugriffe, um die erforderliche Statusinformation über die Konfiguration zu ermitteln oder um die Zulässigkeit von Konfigurationsänderungen zu überprüfen.

4.1.3 Anforderungen an die Konfigurationssprache

Die in Abschnitt 2.5 gestellten Anforderungen an eine Konfigurationssprache lassen sich klassifizieren in *Basisfunktionalität* und *spezielle Eigenschaften* und werden im folgenden an den objektorientierten Ansatz angepaßt:

Basisfunktionalität:

- *Definition konfigurierter Objektklassen* und *konfigurierter Objektinstanzen*
- *Definition konfigurierter Objektbeziehungen*
- *Allokation konfigurierter Objekte* auf logischen Knoten
- *Beschreibung der Systemkonfiguration* bestehend aus logischen und physikalischen Knoten
- *Dynamische Modifizierbarkeit dieser Definitionen*

Spezielle Eigenschaften:

- *Modularität der Konfigurationsbeschreibung* durch Aufteilung in Sektionen
- *Getrennte Definition von konfigurierten Objekten und Objektbeziehungen*, um unabhängige Modifikationen zu ermöglichen
- *Konsistenzprüfung* einer aktuellen Konfiguration gegenüber Konfigurationsbedingungen
- *Möglichkeit der anwendungsgesteuerten Konfigurationsänderung* auf der Basis explizit definierter Regeln

Als weitere wichtige Forderung soll die

- *Explizite Trennung von Anwendungs- und Systemkonfiguration*

berücksichtigt werden. Dies bedeutet insbesondere, daß die *Allokation* konfigurierter Objekte getrennt von ihrer Definition und von der Beschreibung ihrer Verbindungen erfolgen soll. Die Forderung nach *Konsistenzprüfungen* einer gegebenen Konfiguration erfordert außerdem eine

- *Explizite Repräsentation von Konfigurationsbedingungen.*

Die Bedingungen sollen von der Repräsentation der Konfiguration selbst getrennt sein und sollen daher einer separaten *Bedingungsebene* zugeordnet werden. Die Bedingungsebene setzt sich zusammen aus einer Beschreibung der aus *Anwendungssicht* relevanten Bedingungen bezüglich der Konfiguration sowie einer Sammlung der aus *Systemsicht* gegebenen *Bedingungen* bezüglich der Allokation konfigurierter Objekte.

Die obigen Anforderungen implizieren außerdem eine Trennung der *statischen* und der *dynamischen* Elemente der Konfigurationssprache. Unter die statischen Elemente fallen alle konfigurierten Klassendefinitionen. Ebenso soll hierunter auch die Beschreibung der *initialen Konfiguration* gerechnet werden. Die dynamischen Elemente ermöglichen die Änderung der momentanen Konfiguration und werden in der *Änderungsnotation* zusammengefaßt.

4.1.4 Anforderungen an das Laufzeitsystem

Eine gegebene Konfiguration muß auf Elemente des Laufzeitsystems abgebildet werden. Bezüglich dieser Elemente, die Rahmen der Arbeit durch Objekte repräsentiert werden, stellen sich folgende Anforderungen (s. auch Abschnitt 2.5):

- *Modulare Strukturierung*
- *Typisierte Schnittstellen*
- *Explizite Kommunikationsbeziehungen*
- *Transparenz der Verteilung bei der Kommunikation*
- *Bekannter Ressourcenbedarf (wünschenswert)*

Die *modulare Strukturierung* wird in objektorientierten Ansätzen durch das Prinzip der Datenabstraktion durch die Einkapselung von Daten und Operationen in Objekten unterstützt. Diese Eigenschaft ist auch bei konfigurierten Objekten in vollem Umfang erfüllt.

Die Anforderung nach *typisierten Schnittstellen* ist beim objektorientierten Ansatz in allen streng typisierten Sprachen erfüllt. Die Schnittstelle von allgemeinen und insbesondere auch konfigurierten Objekten setzt sich aus ihren exportierten Methoden zusammen.

Explizite Kommunikationsbeziehungen werden durch konfigurierte Objektbeziehungen repräsentiert. Als zusätzliche Voraussetzung sollte die Kommunikation zwischen konfigurierten bzw. ihnen zugeordneten allgemeinen Objekten nur über diese Beziehungen erfolgen. Dies kann für allgemeine Objekte mangels einer strengen Bindung von Kommunikation und Konfiguration jedoch nicht garantiert werden. Daher sollen zusätzliche Verwaltungsmechanismen für allgemeine Objekte eingeführt werden.

Die Forderung nach *Transparenz der Verteilung bei der Kommunikation* ist beim verteilten objektorientierten Ansatz, wie bereits in Abschnitt 2.3.2 beschrieben, in vollem Umfang erfüllt.

Der *Ressourcenbedarf* eines konfigurierten Objektes kann nur bei speziellen Arten von Ressourcen vom Laufzeitsystem selbständig ermittelt werden. Ansonsten sind explizite Vorgaben des Entwicklers wünschenswert. Daher sollen von der Konfigurationssprache Konstrukte zur Beschreibung der Ressourcenanforderungen von konfigurierten Objekten angeboten werden.

4.1.5 Modell der entwickelten Konfigurationsverwaltung

Die entwickelte Konfigurationsverwaltung folgt dem in Abb. 4.4 dargestellten Modell. Das Modell besteht aus drei Schichten, der *Sprachebene*, der *Verwaltungsebene* und der *Laufzeitebene*.

Sprachebene:
Die *Sprachebene* bietet dem Entwickler über eine sprachorientierte Schnittstelle Zugang zur Konfigurationsverwaltung. Die auf der Sprachebene angebotene *Konfigurationssprache* besteht aus einer *Konfigurationsbeschreibungsnotation* und einer *Konfigurationsänderungsnotation.* Die Beschreibungsnotation dient zur Definition der Klassen und der initial vorhandenen Instanzen konfigurierter Elemente einer verteilten Anwendung. Die *Änderungsnotation* ermöglicht das Anfordern von Konfigurationsänderungen im laufenden Betrieb der Anwendung.

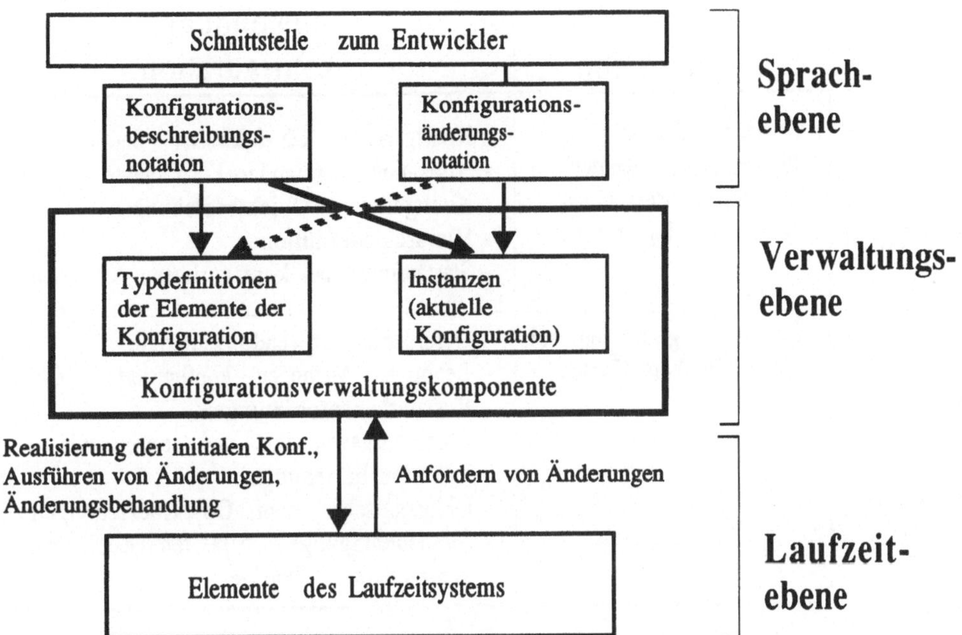

Abbildung 4.4: Modell der entwickelten Konfigurationsverwaltung

Verwaltungsebene:
Die auf der Sprachebene gegebene Konfigurationsbeschreibung und die Resultate von Konfigurationsänderungen werden auf der *Verwaltungsebene* in einer internen Repräsentation abgelegt. Dabei kann prinzipiell zwischen der Repräsentation der Klassendefinitionen und der Repräsentation der zugehörigen Instanzen unterschieden werden. Die auf dieser Ebene angesiedelte *Konfigurationsverwaltungskomponente* verfügt über eine globale logische Sicht auf die repräsentierten Elemente. Die mögliche physische Verteilung der Information auf Verwaltungsebene soll in der nachfolgenden Diskussion nicht berücksichtigt werden.

Laufzeitebene:
Auf der *Laufzeitebene* werden die konfigurierten Elemente auf Elemente des unterliegenden Systems abgebildet; dies gilt für die initiale Konfiguration wie auch für Konfigurationsänderungen. Das Laufzeitsystem ist im Rahmen der vorliegenden Arbeit ein verteiltes objektorientiertes System (Abschnitt 2.3.2) mit einigen in Abschnitt 4.3 beschriebenen Erweiterungen. Für die Verwaltungsebene ist die Implementierung der Anwendungselemente auf Laufzeitebene transparent. Umgekehrt ist die Implementierung auch unabhängig von der Beschreibung einer Konfiguration. Im Falle von modifizierenden (vs. erweiternden) Konfigurationsänderungen wird von der Konfigurationsverwaltungskomponente eine Änderungsbehandlung auf Laufzeitebene angestoßen, um eine Reaktion der Anwendung auf die durchgeführten Modifikationen zu ermöglichen. Von der Laufzeitebene aus können ebenfalls Konfigurationsänderungen bei der Verwaltungskomponente angefordert werden.

	System-konfiguration	Anwendungs-konfiguration
Grund-elemente der Konf.	- Logische Knoten - Physikalische Knoten und zugeh. Ressourcen - Allokation log. Knoten	- Konfigurierte Objektklassen und Objekte - Allokation konfigurierter Objekte - Konfigurierte Objektbeziehungen - Hierarchiedefinitionen - Startaufrufe auf konfigurierten Objekten
Konfig. Bedin-gungen	- Existenz log. Knoten auf physikalischen Knoten	- Geforderte Anwendungsdienste - Benötigte Methoden konfigurierter Objekte - Ressourcenanforderungen - Plazierungswünsche und -restriktionen - Lokationsbeziehungen - Obligatorische konf. Objektbeziehungen - Statusbedingungen bzgl. referenzierbarer konfigurierter Objekte

Tabelle 4.1: Struktur der Konfigurationssprache

4.2 Konfigurationssprache

Die entwickelte Konfigurationssprache gliedert sich in die Beschreibung der *Anwendungskonfiguration* und der *Systemkonfiguration* (im folgenden insgesamt als *Konfiguration* bezeichnet) sowie in eine zugehörige *Bedingungsebene* mit der Definition von *Konfigurationsbedingungen*, denen die aktuelle Konfiguration genügen muß. In einer zweiten Dimension erfolgt eine Unterteilung in eine *statische Beschreibungsnotation* und eine *Änderungsnotation*. Insgesamt wird die Trennung von statischen und dynamischen Aspekten und die explizite Trennung der Anwendungs- und der Systemkonfiguration sowie der Bedingungsebene erreicht.

Die Sprache ist modular strukturiert und dazu in einzelne Sektionen unterteilt. Innerhalb der einzelnen Sprachkonstrukte ist z.T. die Verwendung von *Feldern* von fester oder variabler Dimension möglich; dabei ist die gezielte Auswahl eines einzelnen Feldelementes, mehrerer oder auch aller Elemente möglich. Ein Konfigurationsprogramm zur initialen Konfigurationsbeschreibung hat folgende Grundstruktur:

- *Definition von Variablen und Konstanten*
- *Klassendefinitionen konfigurierter Elemente*
- *Initiale Instanzdefinitionen konfigurierter Elemente*
- *Definition von Konfigurationsbedingungen*, denen eine aktuelle Konfiguration genügen muß
- *Definition von Konfigurationsregeln*; bei Erfüllung ihres Bedingungsteils wird eine Aktion angestoßen, die Konfigurationsänderungen einleiten kann.

Variablen und Konstanten sind vom Typ *Integer*, *String* oder *Boolean* und werden innerhalb der übrigen Sprachkonstrukte verwendet. Eine Besonderheit bei Variablen ist, daß ihre spätere Änderung z.T. direkt Konfigurationsänderungen an den konfigurierten Elementen einleiten kann, zu deren Definition sie verwendet werden.
Im folgenden werden die wichtigsten Elemente der Sprache beschrieben, die auch in Abb. 4.1 dargestellt sind. Anhang B enthält die Syntax der Konfigurationssprache in EBNF. Die Beschreibung wird an wichtigen Stellen durch kurze Beispiele in der Syntax der Konfigurationssprache ergänzt. Dabei wird eine mnemotechnisch ausdrucksfähige Notation verwendet; zur einfacheren Handhabung wurde jedoch auch eine abgekürzte Form entwickelt. Kommentarzeilen beginnen mit der Zeichenfolge "//". Weitere, z.T. erheblich komplexere Beispiele finden sich in der Dokumentation der Diplomarbeit [BLA89] und in Anhang C.

4.2.1 Systemkonfiguration

Mit Hilfe der Konfigurationssprache lassen sich die folgenden Grundelemente der Systemkonfiguration definieren:

- *Ressourcenklassen* für die von den physikalischen Knoten angebotenen und von den konfigurierten Objekten benötigten Ressourcen
- *Statusfunktionen* physikalischer Knoten
- *Physikalische Knotenklassen und Knoten* sowie zugehörige Ressourcen
- *Logische Knotenklassen und Knoten* mit Allokation auf physikalischen Knoten

Um die strenge Typisierung der Definitionen von Ressourcenangebot und -bedarf zu ermöglichen (s.u.), werden die im System vorhandenen *Ressourcenklassen* in einer eigenen Sektion aufgelistet. Zusätzlich können Statusfunktionen vom Typ *Boolean* definiert werden, die von allen physikalischen Knoten angeboten werden müssen. Diese Funktionen können Parameter der elementaren Datentypen *Integer* und *String* umfassen. Jede Funktion muß vom unterliegenden Basissystem auf eine geeignete Implementierung abgebildet werden, die für die Konfigurationsverwaltung transparent ist. Durch die Statusfunktionen wird neben der Beschreibung statischer Ressourcenanforderungen konfigurierter Objekte auch die Beschreibung von Abhängigkeiten von dynamischen Eigenschaften der unterliegenden Systemknoten ermöglicht.

Die *physikalischen Knotenklassen* müssen der Konfigurationsverwaltung bekannt sein; dabei genügt jedoch die Angabe des *Namens* einer physikalischen Knotenklasse sowie der von ihren Instanzen angebotenen *Ressourcenklassen*. Daher beschränkt sich die Definition physikalischer Knotenklassen auf diese Daten. Die einzelnen Klassen sind in einer Vererbungshierarchie angeordnet; eine Unterklasse erbt die Ressourcenklassen aller ihrer Oberklassen. Initiale *physikalische Knoten* werden durch Angabe eines eindeutigen Namens und der zugehörigen Knotenklasse definiert. Dabei ist die Verwendung von Feldern möglich. Neben den für die Knotenklasse definierten Ressourcenklassen kann eine Knoteninstanz auch mit zusätzlichen Ressourcenklassen versehen werden. Ebenso können definierte Ressourcenklassen als für die Knoteninstanz nicht verfügbar markiert werden.
Die *logischen Knotenklassen* einer Anwendung werden durch eine einfache Auflistung definiert. Unterschiedliche Knotenklassen repräsentieren dabei unterschiedliche Programme, die vom Betriebssystemprozeß der zugehörigen Knoten ausgeführt werden. In diesem Fall

liegt eine Heterogenität der Implementierungen vor. Die Definition eines initialen logischen Knotens umfaßt die Angabe eines global eindeutigen Namens sowie die entsprechende logische Knotenklasse. Dabei ist ebenfalls die Verwendung von Feldern möglich. Die Plazierung logischer Knoten auf physikalichen Knoten wird separat definiert; neben einer einfachen Zuordnung kann unter Verwendung von Hilfsvariablen und arithmetischen Ausdrücken jeweils ein Element eines Feldes von logischen Knoten einem Element eines Feldes von physikalischen Knoten zugeordnet werden. Außerdem ist die Definition von *Plazierungswünschen* und *Plazierungsrestriktionen* möglich; dies ist auch für die Mechanismen zur Allokation konfigurierter Objekte von Bedeutung und wird in Abschnitt 4.2.2 näher erläutert.

Zusätzlich kann die Existenz eines logischen Knotens einer angegebenen Knotenklasse auf einem bestimmten physikalischen Knoten garantiert werden. Dazu wird eine entsprechende systembezogene Konfigurationsbedingung definiert, die vom System überprüft wird. Dabei wird dann gegebenenfalls automatisch ein erforderlicher logischer Knoten generiert. Alternativ kann auch die Existenz eines entsprechenden logischen Knotens auf *jedem* Knoten einer physikalischen Knotenklasse gefordert werden.

Im folgenden wird ein einfaches Beispiel für die Definition von Ressourcenklassen sowie physikalischen Knotenklassen und Knoteninstanzen in der Syntax der Konfigurationssprache gegeben:

```
PHYSICAL_NODE_CHARACTERISTICS // Definition der Ressourcenklassen
  Disk_Access
  Printer_A_Access
  Printer_B_Access
  Temperature_Sensor_Access
END_PHYSICAL_NODE_CHARACTERISTICS

PHYSICAL_NODE_METHODS // Definition der verfügbaren Statusfunktionen
  integer Main_Storage ()
  boolean DECnet_Access ()
END_PHYSICAL_NODE_METHODS

PHYSICAL_NODE_TYPES // Definition der physikalischen Knotenklassen
  Machine_Node_Type
    BEGIN_DEFINITION // Zugehörige Ressourcenklassen
      Disk_Access
      Printer_A_Access
    END_DEFINITION
  Special_Machine_Node_Type
    IS_SUBTYPE_OF Machine_Node // Subklassendefinition
    BEGIN_DEFINITION
      Printer_B_Access
    END_DEFINITION
END_PHYSICAL_NODE_TYPES
```

```
PHYSICAL_NODE_INSTANCES // Definition der physikalischen Knoteninstanzen
  Machine_Node[4] : Machine_Node_Type
    DEL Disk_Access END_DEL // Instanzen ohne Plattenzugriff
  Special_Machine_Node : Special_Machine_Node_Type
    ADD Temperature_Sensor_Access END_ADD // Zugriff zu Temperaturfühler
END_PHYSICAL_NODE_INSTANCES
```

4.2.2 Anwendungskonfiguration

4.2.2.1 Grundelemente der Anwendungskonfiguration

Mit Hilfe der Konfigurationssprache lassen sich die folgenden Grundelemente der Anwendungskonfiguration definieren:

- *Konfigurierte Objektklassen*
- *Konfigurierte Objekte* als Instanzen der konfigurierten Objektklassen zur Beschreibung der initialen Konfiguration
- *Initiale konfigurierte Objektbeziehungen* zwischen konfigurierten Objekten
- *Hierarchiedefinitionen* zur Vorgabe parametrisierter Hierarchien konfigurierter Objekte
- *Startaufrufe* zum initialen Aufruf von Methoden auf ausgewählten konfigurierten Objekten

Konfigurierte Objektklassen:
Die Definition einer konfigurierten Objektklasse umfaßt ihren *Namen*, die von Objekten der Klasse angebotenen *Methoden*, die Klassen zugeordneter *Verwaltungseinheiten* sowie der *Referenzvariablen* für Referenzen auf andere konfigurierte Objekte und für Referenzen auf Verwaltungseinheiten. Eine Verwaltungseinheit stellt eine Sammlung allgemeiner Objekte der Laufzeitebene dar, die dem betreffenden konfigurierten Objekt zugeordnet sind (Abschnitt 4.3). Die angebotenen *Methoden* werden unterschieden in *allgemeine Methoden*, die von anderen konfigurierten Objekten bzw. von Verwaltungseinheiten aufgerufen werden, *Startmethoden*, die von der Konfigurationsverwaltung nach der Generierung eines konfigurierten Objektes auf demselben aufgerufen werden können und *Regelmethoden*, die für Statusprüfungen innerhalb des Bedingungsteils von Konfigurationsregeln verwendet werden können.
Referenzvariablen sind streng typisiert und mit einem innerhalb der Klassendefinition eindeutigen Namen versehen. Neben einfachen Referenzvariablen sind auch Referenzvariablenfelder und -mengen zulässig. Eine Besonderheit sind die *öffentlichen* Referenzvariablen; diese können wie alle anderen Referenzvariablen Referenzen auf konfigurierte Objekte enthalten, sie können aber auch selbst referenziert werden; dabei werden sie über ihren Namen und den Namen des zugehörigen konfigurierten Objektes identifiziert. Auf diese Weise lassen sich Referenzketten bilden, die besonders bei der Definition von Hierarchien von Bedeutung sind. Die strenge Typisierung der Konfigurationssprache wird durch die explizite Definition aller konfigurierten Objektklassen sowie der Klassen der zugeordneten Verwaltungseinheiten unterstützt. Vorwärtsreferenzen auf später definierte konfigurierte Objektklassen sind zulässig und unterliegen ebenfalls der strengen Typprüfung. Im folgenden wird ein Beispiel für die Definition einer konfigurierten Objektklasse gegeben.

```
CONFIG_OBJECT_TYPES
  Machine_Type
    OWN_REFERENCES // Referenzvariablen
      Control: Control_Server // einfache Referenz
      Special[10]: Special_Machine_Type // Referenzfeld
      Stocks(): Stock // Referenzmenge
    END_OWN_REFERENCES
    OWN_METHODS // angebotene Methoden
      START_METHOD Start_Production(STRING)
      RULE_METHOD Is_Busy()
      Terminate(INTEGER) // Gewöhnliche Methode
    END_OWN_METHODS
END_CONFIG_OBJECT_TYPES
```

Konfigurierte Objekte:
Die initial zu erzeugenden konfigurierten Objekte werden durch die Angabe eines global eindeutigen Namens und der zugehörigen konfigurierten Objektklasse definiert. Dabei ist auch die Verwendung von Feldern zur Erzeugung mehrerer Objekte der gleichen Klasse möglich. Die Menge der konfigurierten Objekte einer Objektklasse ist systemintern verfügbar; daher sind im folgenden auch Definitionen und Operationen mit Einbeziehung aller Objekte einer Klasse möglich.

Konfigurierte Objekte können direkt oder indirekt auf logischen Knoten allokiert werden. Die *indirekte Allokation* erfolgt über die Beschreibung der benötigten Ressourcen, über die Angabe von Plazierungswünschen und Plazierungsrestriktionen oder auch mit Hilfe von Lokationsbeziehungen (Abschnitt 4.2.2.2). Diese Angaben sollen insgesamt als *Plazierungsbedingungen* bezeichnet werden. Die *direkte Allokation* wird durch die explizite Angabe eines logischen Knotens erreicht. Bei Verwendung von Feldern können die einzelnen Objekte eines Feldes verschiedenen logischen Knoten zugeordnet werden.

Zusätzlich kann auch eine *Replikation* konfigurierter Objekte definiert werden. Bei indirekter Allokation muß nur die gewünschte Anzahl von Replikaten vorgegeben werden; die Plazierung auf unterschiedlichen logischen Knoten wird dann vom System gemäß der weiteren Allokationsbedingungen vorgenommen. Alternativ kann auch eine Liste logischer Knoten oder auch nur die Klasse der Knoten vorgegeben werden, auf denen Replikate eines konfigurierten Objektes erzeugt werden sollen. Vom System werden jedoch keine Mechanismen zur Erhaltung der Datenkonsistenz von Replikaten angeboten; vielmehr wird dabei von konfigurierten Objekten ausgegangen, die unabhängig voneinander die gleichen Dienste anbieten. Beim Aufruf einer Methode auf einem replizierten Objekt wird damit z.B. eine systemseitige Replikatauswahl ermöglicht.

Im folgenden wird ein Beispiel für die Definition eines konfigurierten Objektes mit direkter Plazierung und Replikation gegeben:

```
CONFIG_OBJECT_INSTANCES // Definition konfigurierter Objekte
  Machine[4]: Machine_Type
END_CONFIG_OBJECT_INSTANCES

PLACE_CONFIG_OBJECT_INSTANCES // Initiale Plazierung
  Machine[1] ON Special_Machine_Node
  Machine{#=2..3} ON Machine_Node{#-1} // Machine[2] auf Machine_Node[1]
                                       // Machine[3] auf Machine_Node[2]
  Machine[4] ON Machine_Node[3]
END_CONFIG_OBJECT_INSTANCES

DEFINE_REPLICATES // Replikatdefinition
  Machine[1] FIXED 4 // 4 Replikate, Anzahl nicht veränderbar
  Machine[2] ON Machine_Node_Type // Replikation auf allen Instanzen der
                                  // Knotenklasse "Machine_Node_Type"
END_DEFINE_REPLICATES
```

Konfigurierte Objektbeziehungen:
Die Definition konfigurierter Objektbeziehungen erfolgt separat von der Erzeugung der Objekte und umfaßt jeweils das referenzierende Objekt, eine entsprechende Referenzvariable dieses Objektes sowie das referenzierte Objekt. An allen drei Stellen können Felder und Mengen verwendet werden, um eine hinreichende Flexibilität zu erzielen. Als Besonderheit dabei ist zu erwähnen, daß eine Referenzvariablenmenge automatisch mit Referenzen auf alle angegebenen Objekte instantiiert wird.

Zur Beschreibung komplexerer Beziehungsmengen bei der Verwendung von Referenzvariablenfeldern und Feldern von referenzierten Objekten können Hilfsvariablen definiert werden. Zusätzlich kann dabei ein zugehöriger Wertebereich angegeben werden. Hilfsvariablen können dann in arithmetischen Ausdrücken zur Auswahl der entsprechenden Elemente der verwendeten Felder verwendet werden. Von der Konfigurationsverwaltung wird eine Hilfsvariable dann sequentiell mit allen Werten des angegebenen Wertebereichs instantiiert; dabei werden dann jeweils die dadurch bestimmten Beziehungen aufgebaut. Damit wird die gegebene deklarative Beschreibung vom System in eine operationale Form umgesetzt.

Im folgenden werden Beispiele für die Definition von konfigurierten Objektbeziehungen gegeben:

```
CONNECTIONS
  Machine[*].Control WITH Control1 // Definition für alle Maschinen
  Machine[1].Special[1..3] WITH Special1
  Machine[2].Special{#=1..3} WITH Special2{#} // selektive Beziehungen
  Machine[2].Stocks WITH Stock[1..5] // Referenzvariablenmenge
END_CONNECTIONS
```

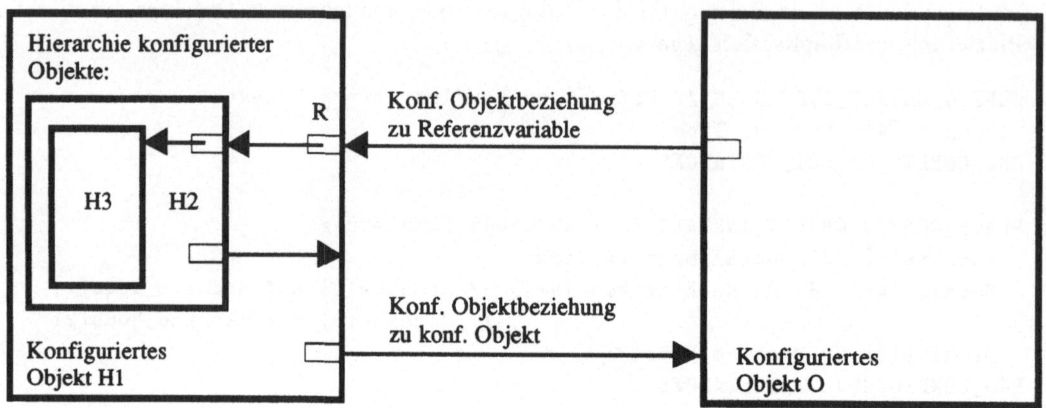

Abbildung 4.5: Hierarchie konfigurierter Objekte

Hierarchiedefinition und Hierarchie:
Zur Unterstützung der Modularität und der schrittweisen Abstraktion einer verteilten Anwendungskonfiguration wird die Möglichkeit der *Hierarchiedefinition* angeboten. Einzelne Hierarchiedefinitionen sind einstufig; durch Komposition lassen sich damit beliebig komplexe Hierarchien erzeugen. Eine Hierarchiedefinition besteht aus der Angabe der *Wurzelobjektklasse* und aus Parametern zur Beschreibung der *untergeordneten konfigurierten Objekte*; bei diesen Parametern sind wiederum Felder und Mengen zulässig. Die Parameternamen müssen innerhalb einer Hierarchiedefinition eindeutig sein. Zusätzlich umfaßt eine Hierarchiedefinition die Beschreibung der initial zu erzeugenden konfigurierten Objektbeziehungen zwischen den für die Parameter instantiierten Objekten einer Hierarchie. Die Instantiierung einer Hierarchiedefinition erfolgt sofort bei Erzeugung eines konfigurierten Objektes der Wurzelobjektklasse; damit werden automatisch konfigurierte Objekte für die einzelnen Parameter der Hierarchiedefinition erzeugt. Die so generierte *Hierarchie* ist Instanz der entsprechenden Hierarchiedefinition. Eine Hierarchiegenerierung bei der Erzeugung eines konfigurierten Objektes kann auch explizit ausgeschlossen werden.

Allgemein dürfen konfigurierte Objektbeziehungen nur zwischen Objekten der gleichen oder einer maximal um 1 verschiedenen Hierarchiestufe aufgebaut werden; dies wird im Rahmen der semantischen Analyse überprüft. Durch die Verwendung öffentlicher Referenzvariablen wird zusätzlich die kontrollierte Referenzierung untergeordneter Objekte durch konfigurierte Objekte außerhalb der entsprechenden Hierarchie ermöglicht (Abb. 4.5). Dazu wird im Beispiel eine öffentliche Referenzvariable R eines übergeordneten Objektes $H1$ von einem konfigurierten Objekt O gleicher oder höherer Hierarchiestufe referenziert. Über die Referenzvariable R selbst wird dann ein untergeordnetes Objekt $H2$ referenziert. Damit besteht nun von O eine konfigurierte Objektbeziehung zu $H2$. Der Konfigurationsverwaltung ist jedoch die Indirektion über R bekannt; dies ist z.B. bei einer Modifikation der von R ausgehenden Referenz von Bedeutung. Beim Löschen eines konfigurierten Objektes im Rahmen von Konfigurationsänderungen kann gewählt werden, ob eine zugehörige Hierarchie ebenfalls gelöscht werden soll. Falls dies nicht gewünscht wird, werden die indirekten Objektbeziehungen über öffentliche Referenzvariablen des gelöschten Objektes durch direkte Objektbeziehungen ersetzt.

Im folgenden wird ein Beispiel für eine einfache Hierarchiedefinition gegeben:

```
DEFINE_HIERARCHIES
  HEAD_IS m : Machine_Type
    PUBLIC_REFERENCES // öffentliche Referenzvariablen
      Special
      Stocks
    CREATE_AUTOMATIC // zu erzeugende untergeordnete Objektinstanzen
      m1[2] : Special_Machine_Type
      s : Stock
    CONNECT // Beziehungen zu untergeordneten Objekten
      m.Special[#=1..2] WITH m1[#]
      m.Stocks WITH s
  END_HEAD_IS
END_DEFINE_HIERARCHIES
```

Startaufrufe:
Startaufrufe dienen zur Initiierung von Aktivitäten der verteilten Anwendung nach Aufbau der initialen Konfiguration. Sie sind von der Generierung der konfigurierten Objekte getrennt, um die Existenz der vollständigen initialen Konfiguration beim Starten der Anwendung zu garantieren. Die Definition eines Startaufrufs umfaßt den Namen des aufzurufenden konfigurierten Objektes, die aufzurufende Startmethode sowie die Angabe von aktuellen Parametern von Typ *Integer* oder *String*, wobei neben einfachen Werten auch Variablen und Konstanten zulässig sind. Anstelle eines einzelnen konfigurierten Objektes können auch Felder und Mengen angegeben werden. Die Existenz der aufzurufenden Methode innerhalb der Definition der Startmethoden der zugehörigen Objektklasse wird vom System überprüft. Ein Startaufruf hat folgende beispielhafte Struktur:

```
START_CONFIG_OBJECT_INSTANCES
  Machine[1].Start_Production("Part1")
  Machine[2..4].Start_Production("Part2")
END_START_CONFIG_OBJECT_INSTANCES
```

4.2.2.2 Anwendungsbezogene Konfigurationsbedingungen

Im Zusammenhang mit der Anwendungskonfiguration können folgende Bedingungen bzw. zugehörige Hilfsdefinitionen vorgegeben werden:

Funktionalitätsbedingungen:

- *Anwendungsdienste*, die von ausgewählten konfigurierten Objekten erbracht werden sollen
- *Benötigte Methoden* anderer konfigurierter Objekte zur Ausführung von Methoden eines konfigurierten Objektes

Plazierungsbedingungen:

- *Ressourcen*, die von konfigurierten Objekten benötigt werden
- *Plazierungswünsche und Plazierungsrestriktionen* für konfigurierte Objekte

- *Lokationsbeziehungen* zur Anforderung der Allokation von Objekten auf einem gemeinsamen logischen Knoten
- *Bedingungen bzgl. der Anzahl* der konfigurierten Objekte einer Objektklasse auf einem logischen Knoten

Beziehungs- und Anzahlbedingungen:

- *Obligatorische Beziehungen*, die in jedem Fall zwischen konfigurierten Objekten existieren müssen
- *Statusbedingungen*, denen referenzierte Objekte genügen müssen
- *Bedingungen bzgl. der Anzahl* konfigurierter Objekte einer Objektklasse insgesamt und bzgl. des Wertebereichs von Variablenwerten

Anwendungsdienste und benötigte Methoden:
Um eine minimale Funktionalität einer verteilten Anwendung bei einer bestimmten Konfiguration zu garantieren, können die von einer Anwendung anzubietenden Operationen (*Anwendungsdienste*) explizit definiert und auf die Methoden von konfigurierten Objekten abgebildet werden. Dabei kann zwischen *obligatorischen* und *optionalen* Anwendungsdiensten unterschieden werden. Zusätzlich können die Abhängigkeiten zwischen den Methoden konfigurierter Objekte beschrieben werden, die aus der gegenseitigen Benutzung entstehen. Eine solche Abhängigkeit einer Methode $M1$ der Objektklasse $K1$ von der Methode $M2$ der Objektklasse $K2$ bedeutet, daß $M1$ bei einem Objekt $O1$ nur dann ausführbar ist, wenn dieses über eine Referenz auf ein Objekt $O2$ verfügt, welches die Methode $M2$ anbietet. Zusätzlich kann bei dieser Abhängigkeitsbeschreibung eine Referenzvariable der Klasse $K1$ angegeben werden, die die Referenz auf $O2$ enthalten muß; dies soll als *referenzbezogene Abhängigkeit* zwischen Methoden bezeichnet werden.
Die folgende Deklaration der von konfigurierten Objekten einer bestimmten Klasse benötigten Methoden kann entweder global für die gesamte Objektklasse oder spezifisch für eine bestimmte Methode angegeben werden:

```
USES_METHODS
  Machine_Type.Start_Production
  Machine_Type.Terminate OVER Machine_Reference
   // Benötigte Methode mit Angabe einer Referenzvariablen
END_USES_METHODS
```

Benötigte Ressourcen:
Die Angabe der von Objekten einer konfigurierten Objektklasse benötigten Ressourcen ermöglicht die indirekte Allokation. Die Allokation ist dabei nur auf logischen Knoten möglich, die selbst auf physikalischen Knoten mit entsprechendem Ressourcenangebot (Abschnitt 4.2.1) allokiert sind. Neben Ressourcen kann auch die Erfüllung von bestimmten Statusfunktionen durch physikalische Knoten gefordert werden. Diese beiden Arten *systembezogener Anforderungen* können klassen- oder methodenspezifisch definiert werden; im letzteren Fall kann eine Teilmenge der Methoden eines Objektes verfügbar sein, obwohl die Ressourcenanforderungen anderer Methoden nicht erfüllt sind.

Im folgenden wird eine einfache Definition einer Ressourcen- und einer Statusanforderung gegeben, die innerhalb einer konfigurierten Objektklasse auftreten könnte:

```
USES_RESOURCES
  Disk_Access
  Main_Storage () > 1000
END_USES_RESOURCES
```

Plazierungswünsche und Plazierungsrestriktionen:
Neben einer direkten Allokation konfigurierter Objekte können auch lediglich *Plazierungswünsche* angegeben werden. Diese werden in Form einer *Präferenzliste* formuliert, deren Elemente logische Knoten oder logische Knotenklassen sind. Eine Präferenzliste ist jeweils einem konfigurierten Objekt, einer Menge konfigurierter Objekte oder einer konfigurierten Objektklasse zugeordnet. Das System versucht, die entsprechenden Objekte bzw. alle Objekte der entsprechenden Objektklasse initial auf einem der angegebenen Knoten bzw. einem Knoten einer angegebenen Knotenklasse zu plazieren. Dabei ist die Reihenfolge der angegebenen Knoten signifikant. Durch die zusätzliche Option der *Restriktion* wird eine Präferenzliste zu einer *Restriktionsliste*, d.h. die betroffenen Objekte bzw. alle Objekte der betroffenen Objektklasse dürfen ausschließlich auf den angegebenen logischen Knoten oder auf einem Knoten der angegebenen Knotenklassen allokiert werden. Als weitere Plazierungsrestriktion kann die zugelassene Anzahl konfigurierter Objekte auf einem bestimmten logischen Knoten oder auf jedem Knoten einer logischen Knotenklasse eingeschränkt werden.

Mit Hilfe von *Lokationsbeziehungen* kann die gemeinsame Allokation konfigurierter Objekte auf einem logischen Knoten gefordert werden. Die semantische Bedeutung von Lokationsbeziehungen entspricht der initialen Kollokationsdefinition (Kap. 3) auf Ebene der Konfigurationsverwaltung.
Im folgenden werden einige beispielhafte Plazierungsbedingungen aufgeführt:

```
RESTRICTIONS_FOR_CONFIG_OBJECT_TYPES
  // Klassenbezogene Plazierungswünsche in Form einer Präferenzliste
  Machine_Type
    PREFER
      Machine_Node_Type_A
      ( Machine_Node_Type_B Machine_Node_Type_C) // gleiche Priorität
      Special_Machine_Node_Type
    END_PREFER

  // Plazierungsrestriktionen in Form einer Restriktionsliste
  Special_Machine_Type
    FORCED
      Special_Machine_Node_Type
      Special_Machine_Node_Type_A
      Special_Machine_Node_Type_B
    END_FORCED
END_RESTRICTIONS_FOR_CONFIG_OBJECT_TYPES
```

```
CONFIG_OBJECT_INSTANCE_LOCATION_RELATIONS
  // Lokationsbeziehungen für konfigurierte Objekte
  Machine[1..3] ON_SAME_LOGICAL_NODE_AS Control1
  Machine[4] ON_SAME_PHYSICAL_NODE_AS Control2
END_CONFIG_OBJECT_INSTANCE_LOCATION_RELATIONS
```

Bedingungen bzgl. Anzahl, Beziehungen und Status von Objekten:
Für die *Anzahl von Objekten einer konfigurierten Objektklasse* kann ein Minimum und ein Maximum vorgegeben werden. Diese Angabe kann global oder auch nur für die Objekte auf einem bestimmten logischen Knoten bzw. auf jedem Knoten einer bestimmten logischen Knotenklasse erfolgen. Gleichermaßen kann auch der Wertebereich der definierten Variablen eingeschränkt werden. Dadurch lassen sich Restriktionen bzgl. der Anzahl beliebiger konfigurierter Elemente einführen. Dies kann z.B. für die Anzahl von Replikaten eines konfigurierten Objektes sinnvoll sein.

Eine Referenzvariable einer konfigurierten Objektklasse kann mit dem Attribut *obligatorisch* versehen werden; in diesem Fall muß von jedem konfigurierten Objekt der Klasse eine entsprechende Beziehung ausgehen. Fehlende Beziehungen kann das System in begrenztem Umfang automatisch ergänzen.
Die über die Referenzvariablen eines konfigurierten Objektes referenzierbaren Objekte lassen sich durch die Angabe von *Statusbedingungen* einschränken. Eine Statusbedingung umfaßt die entsprechende Referenzvariable mit der zugehörigen Objektklasse sowie die Angabe einer *Statusmethode*. Referenzvariablen sind streng typisiert; die Statusmethode muß innerhalb der Klasse der referenzierbaren Objekte definiert sein. Bei der Generierung einer Objektbeziehung wird nun vom System geprüft, ob die angegebene Bedingung auf dem referenzierten Objekt erfüllt ist. Bei der automatischen Ergänzung von konfigurierten Objektbeziehungen durch das System werden die geforderten Statusbedingungen bei der Auswahl möglicher referenzierter Objekte berücksichtigt.

4.2.3 Änderungsnotation

Die Änderungsnotation ermöglicht die Spezifikation von Konfigurationsänderungen für alle konfigurierten Elemente. Im folgenden soll lediglich eine kurze Übersicht über die angebotenen Sprachkonstrukte gegeben werden, da die Änderungsnotation weitgehend analog zur Konfigurationsbeschreibungsnotation strukturiert ist. Die Durchführung von Konfigurationsänderungen ist in Abschnitt 4.4.2 beschrieben.

Für alle konfigurierten Elemente werden Sprachkonstrukte zum *Löschen* und zur *Neuerzeugung* angeboten. Zusätzlich werden die folgenden speziellen Änderungen unterstützt:

- *Physikalische Knoten:* Neuzuordnung von Ressourcen, Entzug von Ressourcen
- *Logische Knoten:* Anforderung der Migration auf einen anderen physikalischen Knoten
- *Konfigurierte Objekte:* Ersetzen eines Objektes durch ein anderes Objekt der gleichen Klasse, Anfordern der Migration auf einen anderen logischen Knoten, Fixierung und Auflösung der Fixierung eines Objektes, Änderung der Anzahl der Replikate eines Objektes

Zur Änderung von konfigurierten Objektbeziehungen und von Bedingungen aller beschriebenen Arten stehen ebenfalls entsprechende Sprachkonstrukte zur Verfügung. Bestimmte Änderungen können automatische Folgeänderungen nach sich ziehen; dies gilt z.B. für das Löschen physikalischer oder logischer Knoten und auch für das Löschen konfigurierter Objekte und wird in Abschnitt 4.4.2 näher erläutert. Anwendungsbezogene Konfigurationsänderungsanforderungen können zu *Änderungsblöcken* zusammengefaßt werden. Erst nach vollständiger Ausführung eines gesamten Änderungsblockes wird die Konsistenz der aktuellen Konfiguration gegenüber den existierenden Konfigurationsbedingungen gefordert. Bei Fehlen der Blockbildung werden einzelne Änderungsoperationen selbst als ein Änderungsblock betrachtet.

4.3 Laufzeitebene

Um die genannten Anforderungen an das unterliegende System abzudecken, ist eine geeignete Realisierung der Laufzeitebene erforderlich. Dazu sind Erweiterungen des Basismodells einer verteilten objektorientierten Anwendung notwendig. Die auf Verwaltungsebene durchgeführten Konfigurationsoperationen müssen auf die Laufzeitebene abgebildet werden. Hierzu müssen entsprechende Funktionen angeboten werden.

4.3.1 Erweiterungen des Basismodells

Das in Abschnitt 2.6.1 beschriebene Basismodell wird um die beiden folgenden Elemente erweitert (Abb. 4.6):

- *Konfigurierte Objekte auf Laufzeitebene:*
  Es wird eine eigene Oberklasse eingeführt, um die auf Verwaltungsebene definierten konfigurierten Objekte auf die Laufzeitebene abzubilden. Die zugehörigen Referenzvariablen werden auf Instanzvariablen abgebildet, die gegebenenfalls Felder oder Mengen von Referenzen aufnehmen. Der Zugriff auf eine solche Instanzvariable erfolgt über eine Indirektion, um eine Fehlerbehandlung zu ermöglichen (s.u.).
- *Verwaltungseinheiten:*
  Um allgemeine Objekte an konfigurierte Objekte anzukoppeln, werden Verwaltungseinheiten eingeführt. Eine Verwaltungseinheit stellt eine Sammlung allgemeiner Objekte dar und ist einem konfigurierten Objekt zugeordnet. Dieses Objekt referenziert die Verwaltungseinheit über spezielle Referenzvariablen, die in der Konfigurationsbeschreibung definiert werden (Abschnitt 4.2). Die Erzeugung von Verwaltungseinheiten erfolgt auf Laufzeitebene durch die konfigurierten Objekte selbst. Daher werden in der Konfigurationssprache hierfür keine Sprachkonstrukte vorgesehen. Eine Verwaltungseinheit impliziert *nicht* die Allokation der zugehörigen allgemeinen Objekte an einer gemeinsamen Lokation, wie dies bei Kollokationen der Fall ist.

Insgesamt ergibt sich damit die folgende Granularitätshierarchie der verschiedenen Arten von Objekten:

- *Konfiguriertes Objekt:* Explizit vom Konfigurationswerkzeug verwaltetes Objekt
- *Verwaltungseinheit:* Sammlung globaler Objekte, explizit der Konfigurationsverwaltung bekannnt

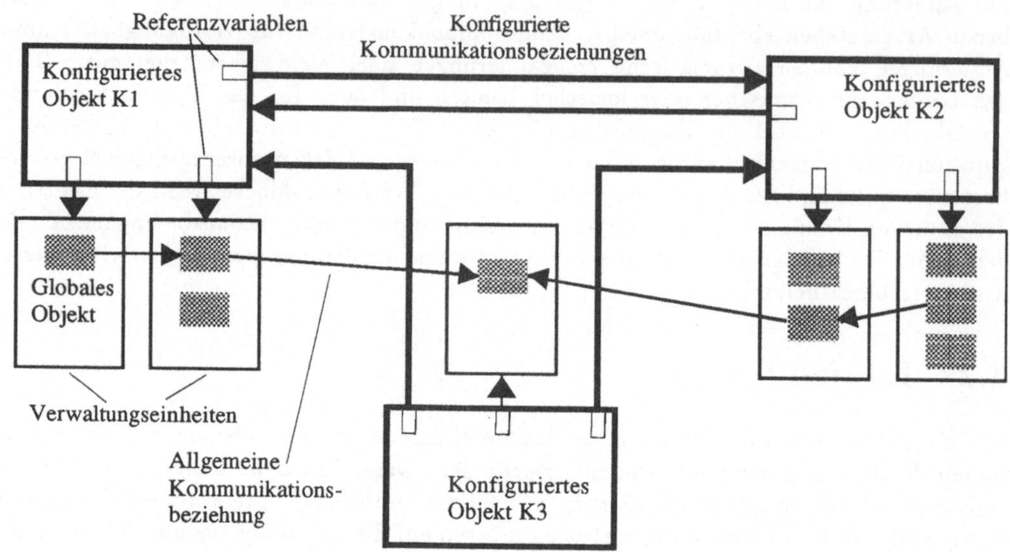

Abbildung 4.6: Elemente der Laufzeitebene

- *Globales Objekt:* Mobiles und entfernt aufrufbares Objekt, i.a. nicht der Konfigurationsverwaltung bekannt
- *Lokales Objekt:* Fest zu einem globalen Objekt zugeordnet, nicht von anderen globalen Objekten direkt referenzierbar und nicht der Konfigurationsverwaltung bekannt

Den konfigurierten Objekten sowie den Verwaltungseinheiten sind auf Laufzeitebene einige semantische Eigenschaften zugeordnet, die im folgenden beschrieben werden.

Kommunikation:
Die Kommunikation zwischen *konfigurierten* Objekten erfolgt ausschließlich über konfigurierte Objektbeziehungen. Falls ein Aufruf über eine momentan nicht existente konfigurierte Objektbeziehung, also über eine nicht belegte Referenzvariable erfolgen soll, wird eine Fehlerbehandlung eingeleitet. Dies ist erforderlich, da die Kommunikationsbeziehungen transparent für die Objekte des Laufzeitsystems vom Konfigurationswerkzeug modifiziert werden können. *Allgemeine Objekte* können dagegen generell über beliebige Objektbeziehungen (*allgemeine Beziehungen*) gemäß des in Kap. 2 eingeführten Basismodells kommunizieren. Allgemeine Objekte dürfen auch Aufrufe auf dem konfigurierten Objekt ihrer eigenen Verwaltungseinheit ausführen. Dazu wird in ihrer Klasse eine Methode angeboten, die eine Referenz auf das zugeordnete konfigurierte Objekt liefert. Die zulässigen Arten von Kommunikationsbeziehungen sind in Tabelle 4.2 zusammengefaßt.

Initial bestehen innerhalb einer Anwendung nur konfigurierte Kommunikationsbeziehungen sowie Beziehungen zwischen globalen Objekten innerhalb einer Verwaltungseinheit. Allgemeine Beziehungen zwischen allgemeinen Objekten unterschiedlicher Verwaltungseinheiten werden erst während des Anwendungsablaufs generiert.

Von \ Zu	Konfiguriertes Objekt	Allgemeines Objekt
Konfiguriertes Objekt	Nur mit Kenntnis auf Verwaltungsebene	Nur über Referenzen auf Verwaltungseinheiten
Allgemeines Objekt	Nicht zulässig	Beliebig, ohne Kenntnis der Konfigurationsverwaltung

Tabelle 4.2: Mögliche Kommunikationsbeziehungen zwischen Objekten

Statusfunktion konfigurierter Objekte:
Auf jedem konfigurierten Objekt ist eine Statusfunktion verfügbar. Diese zeigt an, ob momentan Konfigurationsänderungen zulässig sind, die dieses Objekt betreffen. Hierbei relevante Modifikationen sind das Löschen des Objektes, sowie das Löschen bzw. das Ändern einer konfigurierten Objektbeziehung, die von diesem Objekt ausgeht. Der Zustand des konfigurierten Objektes bei Zulässigkeit solcher Änderungen wird als *Änderungszustand* bezeichnet. Eine Besonderheit ist, daß die Konfigurationsverwaltung synchron mit Timeout auf das Eintreten des Änderungszustandes warten kann. Die Implementierung einer geeigneten Statusfunktion ist Aufgabe des Entwicklers. Die vom System vorgegebene Statusfunktion zeigt stets den Änderungszustand an, falls keine Operation auf dem Objekt aktiv ist.

Bei einem positiven Resultat der Statusfunktion kann ein konfiguriertes Objekt für weitere Interaktionen gesperrt werden. Damit werden alle von dem Objekt durchzuführenden Methodenaufrufe bis zur Auflösung der Sperrung suspendiert. Die Statusprüfung und die Sperroperation erfolgen atomar. Damit wird gewährleistet, daß das Objekt bis zur Auflösung der Sperrung im Änderungszustand verbleibt.

Änderungsbehandlung bei konfigurierten Objekten:
Bei Konfigurationsänderungen wird eine *Änderungsbehandlungsroutine* auf den betroffenen konfigurierten Objekten aufgerufen. Dies ermöglicht es, auf Laufzeitebene geeignet auf Konfigurationsänderungen zu reagieren. Die Implementierung der Änderungsbehandlungsroutine für die jeweiligen Objektklassen ist Aufgabe des Entwicklers. An die Routine werden die Art der Modifikation (Löschen des Objektes, Löschen einer Beziehung, Ändern einer Beziehung) sowie gegebenenfalls die Namen der betroffenen Beziehungen übergeben. Im Rahmen der Änderungsbehandlung dürfen keine weiteren Änderungsanforderungen an die Konfigurationsverwaltung gestellt werden. Bei Nichtverfügbarkeit einer Änderungsbehandlungsroutine werden vom System keine Aktionen durchgeführt.

Zuordnung und Löschen von Objekten:
Die *Zuordnung globaler Objekte zu Verwaltungseinheiten* erfolgt i.a. transparent für den Entwickler. Ein neu generiertes Objekt wird jeweils der Verwaltungseinheit seines Erzeugers zugeordnet. Optional werden Primitiven zur dynamischen Neuzuordnung eines globalen Objektes zu einer anderen Verwaltungseinheit angeboten. Dies wird indirekt durch die Angabe eines anderen globalen Objektes realisiert, zu dessen Verwaltungseinheit die Zuordnung erfolgt. Generell werden von der Konfigurationsverwaltung keine Objekte auf Laufzeitebene gelöscht. Beim Löschen eines konfigurierten Objektes auf Verwaltungsebene wird jedoch die

Referenz der Konfigurationsverwaltung sowie die Referenzen anderer konfigurierter Objekte auf das entsprechende Objekt auf Laufzeitebene gelöscht. Sobald ein konfiguriertes Objekt dann auch nicht mehr von Objekten seiner eigenen Verwaltungseinheiten referenziert wird, kann es von der Speicherverwaltung des objektorientierten Systems kontrolliert gelöscht werden. Dies gilt ohnehin auch für alle allgemeinen Objekte; sie werden dann gelöscht, wenn sie nicht mehr über ihre Verwaltungseinheit oder von anderen globalen Objekten aus erreichbar sind. Auf diese Weise werden inkonsistente Referenzen auf der Ebene des Laufzeitsystems bedingt durch Konfigurationsänderungen vermieden. Falls möglich, wird beim Löschen eines konfigurierten Objektes auf Verwaltungsebene eine Neuzuordnung seiner Verwaltungseinheiten zu einem anderen konfigurierten Objekt durchgeführt.

4.3.2 Ankopplung an die Verwaltungsebene

Zur Umsetzung der initialen Konfiguration und der Konfigurationsänderungen auf Laufzeitebene werden einige elementare Funktionen angeboten. Die Kopplung zwischen Elementen auf Verwaltungsebene und Elementen auf Laufzeitebene erfolgt über eine Tabelle zur Abbildung von logischen Namen auf Objektnummern sowie über Laufzeitmechanismen zur Abbildung logischer Namen auf Methodenadressen und relativen Speicheradressen von Referenzvariablen. Neben den oben explizit erwähnten Funktionen (*Statusprüfung*, *Sperren konfigurierter Objekte* und *Änderungsbehandlung*) werden die folgenden weiteren Funktionen von der Laufzeitebene zur Ankopplung zur Verfügung gestellt:

Konfigurierte Objekte:

- *Erzeugen konfigurierter Objekte* an einer vorgegebenen Lokation
- *Migration konfigurierter Objekte* an eine vorgegebene Lokation
- *Sperren und Freigeben konfigurierter Objekte*
- *Eintrag einer Referenz in eine Referenzvariable*
- *Löschen einer Referenz aus einer Referenzvariablen*

Das Löschen konfigurierter Objekte auf Laufzeitebene erfolgt durch die automatische Speicherverwaltung des unterliegenden objektorientierten Systems (s.o.).

Logische Knoten:

- *Erzeugen eines logischen Knotens* auf einem physikalischen Knoten
- *Löschen eines logischen Knotens*
- *Migration eines logischen Knotens* (optional)

Physikalische Knoten:

- *Erzeugen eines physikalischen Knotens*
- *Löschen eines physikalischen Knotens*

Die genannten Funktionen auf Objekten können durch ein verteiltes objektorientiertes System mit geeigneten Erweiterungen angeboten werden. Die Funktionen auf logischen und physikalischen Knoten müssen auf Betriebssystemebene realisiert werden.

4.4 Konfigurationsverwaltung

Die Konfigurationsverwaltung umfaßt die *Generierung der initialen Konfiguration* sowie die Realisierung von *dynamischen Konfigurationsänderungen.* Beide Teilbereiche werden in den folgenden Abschnitten beschrieben.

4.4.1 Initiale Konfiguration

Die Hauptaufgabe bei der Generierung der initialen Konfiguration besteht in der Umsetzung der initialen Konfigurationsbeschreibung in Operationen zur Generierung und Allokation konfigurierter Objekte sowie zum Aufbau von konfigurierten Objektbeziehungen. Dabei wird außerdem eine Konsistenzprüfung der initialen Konfiguration gegenüber den existierenden Konfigurationsbedingungen durchgeführt. Zusätzlich müssen vorhandene Freiheitsgrade aufgelöst werden, die z.B. bei der indirekten Allokation konfigurierter Objekte entstehen können. Im folgenden wird der ablaufende Algorithmus beschrieben (Abb. 4.7).

Konsistenzprüfung bzgl. Anwendungsdiensten und benötigten Methoden:
Für jeden geforderten Anwendungsdienst stellt das System einen Abhängigkeitsgraph zwischen konfigurierten Objektklassen gemäß der definierten Abhängigkeiten der Methoden konfigurierter Objekte auf. Für diesen Abhängigkeitsgraph muß eine Instantiierung mit den Objekten einer aktuellen Konfiguration existieren. Bedingung dabei ist, daß für jede Kante des Graphen eine konfigurierte Objektbeziehung zwischen Objekten der entsprechenden Klassen vorhanden sein muß. Ansonsten wird ein Anwendungsdienst als *nicht erfüllt* bezeichnet. Bei einer referenzbezogenen Abhängigkeitsdefinition (Abschnitt 4.2.2.2) wird außerdem geprüft, ob die entsprechende Objektbeziehung von der angegebenen Referenzvariablen ausgeht; gegebenenfalls werden vom System mögliche Kandidaten für den Aufbau einer solchen Beziehung unter den konfigurierten Objekten der entsprechenden Objektklasse gesucht und dem Entwickler vorgeschlagen. Dabei werden existierende Statusbedingungen berücksichtigt. Falls ein obligatorischer Anwendungsdienst schließlich nicht erfüllt ist, wird die Konfiguration zurückgewiesen. Bei Nichterfüllung optionaler Anwendungsdienste erfolgt eine entsprechende Warnung.

Plazierungsmöglichkeiten für logische Knoten:
Für jeden zu erzeugenden logischen Knoten wird eine Plazierungsliste der möglichen physikalischen Knoten zur Allokation ermittelt. Falls ein physikalischer Knoten zur direkten Allokation angegeben ist, umfaßt die Liste nur dieses eine Element. Ansonsten wird eine nach Prioritäten geordnete Liste aus den Knoten einer evtl. gegebenen Präferenzliste und allen übrigen Knoten erstellt; dabei werden die durch Plazierungsrestriktionen ausgeschlossenen Knoten nicht berücksichtigt.

Plazierungsmöglichkeiten für konfigurierte Objekte:
Analog zur Vorgehensweise bei logischen Knoten wird für jedes zu erzeugende konfigurierte Objekt eine nach Prioritäten geordnete Plazierungsliste der möglichen logischen und physikalischen Knoten erzeugt. Bei direkter Allokation eines konfigurierten Objektes O auf einem logischen Knoten K werden die möglichen physikalischen Knoten zur Plazierung von K gemäß der Ressourcenanforderungen von O weiter eingeschränkt. Falls eine Lokationsbeziehung zwischen konfigurierten Objekten besteht, wird jedem betroffenen Objekt die Schnittmenge der einzelnen Plazierungslisten zugeordnet. Replikate konfigurierter Objekte werden bei der

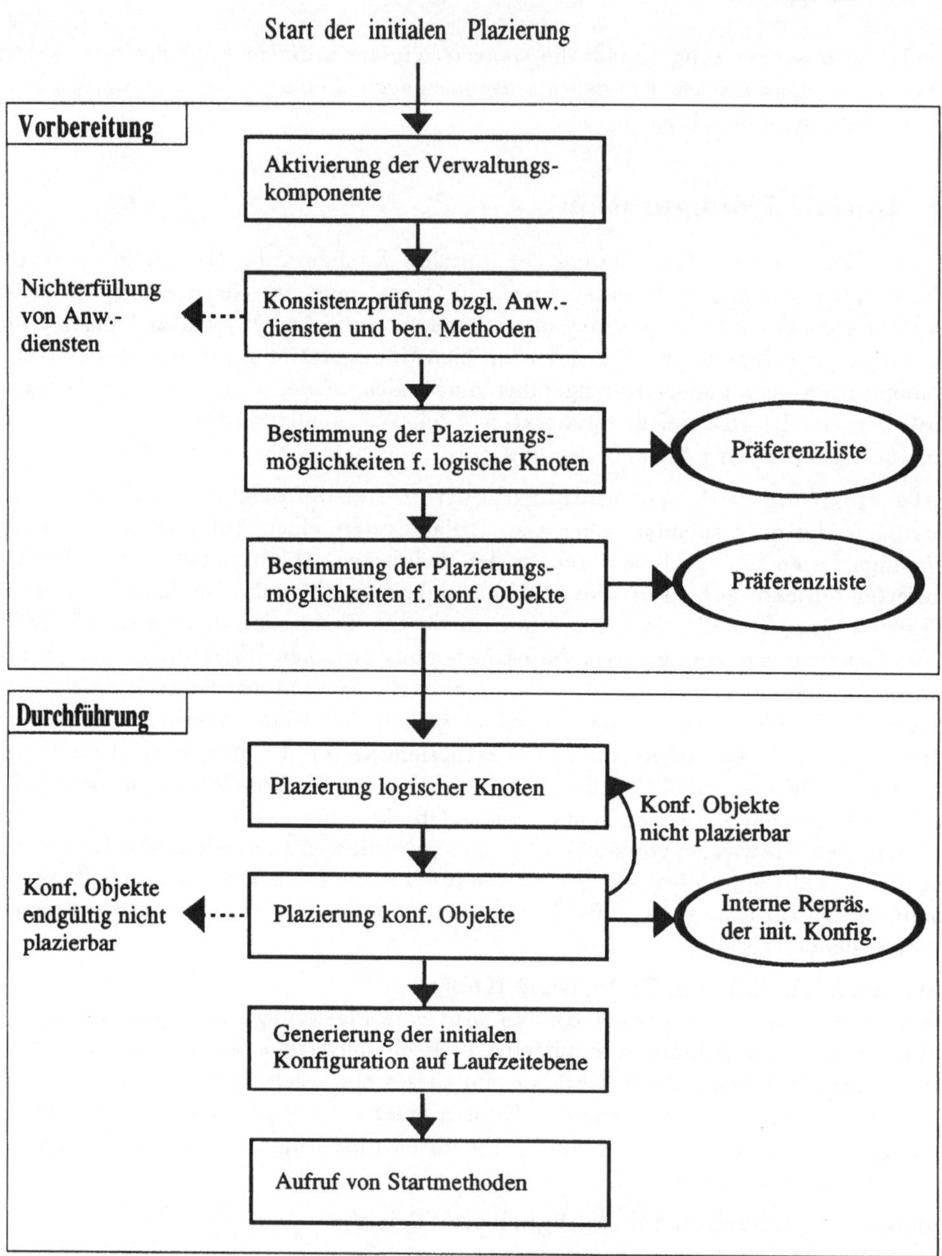

Abbildung 4.7: Ablauf bei der Erzeugung der initialen Konfiguration

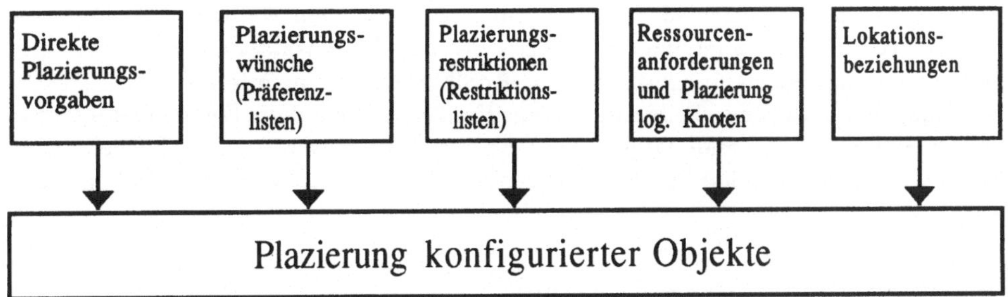

Abbildung 4.8: Einflüsse auf initiale Plazierungsentscheidungen

Plazierung als einzelne Instanzen aufgefaßt und werden nach Möglichkeit auf unterschiedlichen logischen Knoten plaziert. In Abb. 4.8 sind die in initiale Plazierungsentscheidungen einfließenden Daten noch einmal zusammengefaßt.

Plazierung:
Nun kann die eigentliche Plazierung erfolgen. Dabei wird ein heuristischer Ansatz gewählt. Der Aufwand für ein vollständiges Überprüfen aller Allokationsmöglichkeiten würde dagegen mit der Anzahl der Objekte exponentiell wachsen. Der zentrale Teil der Heuristik hat folgende Struktur:

- Zunächst werden die logischen Knoten am ersten physikalischen Knoten der Präferenzliste plaziert.
- Für jedes zu plazierende konfigurierte Objekt wird nun in der Reihenfolge seiner Präferenzliste ein zur Plazierung möglicher logischer Knoten ermittelt. Dabei werden die logischen Knoten ausgeschlossen, die momentan auf physikalischen Knoten plaziert sind, die die erforderlichen Ressourcen nicht zur Verfügung stellen. Falls solche Ressourcenanforderungen vorliegen, wird der ausgewählte logische Knoten mit den betreffenden Ressourcen markiert; dies ist für eine eventuelle Neuzuordnung im Rahmen der Heuristik erforderlich.
- Bei der Existenz von Lokationsbedingungen wird zunächst eine geschlossene Plazierung der davon betroffenen Objekte an einer Lokation versucht; dabei wird die Schnittmenge der vorhandenen Plazierungsrestriktionen gebildet.
- Zusätzlich werden die Bedingungen bzgl. der zulässigen Anzahl von konfigurierten Objekten auf einem bestimmten logischen Knoten berücksichtigt.

Falls in diesem Schritt konfigurierte Objekte bei der gegebenen Zuordnung der logischen Knoten nicht plazierbar waren, wird für jedes Objekt untersucht, ob es nach Reallokation eines logischen Knotens plazierbar ist. Dazu wird ein nicht markierter logischer Knoten (s.o.) ausgewählt, der sich auf einem physikalischen Knoten plazieren läßt, der die geforderten Ressourcen zur Verfügung stellt. Ist dies nicht möglich, wird versucht, einen markierten Knoten auf einem anderen physikalischen Knoten zu plazieren, der die geforderten zusätzlichen Ressourcen zur Verfügung stellt. Dann wird der oben beschriebene Ablauf für alle noch nicht plazierten Objekte wiederholt. Gegebenenfalls könnte auch eine Neuplazierung bereits allokierter Objekte in Betracht gezogen werden; dies ist im vorliegenden Ansatz jedoch noch nicht realisiert.

Widersprüche zwischen verschiedenen Plazierungsanforderungen werden über die Schnittstelle zum Entwickler gemeldet. Durch eine Erweiterung des Ansatzes um zusätzliche heuristische Regeln könnte auch eine automatische Konfliktbehandlung erfolgen.
Nun wird die auf Verwaltungsebene entstandene Konfiguration auf die Elemente des Laufzeitsystems abgebildet, indem reale Objekte und Knoten erzeugt werden. Anschließend werden die Startmethoden auf den konfigurierten Objekten aktiviert und so die Anwendungsabläufe initiiert.

4.4.2 Konfigurationsänderungen

Für alle konfigurierten Elemente besteht die Möglichkeit zur dynamischen Modifikation mit Hilfe der Konfigurationsänderungsnotation. Änderungsanforderungen können dabei sowohl von der Schnittstelle zum Entwickler als auch von der Laufzeitebene gestellt werden; sie werden in beiden Fällen uniform behandelt. Grundsätzlich wird jedoch zwischen Änderungen der *Anwendungskonfiguration* und der *Systemkonfiguration* unterschieden.

4.4.2.1 Änderung der Anwendungskonfiguration

Eine Änderung der Anwendungskonfiguration umfaßt die Durchführung aller Änderungsanforderungen, die in einem Änderungsblock zusammengefaßt sind (Abschnitt 4.2.3). Nach einer solchen Änderung wird die Konsistenz der resultierenden Konfiguration gefordert. Falls keine Konsistenz erreicht werden kann, so wird die Konfigurationsänderung zurückgewiesen.
Der Ablauf einer Änderungsbearbeitung durch die Konfigurationsverwaltung ist in Abb. 4.9 zusammen mit den möglichen Fehlerausgängen und den auf Verwaltungsebene generierten Daten dargestellt. Im einzelnen setzt er sich aus den folgenden Teilphasen zusammen:

Vorbereitung:

- *Aktivierung der Verwaltungskomponente:*
  Zunächst wird ein Änderungsblock vom Entwickler oder von der laufenden Anwendung an die Verwaltungskomponente übergeben und diese damit aktiviert. Dabei werden die Änderungsanforderungen sequentialisiert.
- *Syntaktische und semantische Prüfung der Änderungsanforderung:*
  Der Interpreter der Änderungsnotation führt eine syntaktische und semantische Prüfung der Änderungsanforderung durch und transformiert diese in eine interne Repräsentation. Im Fehlerfall wird die Änderungsanforderung zurückgewiesen.
- *Identifikation der betroffenen konfigurierten Elemente:*
  Die betroffenen konfigurierten Elemente werden identifiziert und eine Kopie ihrer internen Repräsentation angelegt.
- *Fiktive Durchführung der Änderungen:*
  Die angeforderten Änderungen werden nun auf der Kopie durchgeführt. Bestimmte Änderungen ziehen Folgeänderungen durch die Konfigurationsverwaltung nach sich (s.u.). Die resultierende Konfiguration wird anschließend auf Konsistenz geprüft. Bei Verletzung der Konsistenz wird die Änderungsanforderung zurückgewiesen und die angelegte Kopie der internen Repräsentation gelöscht.

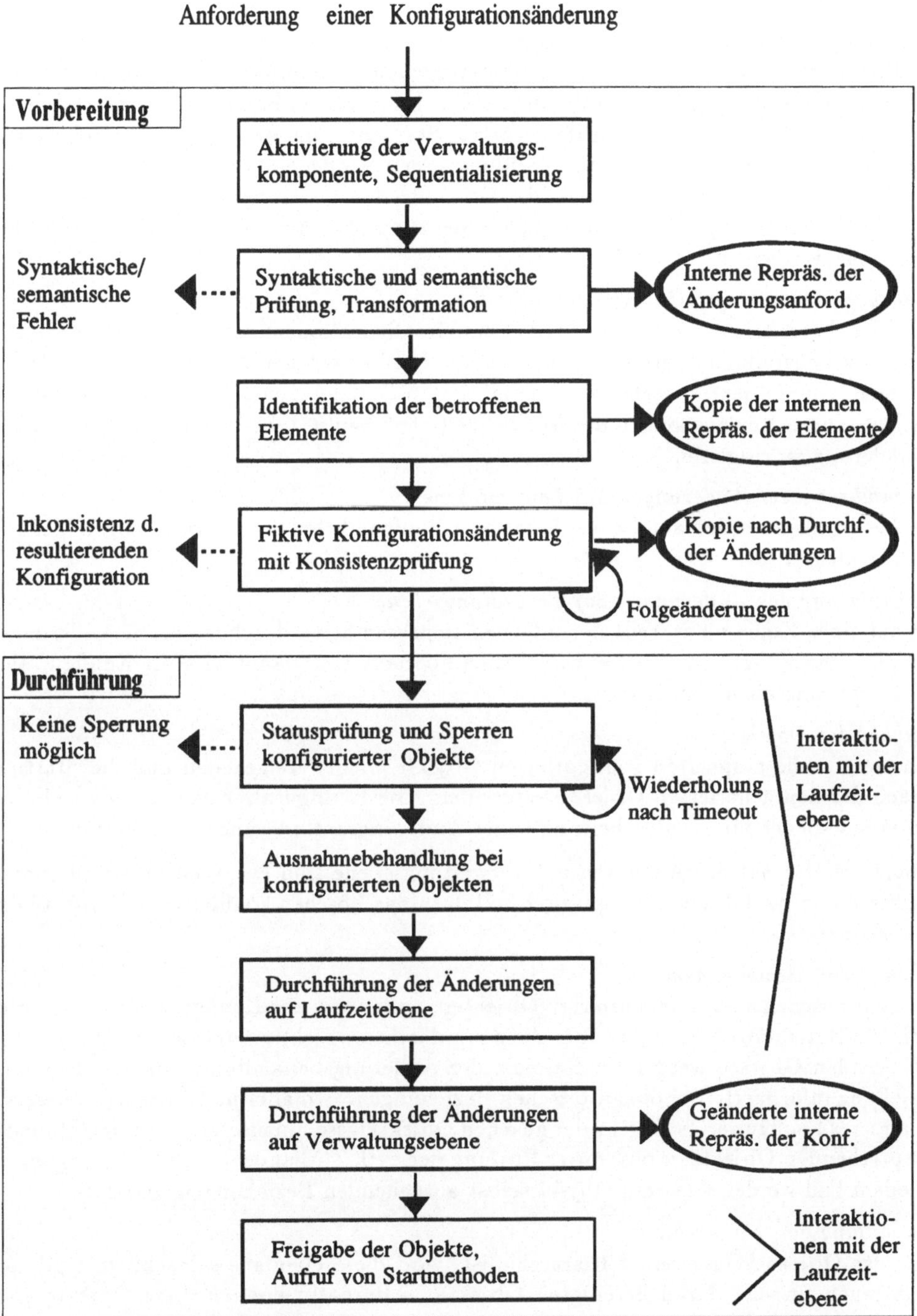

Abbildung 4.9: Ablauf bei einer Änderung der Anwendungskonfiguration

Durchführung:

- *Statusprüfung und Sperrung der Objekte:*
  Mit Hilfe ihrer Statusfunktion werden die betroffenen konfigurierten Objekte auf Laufzeitebene auf ihren Änderungszustand hin geprüft. Im positiven Fall wird das entsprechende Objekt für weitere Methodenaufrufe gesperrt. Statusprüfung und Sperrung erfolgen atomar (Abschnitt 4.3). Nach der Statusprüfung aller betroffenen Objekte wartet die Konfigurationsverwaltung mit Timeout auf das Erreichen des Änderungszustandes aller übrigen Objekte. Nach Ablauf des Timeouts entscheidet der Entwickler, ob der Änderungsversuch wiederholt werden soll.
- *Änderungsbehandlung auf Laufzeitebene:*
  Auf den betroffenen Objekten wird vom Konfigurationswerkzeug die vordefinierte Änderungsbehandlungsroutine aufgerufen, an die die Art der Änderung sowie die betroffenen, vom Objekt ausgehenden konfigurierten Beziehungen als Parameter übergeben werden. Diese Routine bietet die Möglichkeit, auf Laufzeitebene auf eine Konfigurationsänderung zu reagieren.
- *Durchführung der Änderungen auf Laufzeitebene:*
  Die Änderungen werden auf die in Abschnitt 4.3 aufgeführten Operationen abgebildet und damit realisiert.
- *Durchführung der Änderungen auf Verwaltungsebene:*
  Die auf einer Kopie eines Teils der internen Repräsentation durchgeführten Änderungen werden in die aktuelle interne Repräsentation übernommen; damit wird die Konfiguration auf Verwaltungsebene aktualisiert.
- *Freigabe der Objekte:*
  Nun werden die gesperrten konfigurierten Objekte wieder freigegeben und die Startmethoden der neu generierten Objekte aufgerufen. Die Konfigurationsverwaltung steht anschließend wieder für die Bearbeitung neuer Änderungsanforderungen zur Verfügung.

Abhängig von der Art der Änderung auf Verwaltungsebene sind eventuell Folgeänderungen automatisch durchzuführen. Exemplarisch soll dazu das Löschen konfigurierter Objekte diskutiert werden:

- *Löschen von Beziehungen:*
  Mit dem Löschen eines konfigurierten Objektes werden von der Konfigurationsverwaltung auch alle Beziehungen gelöscht, über die das gelöschte Objekt referenziert wird. Die referenzierenden Objekte werden im Rahmen der Änderungsbehandlung vom Löschen einer Beziehung informiert. Bei obligatorischen Beziehungen wird allerdings versucht, diese auf ein anderes konfiguriertes Objekt der gleichen Objektklasse umzusetzen. Die Selektion des entsprechenden Objekts erfolgt unter Prüfung der evtl. vorhandenen Statusbedingungen. In jedem Fall werden alle vom Objekt selbst ausgehenden Beziehungen gelöscht.
- *Behandlung von Hierarchien:*
  Falls das Objekt Wurzel einer Hierarchie ist, wird diese ebenfalls gelöscht; dies gilt optional auch für alle daran beteiligten Objekte. Alternativ können diese Objekte auch weiter existieren; dabei werden die Beziehungen über öffentliche Referenzvariablen wie in Abschnitt 4.2.2 beschrieben verändert.

- *Konsistenzprüfung:*
  Das Löschen eines konfigurierten Objektes führt zur Prüfung, ob die geforderten Anwendungsdienste weiterhin verfügbar bleiben. Auch die Bedingungen bzgl. der minimalen Anzahl von konfigurierten Objekten einer Klasse bzw. an einer Lokation werden überprüft.

Allgemeine Objekte können von der Konfigurationsverwaltung bei Änderungen nicht berücksichtigt werden. Es ist Aufgabe des Entwicklers, geeignete Statusfunktionen und Änderungsbehandlungen zu realisieren, um bei Konfigurationsänderungen entsprechende Aktionen auf allgemeinen Objekten der Laufzeitebene durchzuführen.

4.4.2.2 Änderung der Systemkonfiguration

Änderungen der Systemkonfiguration umfassen das Erzeugen und Löschen logischer und physikalischer Knoten sowie das Ergänzen bzw. Entfernen von Ressourcen eines physikalischen Knotens. Dabei handelt es sich um angekündigte Änderungen; die Behandlung unangekündigter Fehler der Rechnerknoten eines verteilten Systems wird nicht abgedeckt. Eine Änderung der Systemkonfiguration wird als ein unbedingt erforderlicher Vorgang betrachtet; daher wird bei einer anschließenden Verletzung der Konsistenz der Konfiguration versucht, diese durch zusätzliche Änderungen wiederherzustellen. Anforderungen zur Änderung der Systemkonfiguration können nicht in Änderungsblöcke eingeschlossen werden. Konzeptionell von Bedeutung sind vor allem die resultierenden Folgeänderungen beim Löschen von Elementen der Systemkonfiguration. Das Erzeugen solcher Elemente entspricht dagegen der Vorgehensweise bei der Generierung der initialen Konfiguration (Abschnitt 4.4.1).

Beim *Löschen eines logischen Knotens* wird versucht, die konfigurierten Objekte an eine andere Lokation zu migrieren. Die Auswahl des Zielknotens zur Neuplazierung dieser Objekte erfolgt wie im Algorithmus zur initialen Plazierung (Abschnitt 4.4.1). Falls die Migration eines konfigurierten Objektes wegen entsprechender Restriktionen nicht möglich ist, wird es gelöscht und die Auswirkung dieser Operation auf die Anwendungsdienste überprüft; dabei wird dann gegebenenfalls eine Fehlermeldung ausgegeben.
Das *Löschen physikalischer Knoten* führt zum Löschen aller zugehörigen logischen Knoten mit den genannten Folgeänderungen. Falls die Migration logischer Knoten durch ein unterliegendes verteiltes bzw. Netzbetriebssystem unterstützt wird, so wird eine Neuplazierung analog zur Vorgehensweise bei der initialen Allokation versucht und durch eine Migration realisiert.

4.5 Zusammenfassung

Durch die entwickelte Konfigurationsverwaltung wird die Trennung der Implementierung und der Konfiguration einer verteilten Anwendung unterstützt. Dabei wird eine vollständige Integration mit dem aus Kap. 2 bekannten verteilten objektorientierten Ansatz erreicht. Im Gegensatz zu den flachen Strukturierungskonzepten existierender Systeme wird zusätzlich die hierarchische Strukturierung und generell die Unterscheidung zwischen konfigurierten, explizit verwalteten und den übrigen allgemeinen Objekten eingeführt.
Eine auf Sprachebene definierte bzw. modifizierte aktuelle Konfiguration wird auf Verwaltungsebene geschlossen repräsentiert. Dadurch wird die Einführung von *Konfigurationsbedingungen* möglich, die die Konsistenzprüfung einer aktuellen Konfiguration erlauben. Dy-

namische Konfigurationsänderungen können interaktiv oder programmgesteuert angefordert werden; diese Fähigkeit ist besonders in großen verteilten Anwendungen von Bedeutung.

Die Konfigurationsbedingungen im Zusammenhang mit der Plazierung von Objekten ermöglichen die indirekte Allokation von Objekten unter Berücksichtigung von *Plazierungsrestriktionen*, *Ressourcenanforderungen*, *Lokationsbeziehungen* und *Plazierungspräferenzen*. Im Gegensatz dazu wird in existierenden Ansätzen fast immer nur mit einer direkten Allokation mit absoluter Lokationsvorgabe gearbeitet.
Konfigurationsänderungen werden durch eine eigene Änderungsnotation unterstützt; dabei ist zusätzlich die Ankopplung an die Laufzeitebene und die Synchronisation mit den momentanen Anwendungsabläufen relevant. Dazu wurde ein Basismodell der Laufzeitebene realisiert, das direkt mit dem verteilten objektorientierten Ansatz integriert ist. Durch die Konformität mit der objektorientierten Strukturierungsweise wird die Abbildung der konfigurierten Objekte auf Objekte existierender objektorientierter Sprachen möglich.

Der Ansatz wurde auch in vollem Umfang mit Sprachprozessor und Verwaltungsmechanismen realisiert (Kap. 5); im Rahmen dieser praktischen Arbeit konnten die getroffenen Entwurfsentscheidungen gut validiert werden. Insgesamt bietet die Konfigurationsverwaltung eine wichtige Ergänzung zu den existierenden Basismechanismen, wie sie von den bekannten verteilten objektorientierten Systemen angeboten werden.

Kapitel 5

Realisierung und Einsatz

Um die beschriebenen Konzepte zu realisieren, wurde eine Reihe von Werkzeugen entwickelt und in eine Systemarchitektur integriert. Das vorliegende Kapitel führt zunächst eine Synthese der entwickelten Konzepte durch und beschreibt dann die Gesamtarchitektur und geht auf die einzelnen Teilkomponenten ein. Dabei wird dann auch der Einsatz der Komponenten im Rahmen der Entwicklung verteilter Anwendungen diskutiert. Abschließend wird kurz die Implementierung des Systems angesprochen.

5.1 Synthese der Konzepte

Die Synthese der betrachteten Bereiche der *Migrationssteuerung* und der *Konfigurationsverwaltung* für verteilte objektorientierte Anwendungen ist in Tabelle 5.1 skizziert. Aus Sicht des Entwicklers stellen beide Bereiche getrennte, sich ergänzende Mechanismen zur Verfügung. Aus Sicht der Realisierung interessiert dagegen vor allem ihr internes technisches Zusammenwirken.

Sicht des Entwicklers:
Aus Sicht des Entwicklers bietet die Konfigurationsverwaltung Möglichkeiten zur *Grobplazierung* von Objekten und zur expliziten Definition von Kommunikationsbeziehungen zwischen Objekten. Die Migrationssteuerung unterstützt die *dynamische Feinplazierung* von Objekten. Beide Bereiche sind aus der Sicht des Entwicklers zunächst weitgehend voneinander unabhängig. Die Konfigurationsbeschreibung und die Vorgabe oder Erzeugung von Kollokationsdefinitionen können unabhängig voneinander erfolgen. Eine Konfigurationsänderung erfordert i.a. keine Änderung von Kollokationsdefinitionen, da diese unabhängig von der momentanen Verteilung und von den momentan existierenden Objektinstanzen sind. Beim Einsatz in einer verteilten Umgebung ergänzen sich die beiden Bereiche und bieten damit eine wirksame Entwicklungsunterstützung.

Sicht der Realisierung:
Aus der internen Sicht der Realisierung heraus existieren einige wichtige Schnittstellen zwischen den beiden Bereichen. Dabei ist vor allem die Integration der verwendeten Basismodelle und die Behandlung konfigurierter Objekte durch die Migrationssteuerung zu nennen.

Die Elemente der Konfigurationsverwaltung werden intern in Elemente ihres Basismodells transformiert, das auf dem Basismodell der Migrationssteuerung aufbaut. *Konfigurierte Objekte* werden auf *globale Objekte* abgebildet, die zusätzlich *statisch fixiert* sind. Damit

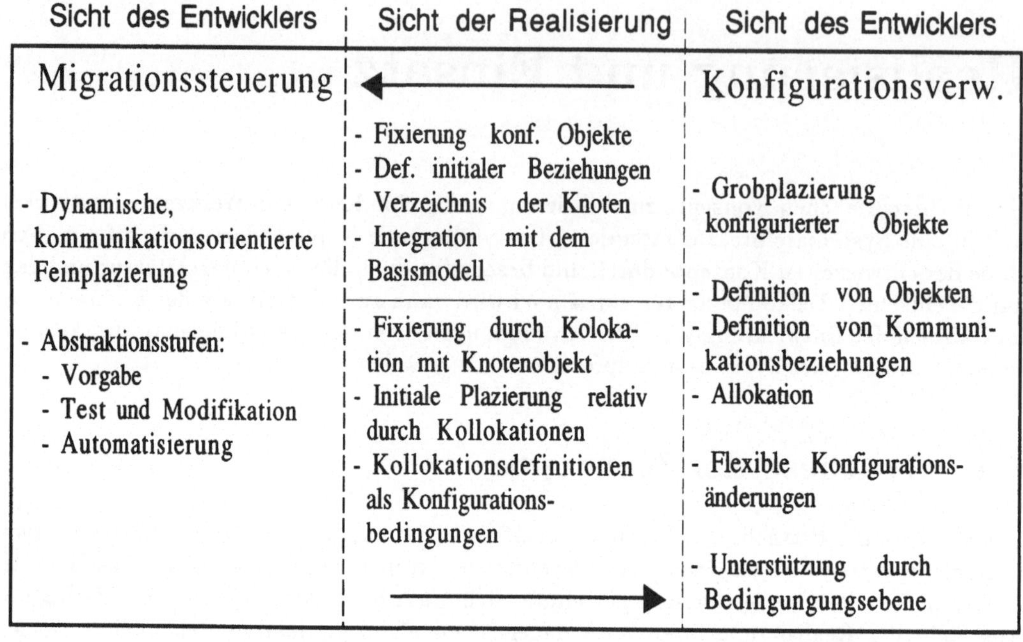

Sicht des Entwicklers	Sicht der Realisierung	Sicht des Entwicklers
Migrationssteuerung	←	Konfigurationsverw.
- Dynamische, kommunikationsorientierte Feinplazierung	- Fixierung konf. Objekte - Def. initialer Beziehungen - Verzeichnis der Knoten - Integration mit dem Basismodell	- Grobplazierung konfigurierter Objekte
- Abstraktionsstufen: - Vorgabe - Test und Modifikation - Automatisierung	- Fixierung durch Koloka-tion mit Knotenobjekt - Initiale Plazierung relativ durch Kollokationen - Kollokationsdefinitionen als Konfigurations-bedingungen →	- Definition von Objekten - Definition von Kommuni-kationsbeziehungen - Allokation - Flexible Konfigurations-änderungen - Unterstützung durch Bedingungungsebene

Tabelle 5.1: Synthese der Migrationssteuerung und der Konfigurationsverwaltung

unterliegt ihre eventuelle Migration nicht der Migrationssteuerung. Außerdem wird so die Möglichkeit der expliziten Objektallokation mit garantierter fester Plazierung geschaffen. Beziehungen zwischen konfigurierten Objekten werden auf *initiale bzw. längerfristige Beziehungen* zwischen globalen Objekten abgebildet. Die auf konfigurierten Objekten asynchron aufgerufenen *initialen Methoden* werden zu *Prozessen* des Basismodells. Die auf der Ebene der Konfigurationsverwaltung definierten *logischen Knotenklassen* und *logischen Knoten* werden direkt von der Migrationssteuerung verwendet, um Plazierungsrestriktionen zu definieren bzw. um die Selektion des Realisierungsknotens von Kollokationen zu unterstützen. In umgekehrter Richtung können Konstrukte der Migrationssteuerung von der Konfigurationsverwaltung verwendet werden: Die *Fixierung* konfigurierter Objekte wird durch eine Kollokation mit einem Knotenobjekt realisiert. Eine *relative initiale Plazierung* konfigurierter Objekte kann durch die *Definition initialer Kollokationen* erfolgen. Die *Lokationsbedingungen* der Konfigurationsverwaltung können durch *Kollokationen mit hoher Priorität* realisiert werden.

5.2 Gesamtarchitektur

Die Gesamtarchitektur des entwickelten Systems gliedert sich in die folgenden Teilkomponenten (Abb. 5.1):

- *Basissystem:*
  Diese Komponente stellt eine Emulation einer verteilten objektorientierten Umgebung zur Verfügung.

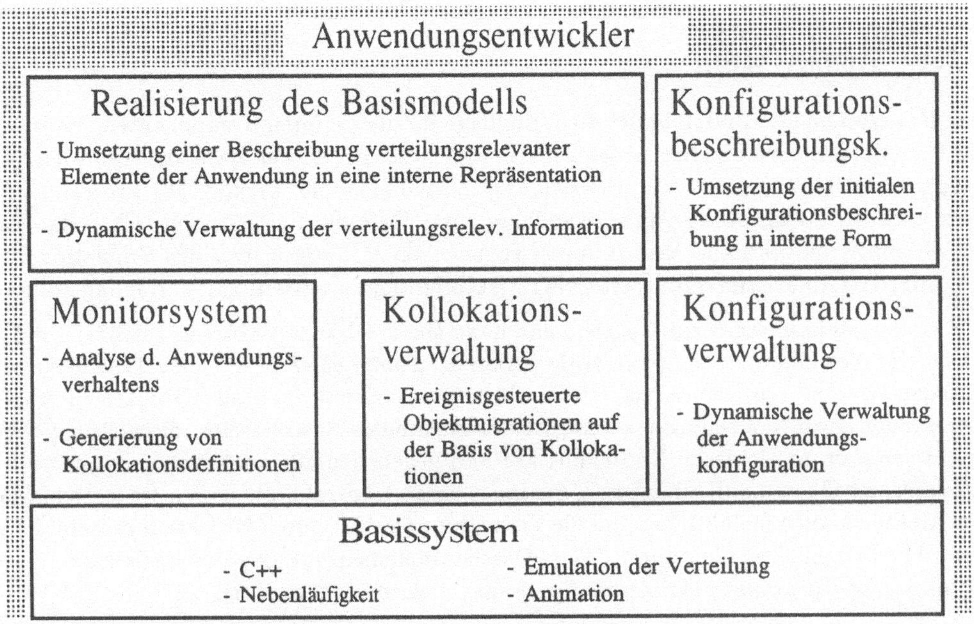

Abbildung 5.1: Architektur des Gesamtsystems

- *Realisierung des Basismodells:*
  Diese Komponente transformiert die Beschreibung des Basismodells einer Anwendung (Abschnitt 2.6.1) in eine interne Repräsentation und verwaltet diese zur Laufzeit.

- *Kollokationsverwaltung:*
  Diese Komponente realisiert das dezentrale Verfahren zur Verwaltung von Kollokationen auf der Basis der Daten der internen Repräsentation.

- *Monitorkomponente:*
  Diese Komponente realisiert die Generierung und Modifikation von Kollokationsdefinitionen.

- *Konfigurationsbeschreibungskomponente:*
  Diese Komponente transformiert die Beschreibung einer initialen Konfiguration in die interne Repräsentation der Konfigurationsverwaltungsebene.

- *Konfigurationsverwaltungskomponente:*
  Diese Komponente generiert die initiale Konfiguration und führt dynamische Konfigurationsänderungen durch.

5.3 Beschreibung der Teilkomponenten

5.3.1 Basissystem

Das *Basissystem* [SCH89III] bildet die Grundlage für die weiteren Komponenten. Es emuliert die Verteilung innerhalb eines objektorientierten Systems auf der Basis der hybriden objektorientierten Sprache *C++* mit Erweiterung um nebenläufige *Lightweight Processes*. *C++* wird auch zur Realisierung von Anwendungen mit Hilfe des Systems eingesetzt; dabei sind jedoch einige syntaktische Restriktionen zu beachten. Der Ansatz einer Emulation wurde gewählt, da kein existierendes verteiltes objektorientiertes System zur Verfügung stand.

Das Basissystem unterscheidet *globale* und dazu *lokale* Objekte (Abschnitt 2.3.2). Die Emulation der Verteilung erfolgt mit Hilfe *logischer Knotenobjekte*, die die aktuelle Lokation globaler Objekte repräsentieren. Physisch befinden sich jedoch alle Objekte im gleichen Adreßraum. Abb. 5.2 zeigt die wichtigsten Elemente des Basissystems, die *globalen Objekte* mit Referenzen auf logische Knotenobjekte und gegebenenfalls auch mit integrierten *Ports* zur Interprozeßkommunikation sowie *Prozesse*, deren Kontrollfluß auf den Objekten in Form von Methodenaufrufen aktiv ist und die systemintern selbst durch Objekte repräsentiert werden. Alle Elemente werden durch *C++*-Klassen implementiert. An das Basissystem ist eine Komponente zur graphischen Animation seiner Abläufe angegliedert.

5.3.1.1 Nebenläufigkeit

Die Emulation paralleler und quasiparalleler Abläufe erfolgt durch nebenläufige Prozesse (*Lightweight Processes*), die sich den Adreßraum teilen. Ein Prozeß wird durch einen asynchronen Methodenaufruf erzeugt und gestartet und terminiert nach Ende der Methodenabarbeitung oder beim expliziten Löschen durch einen anderen Prozeß. Zusätzlich stehen Methoden zum Warten auf die Terminierung eines Prozesses sowie für Statusabfragen über Prozesse zur Verfügung. Die Prozeßsynchronisation erfolgt über binäre Semaphoren, die ebenfalls durch Objekte realisiert werden.

Zur Interprozeßkommunikation stehen Port-Objekte zur Verfügung, auf denen Operationen zum Senden an einen Port, zum blockierenden Warten auf eine Nachricht am Port mit anschließendem Empfangen und zum nicht blockierenden Testen auf Verfügbarkeit einer Nachricht mit anschließender Empfangsoperation definiert sind. Im Rahmen einer Interprozeßkommunikation werden i.a. typisierte Objektreferenzen ausgetauscht.

5.3.1.2 Emulation der Verteilung

Die Emulation der Verteilung durch *logische Knoten* wurde ebenfalls objektorientiert realisiert. Zur Erzeugung und zum Löschen von logischen Knoten stehen Operationen zur Verfügung, die vom Konfigurationswerkzeug aufgerufen werden. Jedes globale Objekt der Anwendung verfügt über eine Referenz auf ein Knotenobjekt, wodurch seine momentane Lokation im emulierten verteilten System festgelegt ist. Bei der Generierung eines globalen Objektes kann eine initiale Lokation explizit vorgegeben werden; Standardwert ist die Lokation des generierenden Objektes. Die *Migration* eines Objektes wird durch das Umsetzen seiner Knotenreferenz mit einer zusätzlichen Trace-Ausgabe realisiert. *Entfernte Aufrufe*

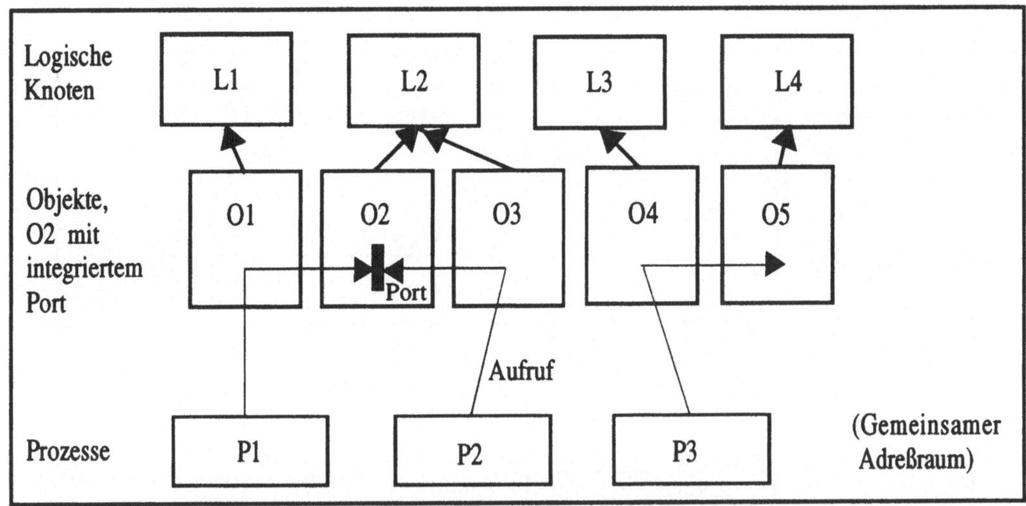

Abbildung 5.2: Elemente des Basissystems

werden durch den Vergleich der aktuellen Lokation globaler Objekte detektiert und protokolliert. Verteilungsabhängige Operationen zur Migration, zur Abfrage der Lokation eines Objektes, zur Fixierung und für weitere Statusabfragen sind in der Klasse der globalen Objekte zusammengefaßt, die Oberklasse aller verteilungsrelevanten Objekte einer Anwendung ist. Zusätzliche Klassen stehen zur Realisierung von konfigurierten Objekten und von Verwaltungseinheiten auf Laufzeitebene zur Verfügung.

An das Basissystem ist eine *Komponente zur Ereignisbehandlung* angegliedert, die alle verteilungsrelevanten Ereignisse (*Methodenaufrufe* auf globalen Objekten, *Objektmigrationen* und die *Modifikation von Beziehungen* zwischen globalen Objekten) aufbereitet und den weiteren Komponenten in expliziter Form zur Verfügung stellt. In umgekehrter Richtung beeinflussen diese Komponenten das Basissystem durch Migrationsaufrufe und durch die Abbildung der aktuellen Konfiguration auf die Laufzeitebene.

5.3.1.3 Sprachorientierte Maßnahmen

Um die angesprochenen Mechanismen des Basissystems für die Anwendungsentwicklung möglichst einfach zugänglich zu machen, wurden einige automatische syntaktische Umsetzungen realisiert und in den Precompiler des Basismodells (Abschnitt 5.3.2) integriert:

- *Synchrone Methodenaufrufe* werden in interne Zwischenaufrufe zur Ereignisbehandlung transformiert, die anschließend in die ursprünglich aufgerufene Methode verzweigen und schließlich auch die Rückkehr eines Aufrufs anzeigen.
- *Asynchrone Methodenaufrufe* werden in Konstruktor-Aufrufe für Prozeß-Objekte umgesetzt; dabei wird ebenfalls eine Ereignisbehandlung durchgeführt.
- Die Konstrukte *Call-by-move* und *Call-by-visit* zur Anforderung der Migration von Parameterobjekten werden in Kennungen umgesetzt, die der Kollokationsverwaltung über die Ereignisbehandlung zur Verfügung gestellt werden.

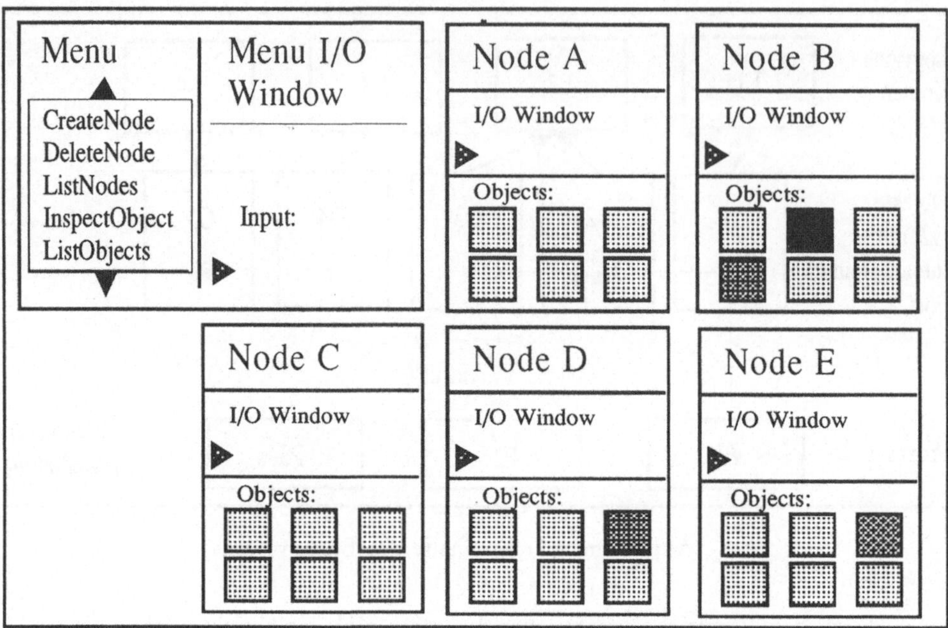

Abbildung 5.3: Bildschirmaufteilung der graphischen Schnittstelle

- *Die Erzeugung und das Löschen von Objekten* werden mit zusätzlichen Aufrufen versehen, um die anderen Komponenten zu informieren und bei der Erzeugung ergänzende Initialisierungen vorzunehmen.
- *Die Modifikation von Objektbeziehungen* wird durch die Transformation von Zuweisungen an Referenzen auf globale Objekte in entsprechende Zwischenaufrufe explizit gemacht.
- Eine spezielle Notation zur Definition *globaler Objektklassen* wird in gewöhnliche *C++*-Klassendefinitionen transformiert, nachdem die gegebene Beschreibungsinformation (Abschnitt 5.3.2) extrahiert wurde.

5.3.1.4 Graphische Schnittstelle

Als Ergänzung des Basissystems wurde auch eine graphische Schnittstelle realisiert [GOO88], die sich im wesentlichen aus zwei Teilkomponenten zusammensetzt, der *Animation* von Anwendungsabläufen und einer *graphischen Menuschnittstelle.*

Im Rahmen der Animation werden die momentan existierenden logischen Knoten und die dort allokierten globalen Objekte dargestellt. Wegen der gegebenen Begrenzung der Bildschirmgröße kann nur eine relativ geringe Zahl von Objekten gleichzeitig sichtbar gemacht werden; daher werden Objekte gemäß ihrer Aktivierung durch Aufrufe oder Migrationen in *FIFO*-Ordnung ein- und ausgelagert. Eine sequentielle Folge von Methodenaufrufen wird bei den jeweiligen Objekten farblich kenntlich gemacht. Dabei wird jedem Prozeß eine eigene Farbe zugeordnet. Migrationen werden durch farbiges Hervorheben eines Objektes an der vorherigen und an der neuen Lokation visualisiert. Die Menufunktionalität umfaßt

Operationen zur Inspektion von Objektdaten, so z.B. das Auflisten von Objekten, Klassen, Prozessen und logischen Knoten. Abbildung 5.3 zeigt die graphische Schnittstelle für eine Beispielanwendung mit mehreren logischen Knoten und laufenden Methodenaufrufen.

5.3.2 Realisierung des Basismodells

Die *Realisierung des Basismodells* [WAG89] umfaßt einen *Precompiler* zur Transformation einer Beschreibung des Basismodells einer Anwendung in eine interne Repräsentation sowie die Verwaltung dieser Repräsentation zur Laufzeit. Die Beschreibungsnotation wurde als Spracherweiterung von *C++* realisiert; sie ist jedoch nicht direkt von speziellen Eigenschaften dieser Sprache abhängig und kann daher prinzipiell auch als Erweiterung anderer Sprachen bzw. auch separat realisiert werden. Die Syntax der Spracherweiterung in EBNF findet sich in Anhang A.
Die Komponente ermöglicht die explizite Repräsentation der folgenden, in Abschnitt 2.6.1 beschriebenen Elemente:

- *Globale Objektklassen und Objekte*
- *Beziehungsklassen und Beziehungen*
- *Kollokationsdefinitionen und Kollokationen*

Die Unterscheidung zwischen globalen Objekten und lokalen Objekten wird bereits zur Übersetzungszeit durchgeführt, um vollständige syntaktische und semantische Prüfungen sowie die Transformation in die interne Repräsentation zu ermöglichen. Die Definition globaler Objektklassen umfaßt die folgenden Sektionen:

- *Mobilitätsrestriktionen:*
  Hier kann die statische Fixierung von Objekten und die Einschränkung ihrer möglichen Lokationen auf bestimmte Klassen logischer Knoten spezifiziert werden.
- *Beziehungsklassen:*
  Diese Definitionen beziehen sich im Falle initialer und längerfristiger Beziehungen auf Instanzvariablen der jeweiligen Objektklasse; bei temporären Beziehungen sind die Definitionen zu Methodenparametern oder temporären Variablen zugehörig. Sie werden zusammen mit der Klassenbeschreibung mit logischen Namen versehen in die interne Repräsentation eingetragen.
- *Gewöhnliche Instanzvariablen und Methodendeklarationen:*
  Diese Elemente der Sprache *C++* werden zur Konsistenzprüfung der deklarierten Beziehungsklassen und zum Eintrag der Methodenschnittstellen in die interne Repräsentation analysiert.

Kollokationsdefinitionen können wie beschrieben auch bereits vom Entwickler mit Hilfe der in Abschnitt 3.5 angedeuteten Notation explizit vorgegeben werden. Entsprechende Definitionen werden vom Precompiler syntaktisch und semantisch analysiert und in die interne Repräsentation übersetzt. Die Definitionen *logischer Knotenklassen* und die zugehörigen *logischen Knoten* sind ebenfalls Teil des Basismodells; sie werden jedoch direkt von der Konfigurationsverwaltung in die interne Repräsentation übernommen.

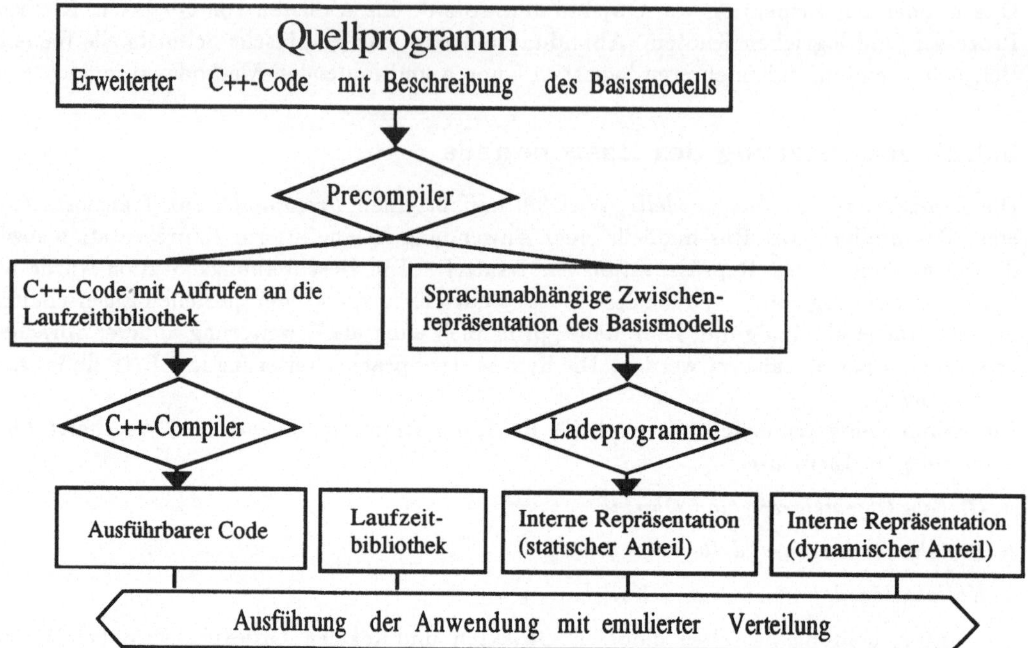

Abbildung 5.4: Ablauf der Informationsverarbeitung zur Realisierung des Basismodells

Der Ablauf der Informationsverarbeitung durch die Beschreibungskomponente ist in Abb. 5.4 dargestellt. Vom Precompiler wird die gesamte semantische Information der Beschreibung des Basismodells einer Anwendung zunächst in ein sprachunabhängiges Zwischenformat transformiert und auf Datei abgelegt. Mit Hilfe von Ladeprogrammen werden diese Daten in *C++*-Datenstrukturen der sprachabhängigen internen Repräsentation eingelesen. Neben diesem statischen Anteil der Beschreibungsinformation wird auch ein entsprechender dynamischer Anteil verwaltet, der sich auf die Instanzen der beschriebenen Klassen bezieht. Zusätzlich wird der erweiterte *C++*-Code in reinen *C++*-Code mit Aufrufen an die Laufzeitbibliothek des Basissystems transformiert, mit einem *C++*-Compiler übersetzt und schließlich zusammen mit der Laufzeitbibliothek zu einem ausführbaren Programm gebunden. Bei der späteren Ausführung der Anwendung haben die anderen Systemkomponenten Zugang zum statischen und dynamischen Anteil der internen Repräsentation.

In einer realen verteilten Umgebung kann der statische Anteil der interne Repräsentation im einfachsten Fall an jedem logischen Knoten repliziert werden und ist damit ohne entfernte Zugriffe zugänglich. Zur Laufzeit treten dabei keine Konsistenzprobleme auf, da nur lesend zugegriffen wird. Auf den dynamischen Anteil wird ohnehin direkt über die entsprechenden Objektinstanzen zugegriffen; dies ist bereits im beschriebenen Protokoll zur Kollokationsverwaltung berücksichtigt.

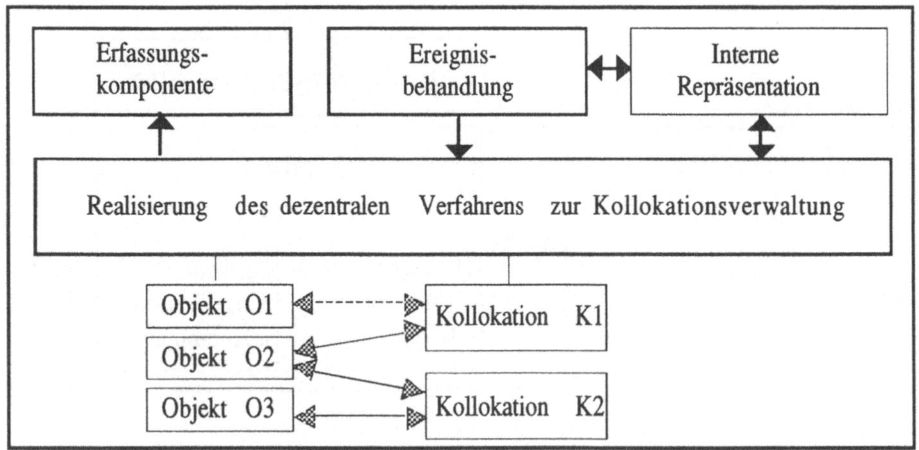

Abbildung 5.5: Struktur der Komponente zur Kollokationsverwaltung

5.3.3 Kollokationsverwaltung

Die Komponente zur *Kollokationsverwaltung* [BAA89] (Abb. 5.5) realisiert das in Abschnitt 3.4.2 beschriebene dezentrale Verfahren. Dabei werden Kollokationen ereignisgesteuert gemäß der Kollokationsdefinitionen realisiert, die im statischen Teil der internen Repräsentation abgelegt sind.

Die Aktivität der Komponente wird durch eine *Ereignisbehandlung* angestoßen, die direkt mit der Ereignisbehandlung des Basissystems gekoppelt ist. Unter Verwendung der internen Repräsentation werden in diesem Schritt die von einem Ereignis betroffenen Kollokationsdefinitionen, Kollokationen bzw. Objekte identifiziert. Diese Information wird an die Teilkomponente zur *Realisierung des dezentralen Verfahrens* übergeben, wo dann die Realisierung oder Auflösung von Kollokationen erfolgt. Dazu wird wiederum auf die Daten der internen Repräsentation zugegriffen. Die Komponente ist selbst dezentral realisiert; ihre Implementierung ist direkt an die Implementierung der Klassen der globalen Objekte und der Kollokationen gekoppelt.

Für jede Kollokation wird ein eigenes Verwaltungsobjekt, das *Kollokationsobjekt* eingeführt. Die an einer Kollokation beteiligten Objekte verfügen über Verweise auf das zugehörige Kollokationsobjekt; diese sind bei gleichzeitiger Beteiligung an mehreren Kollokationen in einer Stack-Struktur angeordnet. Die zusätzlich für das Verfahren erforderliche Laufzeitinformation über Objekte wird von ihnen selbst verwaltet und über Statusabfragen zur Verfügung gestellt; dies betrifft z.B. die aktuelle *Lokation* eines Objektes, seine *Objektgröße* und die momentan auf ihm *aktiven Aufrufe*. Das Kollokationsobjekt hat ebenfalls Verweise auf die an der Kollokation *beteiligten Objekte*. Die verteilten Interaktionen des Verfahrens werden über *asynchrone Methodenaufrufe* abgewickelt, um die baumförmige Kommunikationsstruktur mit direkten Rückmeldungen der Objekte effizient zu realisieren (Abschnitt 3.4.2).

Eine zusätzliche *Erfassungskomponente* dient zur Aufzeichnung der verteilten Interaktionen des dezentralen Verwaltungsverfahrens. Die darüber für spätere Offline-Analysen verfügbare Information umfaßt z.B.:

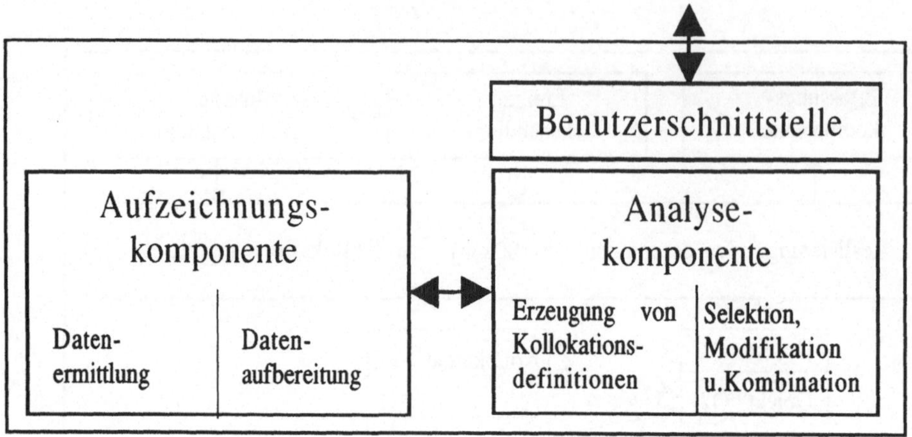

Abbildung 5.6: Struktur der Monitorkomponente

- *Entscheidung über die Realisierung einer Kollokation* mit den zugehörigen Bewertungsdaten
- *Konflikte zwischen Kollokationen* mit Kollokationsprioritäten und zugehöriger Überlappungsmenge
- *Auftretende entfernte Kommunikation* bei der Realisierung einer Kollokation
- *Resultierende Migrationen* für jede Kollokationsrealisierung

Diese Information ermöglicht die Entwicklung zusätzlicher Erklärungskomponenten, die durch graphische Animation unterstützt werden können.

5.3.4 Monitorkomponente

Die *Monitorkomponente* [WER89] realisiert das eingeführte Verfahren zur Generierung und Modifikation von Kollokationsdefinitionen (Abschnitt 3.5) und ermittelt zusätzlich bewertungsrelevante Information, die z.B. an Kollokationsdefinitionen angefügt wird. Die Komponente gliedert sich in eine *Aufzeichnungskomponente* und eine *Analysekomponente* (Abb. 5.6). Die Aufzeichnungskomponente hat die Aufgabe, ereignisgesteuert die zwischen Objekten auftretende Kommunikation nach Beziehungen und Kollokationen getrennt zu erfassen (*Datenermittlung*) und vorzuverarbeiten und den zugehörigen Beziehungsklassen und Kollokationsdefinitionen zuzuordnen (*Datenaufbereitung*). Diese Aufgaben werden zunächst dezentral von verteilten Teilkomponenten durchgeführt; nach Ende eines Anwendungslaufs wird dann die generierte Information an eine Monitorzentrale übertragen und dort zusammengefaßt.

Die Analysekomponente dient zur Auswertung dieser Information und realisiert die Generierung und Modifikation von Kollokationsdefinitionen. Dabei wird das in Abschnitt 3.5 beschriebene Verfahren mit den Teilphasen der *Erzeugung*, der *Kombination*, der *Modifikation*, der *Selektion* und der *verteilungsabhängigen Analyse* von Kollokationsdefinitionen eingesetzt. Die zugehörigen Operationen werden auf dem statischen Teil der aktuellen internen Repräsentation ausgeführt; dieser wird damit zwar nicht zur Laufzeit einer Anwendung, jedoch im Rahmen der nachfolgenden Offline-Analysen modifiziert. Die einzelnen modifizierenden Aktionen der Analysekomponente sind in Form von *Regeln* mit Bedingungs- und Anweisungsteil strukturiert und sind leicht erweiterbar.

Die Analysekomponente umfaßt auch eine *Benutzerschnittstelle*, über die eine *Selektion des Untersuchungsgegenstandes* durchgeführt werden kann. Auf diese Weise kann die Menge der zu analysierenden Kollokationsdefinitionen vom Entwickler eingeschränkt werden. Folgende Arten von Einschränkungen sind möglich:

- *Herkunft der Kollokationsdefinition:* Einschränkung auf benutzerdefinierte oder vom Monitor generierte Kollokationsdefinitionen
- *Priorität der zu betrachtenden Kollokationsdefinitionen:* Einschränkung auf Kollokationsdefinitionen bestimmter Priorität
- *Art der zu berücksichtigenden Anfangsereignisse:* Einschränkung auf Ereignisse bei Objekten bestimmter Objektklassen oder mit feinerer Granularität auch auf bestimmte Methoden oder Beziehungsklassen

Die Benutzerschnittstelle der Analysekomponente ermöglicht außerdem auch die Inspektion der Abläufe während der Ausführung der einzelnen Teilphasen.

5.3.5 Konfigurationsbeschreibungskomponente

Kern der *Konfigurationsbeschreibungskomponente* [BLA89] ist ein Compiler zur syntaktischen und semantischen Analyse und zur Transformation von Konfigurationsbeschreibungen, die mit der in Kapitel 4 eingeführten Konfigurationssprache erstellt wurden.

Der Aufbau des Compilers entspricht der üblichen Struktur mit lexikalischer, syntaktischer und semantischer Analyse. Die Generierung der Zwischenrepräsentation korrespondiert mit der Codegenerierung bei Compilern für direkt ausführbare Programiersprachen. Im Rahmen der lexikalischen Analyse werden die Elemente der Konfigurationssprache erkannt, die durch reguläre Ausdrücke beschrieben sind. Außerdem werden evtl. einfache Fehlermeldungen ausgegeben. Aufgabe der syntaktischen Analyse ist die Erstellung eines Syntaxbaums für eine vorliegende Konfigurationsbeschreibung. Zur Generierung der einzelnen Elemente des Syntaxbaums wurden einheitliche Hilfsfunktionen implementiert. Bei Syntaxfehlern werden entsprechende Fehlermeldungen ausgegeben und die syntaktische Analyse an geeigneten Stellen (meist zu Beginn der nächsten Sektion) wieder aufgesetzt. Die semantischen Prüfungen werden auf der Basis des erstellten Syntaxbaums durchgeführt und umfassen folgende Aktionen:

- Überprüfung der *Existenz von Definitionen* für alle verwendeten *Klassen*, *Instanzen* und *Variablen*
- Überprüfung der *Hierarchiedefinitionen* auf *Zyklenfreiheit*
- Überprüfung der *Vererbungshierarchie der physikalischen Knotentypen* auf *Zyklenfreiheit*
- Überprüfung der *initialen konfigurierten Objektbeziehungen* auf *Typkonsistenz* und auf *Konsistenz der Feldindizierungen* bei der Verwendung von Feldern
- Ergänzung des *Syntaxbaums* um *Zusatzinformation* zur Generierung der Zwischenrepräsentation

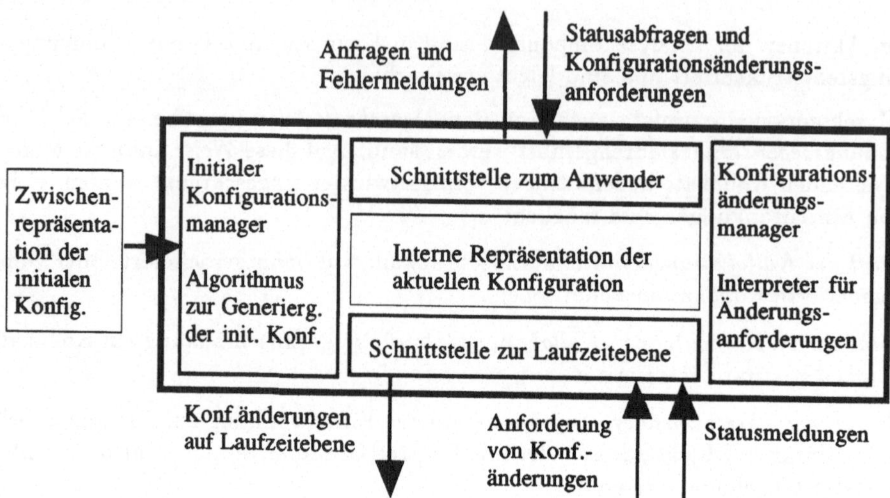

Abbildung 5.7: Struktur der Konfigurationsverwaltungskomponente

Anschließend wird wie bei der Komponente zur Realisierung des Basismodells eine Transformation in eine interne Zwischenrepräsentation durchgeführt, die dann der Konfigurationsverwaltung zur Verfügung steht.

5.3.6 Konfigurationsverwaltungskomponente

Aufgabe der Komponente zur *Konfigurationsverwaltung* [BLA89, ENG89] ist die Generierung der initialen Konfiguration und die Durchführung von Konfigurationsänderungen. Sie besteht dementsprechend aus einem *initialen Konfigurationsmanager* und einem *Konfigurationsänderungsmanager* (Abb. 5.7). Die Komponente verfügt über eine Schnittstelle zum Anwender und eine Schnittstelle zur Laufzeitebene.

Der initiale Konfigurationsmanager liest die Beschreibung einer initialen Konfiguration von der Zwischenrepräsentation ein, die vom Compiler der Konfigurationsbeschreibungskomponente erzeugt und auf Datei abgelegt wurde. Nun wird der Algorithmus zur Generierung der initialen Konfiguration ausgeführt; die dabei entstehende interne Repräsentation wird innerhalb der Verwaltungskomponente abgelegt und ist für Statusabfragen und zur Bearbeitung von Konfigurationsänderungen direkt zugänglich. Während der Ausführung des Algorithmus werden ggfs. Fehlermeldungen und Anfragen, z.B. bei der Verletzung von Konfigurationsbedingungen, über die Schnittstelle zum Anwender ausgegeben. Schließlich wird die ermittelte Konfiguration über die untere Schnittstelle der Komponente auf Laufzeitebene installiert.

Der Konfigurationsänderungsmanager erhält Änderungsanforderungen über die Schnittstelle zum Anwender und interpretiert diese unter Verwendung der internen Repräsentation. Dabei werden auch Statusanfragen und Meldungen an konfigurierte Objekte über die Schnittstelle zur Laufzeitebene abgesetzt. Bei Durchführbarkeit werden die Änderungen ebenfalls über diese Schnittstelle an die Laufzeitebene weitergegeben. Konfigurationsänderungen können auch direkt von der Laufzeitebene über Funktionsaufrufe angefordert werden und werden dann in der gleichen Weise behandelt.

Die Verwaltungskomponente ist als zentrale Instanz realisiert. Für sehr große Anwendungen bzw. auch zur Erhöhung der Ausfallsicherheit ist eine verteilte Realisierung in Betracht zu ziehen. Dazu ist eine Aufteilung einer Gesamtkonfiguration in getrennt verwaltete, teilweise überlappende Bereiche erforderlich. Die Aufteilung würde also datenorientiert erfolgen; alle Verwaltungskomponenten würden die gleiche Grundfunktionalität auf unterschiedlichen Daten anbieten.

5.4 Zusammenwirken der Teilkomponenten

In Abb. 5.8 ist das Zusammenwirken aller Teilkomponenten bei der Entwicklung und Verwaltung einer verteilten objektorientierten Anwendung dargestellt. Da Daten und Funktionen z.T. von mehreren Teilkomponenten gemeinsam benutzt werden, werden diese nicht immer streng einer Komponente zugeordnet.

Eine verteilte Anwendung wird durch die Implementierung ihrer Objekte, die zugehörige Beschreibung des Basismodells und eine initiale Konfigurationsbeschreibung repräsentiert. Die beiden ersten Teile werden vom Precompiler der Beschreibungskomponente aus der erweiterten *C++*-Notation nach reinem *C++* und schließlich in ausführbaren Code transformiert. Dabei wird gleichzeitig der statische Teil der internen Repräsentation des Basismodells generiert. Der Compiler der Konfigurationssprache generiert die interne Repräsentation der initialen Konfiguration sowie *C++*-Deklarationsdateien für konfigurierte Objektklassen.

Beim Start einer Anwendung wird zunächst die initiale Konfiguration von der Konfigurationsverwaltung erzeugt; dann werden die Anwendungsabläufe durch den Aufruf von Startmethoden initiiert. Mit der Generierung allgemeiner Objekte innerhalb des Basissystems entsteht gleichzeitig der dynamische Teil der Repräsentation des Basismodells. Die Migrationssteuerung, also die Kollokationsverwaltung und die Monitorkomponente, wird nun über die an das Basissystem angegliederte Ereignisbehandlung angestoßen und führt die Generierung von Kollokationsdefinitionen bzw. die Realisierung von Kollokationen mit den zugehörigen Objektmigrationen durch. Dazu wird die interne Repräsentation des Basismodells eingesetzt; der dynamische Teil wird dabei laufend modifiziert, der statische Teil wird nur vom Monitor im Rahmen von Offline-Analysen verändert. Die Kollokationsverwaltung übergibt bei der Realisierung von Kollokationen Analyseinformation an die Monitorkomponente. Die Monitorkomponente kann vom Anwender über eine interaktive Schnittstelle zu Beginn eines Anwendungslaufes gesteuert werden (s.o.).
An die Konfigurationsverwaltung können über den zugehörigen Interpreter Konfigurationsänderungsanforderungen übergeben werden, die dann auf der internen Repräsentation und schließlich auch auf Laufzeitebene ausgeführt werden.

5.5 Methodischer Ablauf der Anwendungsentwicklung

Insgesamt teilt sich der von der Arbeit abgedeckte Bereich der Anwendungsentwicklung in eine *verteilungsunabhängige* und eine nachfolgende *verteilungsabhängige* Phase auf (Abb. 5.9). Auf diese Weise wird die in den vorherigen Kapiteln eingeführte Trennung dieser Bereiche beim Einsatz der entwickelten Werkzeuge aufrechterhalten.

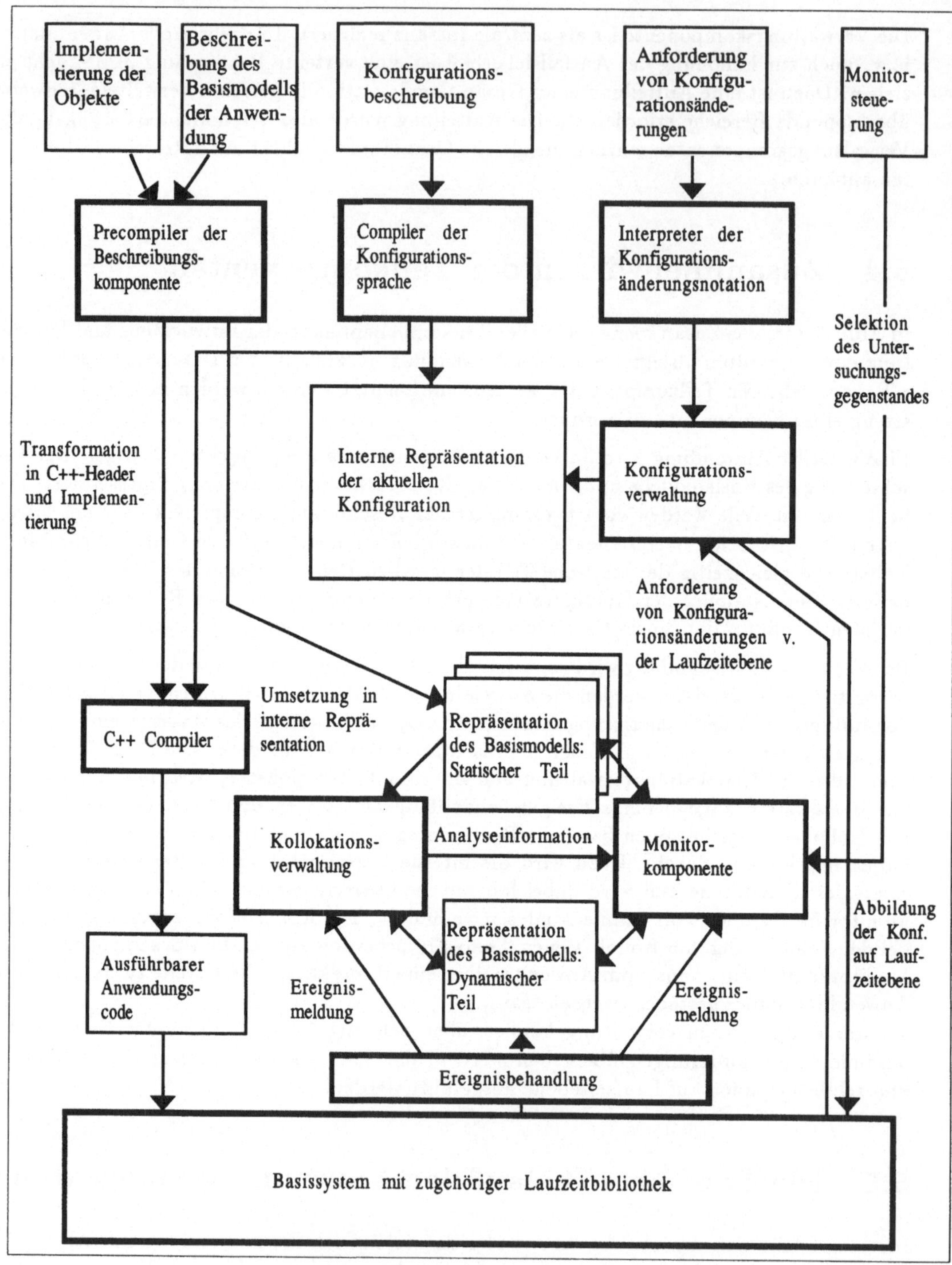

Abbildung 5.8: Zusammenwirken der Teilkomponenten

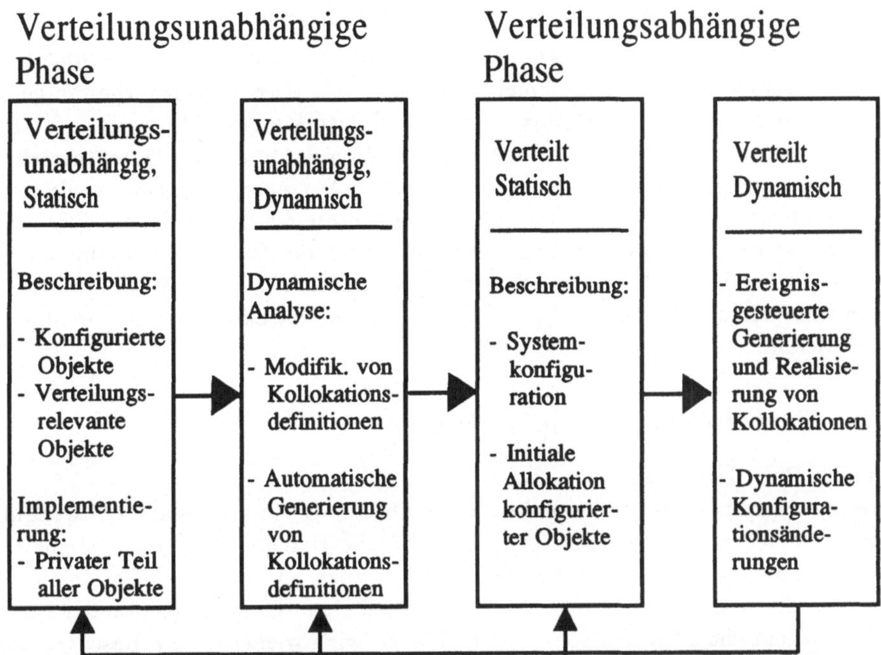

Abbildung 5.9: Methodische Vorgehensweise bei der Anwendungsentwicklung

5.5.1 Verteilungsunabhängige Phase

Die erste, verteilungsunabhängige Phase der Anwendungsentwicklung gliedert sich in einen statischen und einen dynamischen Teil. Der statische Teil umfaßt die Beschreibung der verteilungsrelevanten Elemente, die Beschreibung der Elemente der Konfigurationsverwaltung sowie die Detailimplementierung von Objekten. Im dynamischen Teil wird die Analyse des Anwendungsverhaltens in bezug auf Kollokationsdefinitionen durchgeführt.

Statische Beschreibung:
Die Beschreibung der verteilungsrelevanten Elemente wird durch das Beschreibungswerkzeug unterstützt, das syntaktische und semantische Prüfungen von Elementen des Basismodells sowie ihre Transformation in eine interne Darstellung durchführt. Relevante Elemente sind die *globalen Objekte* und ihre *Methoden*, *Beziehungen* zwischen den Objekten und auch vorgegebene *Kollokationsdefinitionen*. Eine wichtige Aufgabe des Entwicklers in dieser Phase ist die *Identifikation geeigneter Mobilitätsgranulate*, d.h. die explizite Unterscheidung globaler und zugeordneter lokaler Objekte.

Die Definition der konfigurierten Objekte erfolgt mit Hilfe der in Kapitel 4 eingeführten Konfigurationssprache; sie wird dann in die interne Repräsentation übersetzt. Damit hat die Konfigurationsverwaltung Zugang zu der Konfigurationsbeschreibung.

Die Detailimplementierung der Methoden globaler Objekte sowie der lokalen, nicht verteilungsrelevanten Objekte wird durch das unterliegende Basissystem *ermöglicht*, im Rahmen der Arbeit jedoch nicht durch spezielle Werkzeuge *unterstützt*.

Dynamische Analyse des Anwendungsverhaltens:
Der zweite Teil der verteilungsunabhängigen Phase hat die *Überprüfung und Generierung von Kollokationsdefinitionen* zum Ziel. Dazu wird das Anwendungsverhalten gemäß des in Kapitel 3 beschriebenen Verfahrens durch die Monitorkomponente analysiert. Die für die Analyse relevanten Ereignisse sind durch den Auf- und Abbau von Objektbeziehungen und durch Methodenaufrufe und ihre Rückkehr gegeben. Auf diese Weise können die Kommunikationscharakteristika der Objekte bezogen auf bestimmte Zeitintervalle, die durch die genannten Ereignisse gegeben sind, bestimmt werden. Durch die Zusammenfassung der Ergebnisse unterschiedlicher Testläufe wird die Generierung von Kollokationsdefinitionen ermöglicht, die a-priori Information über zukünftige Kommunikationscharakteristika in geschlossener Form repräsentieren.

5.5.2 Verteilungsabhängige Phase

Statische Beschreibung:
Die verteilungsabhängige Phase realisiert die Abbildung einer verteilten Anwendung auf ein konkretes verteiltes System. Zunächst ist daher die Beschreibung der Systemstruktur, bestehend aus physikalischen und logischen Knotentypen und ggf. auch Knoteninstanzen und deren Charakteristika erforderlich. Außerdem wird eine initale Allokation der konfigurierten Objekte zu logischen Knoten spezifiziert. Hierzu wird wiederum die Beschreibungskomponente sowie das Konfigurationswerkzeug eingesetzt

Dynamische verteilte Laufzeitphase:
Nun beginnt die verteilte Laufzeitphase; wichtige Aufgaben des Systems sind dabei vor allem die dynamische Instantiierung und Realisierung von Kollokationen und die Durchführung dynamischer Konfigurationsänderungen. Diese Aufgaben werden von der Kollokationsverwaltung bzw. von der Konfigurationsverwaltung übernommen. Außerdem wird auch hier das Monitorsystem eingesetzt, um die Kollokationsrealisierung aufzuzeichnen und späteren Auswertungen zugänglich zu machen. Auf diese Weise ist eine nachträgliche Überprüfung von Migrationsentscheidungen möglich.

Insgesamt wird das enge Zusammenwirken der verschiedenen Teilkomponenten in den unterschiedlichen Phasen der Anwendungsentwicklung deutlich. Damit ergibt sich ein komplexes Gesamtsystem, das dem Anwendungsentwickler eine wirksame Unterstützung bietet.

5.6 Implementierung

Die vorgestellten Teilkomponenten wurden innerhalb der emulierten verteilten Umgebung, die durch das Basissystems zur Verfügung gestellt wird, auch weitgehend realisiert. Das entstandene Gesamtsystem trägt den Namen **MONACO** (**M**obility Control in **O**bject-Oriented **N**etworked **A**pplications combined with **CO**nfiguration Management) und wurde unter dem Betriebssystem VAX/VMS auf Rechnern vom Typ *VAX* und *MicroVAX* der Firma *Digital Equipment* implementiert. Teile wurden zunächst auch auf *IBM PC/AT* realisiert und dann auf *VAX*-Rechner portiert.

Die Implementierung erfolgte vorwiegend in der Programmiersprache *C++* [STR86] und zum Teil auch in *C* [KER78]. An einigen wenigen Stellen mußte auch auf *VAX Macro Assembler* zurückgegriffen werden. Die Realisierung der nebenläufigen *Lightweight Processes* basiert auf dem System *Kernel Service Call* [SSW88], einer Portabilitätsschicht für Kommunikationssoftware.

Bei der Realisierung der internen Repräsentation wurden intensiv *generische abstrakte Datentypen* eingesetzt, die sich zur Übersetzungszeit mit dem Typ der aufzunehmenden Elemente parametrisieren und so sehr universell einsetzen lassen [BAA89, WAG89, WER89]. Die Parametrisierung von Typen wird von der Sprache *C++* z.B. im Gegensatz zu *ADA* nicht angeboten und mußte daher mit Hilfe umfangreicher Preprozessor-Makros realisiert werden.

Die sprachorientierten Komponenten, also der Precompiler für die Beschreibungsnotation des Basismodells und der Compiler der Konfigurationssprache, wurden mit Hilfe der Compilerbau-Werkzeuge *LEX* [LES75] und *YACC* [JOH75] erstellt. Die graphische Schnittstelle wurde unter Verwendung des Fenstersystems *X* in der von *Digital Equipment* angebotenen Version *DECWindows* [DIG88] realisiert. Dabei wurden auch das *X Toolkit* mit vordefinierten Fenstertypen und die deklarative Beschreibungssprache *UIL (User Interface Language)* zur Beschreibung einer Fensterkonfiguration eingesetzt.

Im Rahmen der Implementierung wurden umfangreiche, fast ausschließlich positive Erfahrungen mit der objektorientierten Programmierung gesammelt. Die Unterstützung einer klaren Softwarestruktur durch das Prinzip der Datenabstraktion war von grundlegender Bedeutung; auch von der Vererbung konnte häufig Gebrauch gemacht werden. Die Programmiersprache *C++* wies erhebliche zusätzliche Vorteile gegenüber *C* auf; vor allem die strenge Typisierung bei gleichzeitiger Typflexibilität war von großem Nutzen.
Folgende Arbeiten wurden im Rahmen der Realisierung von Studentinnen und Studenten durchgeführt:
Die Diplomarbeit [WAD88] realisiert einen Ansatz zur Verwaltung komplex strukturierter Objekte in verteilten Systemen und gab grundlegende Impulse für die weiteren Entwicklungen. Die Werkzeuge zur Steuerung von Objektmigrationen entstanden im Rahmen einer Team-Diplomarbeit: In [WAG89] wurden das Beschreibungswerkzeug und die Verwaltungsmechanismen des Basismodells, in [WER89] das Monitorsystem und in [BAA89] die Kollokationsverwaltung realisiert. Im Rahmen einer weiteren Diplomarbeit [OYE89] wurde eine simulative Bewertung der entwickelten Steuerungsmechanismen durchgeführt. Die Diplomarbeit [BLA89] beschreibt die Konfigurationssprache und die Konfigurationsverwaltung. [ENG89] integriert diesen Teil mit dem Basissystem [SCH89III]; dabei steht die Unterstützung von Konfigurationsänderungen im Mittelpunkt. Die graphische Schnittstelle wurde durch die Studienarbeit [GOO88] implementiert. Im Rahmen einer Team-Studienarbeit [HOK89] wurde eine Beispielanwendung aus dem Bereich *CIM* realisiert.

In diesen Arbeiten wurden viele interessante und auch wissenschaftlich bedeutsame Ergebnisse erzielt und die entwickelten Konzepte mit hohem Engagement vollständig implementiert.

Kapitel 6

Zusammenfassung und Ausblick

6.1 Ergebnisse der Arbeit

In der vorliegenden Arbeit wurden neue Konzepte zur *Steuerung von Objektmigrationen* und zur *Konfigurationsverwaltung* in verteilten objektorientierten Anwendungen entwickelt. Durch die Gliederung der Gesamtproblematik in den Bereich der Konfigurationsverwaltung mit der *statischen Grobplazierung* von Objekten und der Migrationssteuerung mit der *dynamischen Feinplazierung* und der zusätzlichen Synthese der Bereiche wird eine integrierte Systemunterstützung ermöglicht (Kap. 5). Die zugehörigen Werkzeuge unterstützen verteilte objektorientierte Anwendungen in der Laufzeitphase und auch in der Entwicklungsphase. Dies wird bei der Migrationssteuerung durch die *Vorgabe* bzw. *Generierung von Kollokationsdefinitionen* einerseits und durch die *Laufzeitverwaltung von Kollokationen* andererseits repräsentiert. Bei der Konfigurationsverwaltung spiegeln sich die beiden Aspekte zum einen bei der *Konfigurationssprache* und zum anderen bei den *Verwaltungsmechanismen* wider.

Basis der Arbeit sind aktuelle Entwicklungen im verteilten objektorientierten Bereich, wie sie von Systemen wie *Emerald* oder *Distributed Smalltalk* her bekannt sind; daher wurde einführend auch eine Übersicht über den objektorientierten Ansatz und seine Eigenschaften bei der Erstellung verteilter Anwendungen gegeben. Dies ist auch aus praxisnaher Sicht von Bedeutung, da der verteilte objektorientierte Ansatz an sich bereits eine weitgehende Abstraktion von der Verteilungsproblematik bietet und damit wirksame Unterstützung bei der Anwendungsentwicklung leistet.

Der beschriebene Ansatz zur *Steuerung von Objektmigrationen* mit Hilfe von Kollokationsdefinitionen und Kollokationen ermöglicht erstmals die Ersetzung direkter Migrationsaufrufe durch eine geschlossene Beschreibung von Objekten, die für einen bestimmten Zeitraum an einer gemeinsamen Lokation plaziert werden sollen. Durch die zusätzliche Beobachtung und Analyse der Anwendungsabläufe wird die Modifikation und die automatische Generierung von Kollokationsdefinitionen ermöglicht. Auf diese Weise lassen sich Migrationen mit dem Ziel der Zusammenführung kommunizierender Objekte an einer Lokation automatisieren; dennoch ist weiterhin der direkte Eingriff des Entwicklers, z.B. durch die explizite Vorgabe oder die Inspektion von Kollokationsdefinitionen möglich. Damit wird ein flexibel wählbarer Grad der Verteilungstransparenz erreicht. Durch die iterierende Modifikation von Kollokationsdefinitionen wird eine Adaption der existierenden Plazierungsvorgaben ermöglicht. Dies ist gerade bei großen Anwendungen mit komplexen Kommunikationsstrukturen relevant. Das verteilte Verfahren zur Kollokationsverwaltung arbeitet vollständig dezentral und ist damit flexibel auch in Anwendungen mit einer Vielzahl von Rechnerknoten einsetzbar. Durch die Diskussion möglicher Variationen des Laufzeitverfahrens wurde die Grundlage zur weiteren Optimierung der Verwaltungsmechanismen geschaffen. Existierende Mechanismen im Zusammenhang mit Objektmigrationen lassen sich auf die entwickelten Konzepte abbilden und damit in einheitlicher Form realisieren.

Die entwickelten Mechanismen zur *Konfigurationsverwaltung* unterstützen die Realisierung komplexer verteilter Anwendungen durch die Trennung ihrer Konfiguration und ihrer Implementierung. Die Konfigurationsverwaltung wurde mit dem verteilten objektorientierten Ansatz integriert und erweitert dessen Strukturierungsmöglichkeiten z.B. um Hierarchiedefinitionen und um die explizite Beschreibung von Kommunikationsbeziehungen. Hervorzuheben ist auch die Trennung von System- und Anwendungskonfiguration und die Einführung von Konfigurationsbedingungen, gegenüber denen die Konsistenz einer aktuellen Konfiguration gefordert wird. Damit müssen Bedingungen bezüglich der Konfiguration einer verteilten Anwendung nicht mehr vom Entwickler im Rahmen eigener Programme behandelt werden, sondern nur noch mit Hilfe der angebotenen Konfigurationssprache an das System übergeben werden; die Umsetzung der Bedingungen in Konsistenzprüfungen und Konfigurationsoperationen wird dann vom System übernommen. Dazu wurden geeignete Algorithmen zur Generierung der initialen Konfiguration und zur Durchführung von Konfigurationsänderungen entwickelt. Im letzteren Fall mußten zusätzlich die Abläufe auf Laufzeitebene im Rahmen des Verwaltungsprotokolls berücksichtigt werden; dazu wurde ein eigenes Basismodell der Laufzeitebene mit direkter Ankopplung an die Verwaltungsmechanismen entwickelt.

Während die Komponenten zur dynamischen Steuerung der Objektplazierung die Feinallokation von Objekten unterstützen, läßt sich mit den Komponenten zur Konfigurationsverwaltung eine initiale Groballokation vorgeben und auch dynamisch modifizieren. Damit ergänzen sich beide Teilbereiche zu einem Gesamtkonzept für verteilte objektorientierte Anwendungen der Anwendungsklasse des *Daten- und Funktionsverbundes*. Insbesondere wird der Tatsache Rechnung getragen, daß der Entwickler häufig konkrete Vorstellungen bzgl. der Allokation bestimmter ausgezeichneter Objekte hat, die dann zu konfigurierten Objekten werden. Dagegen wird er vom Problem der dynamischen Feinallokation allgemeiner Objekte entlastet.

Die vorgestellten Ansätze wurden als Prototyp vollständig realisiert und damit auch durch praktische Arbeit validiert. Insgesamt stellen die entwickelten Mechanismen eine wichtige Erweiterung des verteilten objektorientierten Ansatzes dar, die vor allem auch von direkter praktischer Relevanz ist.

6.2 Weiterführende Arbeiten

Die entwickelten Konzepte wurden im Rahmen einer emulierten verteilten Umgebung realisiert. Dies war für eine erste Validierung ausreichend. Wünschenswert ist jedoch eine spätere Integration in ein real verteiltes System. Dies würde auch eine experimentelle Bewertung unterschiedlicher Steuerungsverfahren für Objektmigrationen auf der Basis der entwickelten Konzepte ermöglichen. Ziel dabei muß es sein, den Laufzeitaufwand für die Verwaltung von Kollokationen möglichst gering zu halten, dennoch aber mit hoher Wahrscheinlichkeit günstige Migrationsentscheidungen zu treffen. Durch die direkte Integration der entwickelten Sprachkonstrukte zur Beschreibung des Basismodells in eine verteilte objektorientierte Programmiersprache würde die Generierung von effizienterem Code für die Ereignisbehandlung und für die Kollokationsverwaltung möglich. Auch bei der automatischen Generierung von Kollokationsdefinitionen sind weitergehende Ansätze möglich, die auf einer umfangreicheren Analyse des Anwendungsverhaltens basieren.

Bei der Abgrenzung zwischen Objekt- und Prozeßmobilität wurden die Unterschiede dieser beiden Mechanismen deutlich; es zeigte sich aber auch, daß sich ihre Zielsetzungen gegenseitig ergänzen und zum Teil überschneiden. Interessant wäre daher eine *Integration beider Mechanismen* in eine Steuerungskomponente mit flexibler systemseitiger Auswahl gemäß der jeweiligen Anforderungen. So könnten z.B. anwendungsbezogene Konfigurationsänderungen je nach gegebener Granularität alternativ durch Objekt- oder Prozeßmigrationen realisiert werden. Ähnliches gilt für den Lastausgleich, der global besser durch Prozeßmigrationen, operationsspezifisch aber günstiger durch Objektmigrationen unterstützt werden könnte.

Im Bereich der *Konfigurationsverwaltung* könnte das Konzept der Konfigurationsbedingungen allgemein oder auch anwendungsspezifisch um neue Arten von Bedingungen erweitert werden. Eine anwendungsspezifische Erweiterung könnte z.B. durch die Integration spezieller Klassen von konfigurierten Objekten in das System unterstützt werden, auf denen dann auch spezielle Bedingungen definiert werden könnten. Die Mechanismen zur Konfigurationsänderung könnten um weitergehende Ansätze zur Konsistenzerhaltung der Abläufe auf Laufzeitebene ergänzt werden. Ausgangspunkt muß dabei die möglichst vollständige Berücksichtigung der laufenden Interaktionen zwischen allgemeinen Objekten bei Statusabfragen an konfigurierte Objekte sein.

Ein weiteres Ziel könnte die Integration der entwickelten Werkzeuge in eine umfassende Entwicklungsumgebung für verteilte Anwendungen sein. Die wichtigsten Aufgaben hierbei sind die Definition einer internen Repräsentation, die von allen Werkzeugen gemeinsam verwendet wird, die Vereinheitlichung der Benutzerschnittstellen der einzelnen Werkzeuge und die phasenübergreifende Entwicklungsunterstützung während des gesamten Software-Life-Cycles.

Ein weiterer Schwerpunkt wäre die Behandlung der Heterogenitätsproblematik; hier könnte auf existierenden Ansätzen im Rahmen der ISO/OSI-Normung aufgesetzt werden. Erforderlich wäre jedoch eine vollständige Integration der entsprechenden Transformationsmechanismen zwischen heterogenen Datenformaten in das objektorientierte System. Dabei bleibt aber weiterhin das Problem heterogener Befehlssätze bei der Migration aufgerufener Objekte bestehen; dies kann nur durch eine Transformation auf Ebene des Quellcodes gelöst werden.

Für die nähere Zukunft sind bereits heute sehr große Netzwerke mit zehntausenden von Knoten angekündigt. Solche Umgebungen erfordern eine weitere Dezentralisierung der entwickelten Mechanismen; dies gilt insbesondere für die Konfigurationsverwaltung. Eine hierarchische Strukturierung von eventuell überlappenden Verwaltungsbereichen mit dezentraler Administration ist dabei ein erster wichtiger Schritt.

Anhang A

Basismodell: Spracherweiterungen von C++

A.1 Grundlagen und Überblick

Dieser Anhang enthält die Syntax der Spracherweiterung von *C++* zur Realisierung des beschriebenen Basismodells [WAG89]. Die aufgeführten Konstrukte zur Beschreibung von globalen Klassen, Kollokationsdefinitionen und logischen Knotenklassen können unter Beachtung semantischer Restriktionen an beliebiger Stelle auf der äußersten Sprachebene von *C++* verwendet werden. Die erweiterten Methodenaufrufe können überall anstelle eines *C++*-Methodenaufrufs auf einem globalen Objekt verwendet werden.
Die Syntaxbeschreibung orientiert sich an den folgenden Konventionen:

- <...>:
  Nichtterminale
- Ohne besondere Kennung oder in Hochkommas:
  Terminale
- *:
  0 - n-fache Wiederholung
- +:
  1 - n-fache Wiederholung
- a b:
  a b in vorgeschriebener Reihenfolge
- a | b:
  entweder a oder b
- (...):
  Klammerung
- [...]:
  Klammerinhalt optional
- //:
  Kommentar bis Zeilenende

Es werden nur die Erweiterungen, nicht aber die volle Syntax der Sprache *C++* aufgeführt, wie sie in [STR86] zu finden ist. Aus diesem Grund werden die unten aufgeführten Nichtterminale nur informell erläutert und nicht weiter in Sprachelemente von *C++* zerlegt. Bei der Realisierung des zugehörigen Precompilers war diese Zerlegung an vielen Stellen jedoch notwendig; zum Teil wird auch der nicht für die Migrationssteuerung relevante *C++*-Code mit Hilfe formal definierter Wiederaufsetzpunkte überlesen [WAG89].

A.2 Beschreibung der Spracherweiterung

Im folgenden wird nun die entwickelte Spracherweiterung in EBNF getrennt nach einzelnen Sektionen aufgeführt.

1.) Nicht weiter zerlegte C++-Sprachelemente:

```
<IDENTIFIER> ::= C++-Identifier
<EXPRESSION> ::= C++-Ausdruck mit numerischem Resultat
<CALL_SPEC>  ::= C++-Methodenaufruf auf einem globalen Objekt
<PARAMETERS> ::= Aktuelle C++-Parameter eines Methoden- oder
                 Funktionsaufrufs
<INSTANCE_VARIABLE> ::=  Definition einer Instanzvariablen innerhalb
                         einer C++-Klassendefinition
<METHOD_DECLARATION> ::= Deklaration einer Methode innerhalb einer
                         C++-Klassendefinition
```

2.) Definition einer globalen Klasse:

```
<GLOBALCLASS_DEFINITION> ::=
   globalclass <IDENTIFIER> [ ":" [ public ] <IDENTIFIER> ]
   "{" <RESTRICTIONS> <PRIVATE_MEMBER>* [ public: <PUBLIC_MEMBER>* ] "}" ";"

<RESTRICTIONS> ::=
   [ <LOCATION_RESTRICTIONS> ]   |
   [ <MOBILITY_MUTABILITY_RESTRICTIONS> ]

<LOCATION_RESTRICTIONS> ::=
   requires <NODECLASSES>

<NODECLASSES> ::=
   <IDENTIFIER> ( "," <IDENTIFIER> )*

<MOBILITY_MUTABILITY_RESTRICTIONS> ::=
   properties <PROPERTY> ( "," <PROPERTY> )*

<PROPERTY> ::=
   mobile | immobile | mutable | immutable
```

```
<PRIVATE_MEMBER> ::=
   <INSTANCE_VARIABLE>         |
   <METHOD_DECLARATION>        |
   <RELATION_DECLARATION>      |
   <COLOCATION_DEFINITION>

<PUBLIC_MEMBER> ::=
   <INSTANCE_VARIABLE>        |
   <METHOD_DECLARATION>

<RELATION_DECLARATION> ::=
   [readonly] relation <RELATION_NAME> to <CLASSNAME> by <VARPARAM>

<RELATION_NAME> ::=
   <IDENTIFIER>

<CLASSNAME> ::=
   <IDENTIFIER>

<VARPARAM> ::=
   <INSTANCE_VARIABLE_NAME> | <METHOD_PARAMETER_NAME>

<INSTANCE_VARIABLE_NAME> ::=
   <IDENTIFIER>

<METHOD_PARAMETER_NAME> ::=
   <METHOD_NAME> "->" <PARAMETER_NAME>

<METHOD_NAME> ::=
   <IDENTIFIER>

<PARAMETER_NAME> ::=
   <IDENTIFIER>
```

3.) Vorgabe einer Kollokationsdefinition innerhalb einer globalen Klassendef.:

```
<COLOCATION_DEFINITION> ::=
   [ usercol ] colocation <IDENTIFIER> <COL_EVENT> "{" <COL_TREE> "}" ";"

<COL_EVENT> ::=
   during ( ( call <METHOD_SPEC> ) | ( relation <RELATION_SPEC> ) )

<METHOD_SPEC> ::=
  <IDENTIFIER>  // Methode innerhalb der globalen Klasse
```

```
<RELATION_SPEC> ::=
  <IDENTIFIER>  // Beziehungsklasse

<COL_TREE> ::=
  <COL_TREE_ELEMENT> ( "," <COL_TREE_ELEMENT> )*

<COL_TREE_ELEMENT> ::=
  <COL_OPTIONS> <REL_NAME> "(" <LOG_NAME1> | root "," <LOG_NAME2> ")"

<COL_OPTIONS> ::=
  ( optional | foreign | fixed |
    noteval  | locpref | ( state <STATEMETHOD> ) )*

<STATEMETHOD> ::=
  <IDENTIFIER> // Methode zur Abfrage von Zustandskennungen
```

4.) Beschreibung einer logischen Knotenklasse:

```
<NODECLASS_DEFINITION> ::=
   nodeclass <IDENTIFIER> [ inherits <NODECLASSES> ] ";"

<NODECLASSES> ::= <IDENTIFIER> ( "," <IDENTIFIER> )*
```

5.) Asynchrone Methodenaufrufe:

```
<METHODCALL> ::=
   ( asynchcall | asynchproc ) [ <PROCESS_NAME> ] <CALL_SPEC>

<PROCESS_NAME> ::= <IDENTIFIER> // Erzeugter Prozess
```

6.) Erzeugung globaler Objekte mit initialer Lokationsangabe:

```
<OBJECT_CREATION> ::=
   new <CLASS_NAME> [ <PARAMETERS> ] [ at <LOCATION> ]

<CLASS_NAME> ::= <IDENTIFIER>

<LOCATION> ::= <EXPRESSION>
```

Anhang B

Konfigurationssprache

Dieser Anhang enthält die Syntax der Konfigurationsbeschreibungs- und -änderungsnotation [BLA89] in erweiterter Backus-Naur-Form. Die Syntaxbeschreibung orientiert sich an den folgenden Konventionen:

- <. . . >:
  Nichtterminale
- Ohne besondere Kennung oder in Hochkommas:
  Terminale
- *:
  0 - n-fache Wiederholung
- +:
  1 - n-fache Wiederholung
- a b:
  a b in vorgeschriebener Reihenfolge
- a | b:
  entweder a oder b
- (. . .):
  Klammerung
- [. . .]:
  Klammerinhalt optional

B.1 Syntax der Konfigurationsbeschreibungsnotation

```
<STANDARD_LIT> ::=
   "A"|"B"|"C"|"D"|"E"|"F"|"G"|"H"|"I"|"J"|"K"|"L"|"M"|"N"|"O"|"P"|"Q"|
   "R"|"S"|"T"|"U"|"V"|"W"|"X"|"Y"|"Z"|"a"|"b"|"c"|"d"|"e"|"f"|"g"|"h"|
   "i"|"j"|"k"|"l"|"m"|"n"|"o"|"p"|"q"|"r"|"s"|"t"|"u"|"v"|"w"|"x"|"y"|
   "z"

<SPECIAL_LIT> ::=
   "‘"|"~"|"!"|"@"|"#"|"$"|"%"|"^"|"&"|"*"|"("|")"|"_"|"-"|"="|"+"|"["|
   "]"|"{"|"}"|";"|":"|"’"|"\"|"|"|","|"."|"/"|"?"|"\"|"<"|">"|" "
```

```
<COMPARE_LIT> ::=
   "="|"!="|"<"|">"|"<="|">="

<ARITH_LIT> ::=
   "+"|"-"|"/"|"*"

<STRING_LIT> ::=
    <LETTER> | <SPECIAL_LIT> | <DECIMAL_LIT>

<NON_ZERO_DIGIT_LIT> ::=
   "1"|"2"|"3"|"4"|"5"|"6"|"7"|"8"|"9"

<DIGIT_LIT> ::=
  "0" | <NON_ZERO_DIGIT_LIT>

<IDENT> ::=
  ( <STANDARD_LIT> | "_" ) ( <STANDARD_LIT> | <DECIMAL_DIGIT> | "_" ) *

<INTEGER_VALUE> ::=
  <NON_ZERO_DIGIT_LIT> ( <DIGIT_LIT> )*

<INTEGER_CONST> ::=
  <INTEGER_VALUE> | <IDENT>

<STRING_VALUE> ::=
  """ ( STRING_LIT )* """

<STRING_CONST> ::=
  <STRING_VALUE> | <IDENT>

<BOOL_VALUE> ::=
  true | false

<BOOL_CONST> ::=
  <BOOL_VALUE> | <IDENT>

<IDENT_LIST> ::=
  ( <IDENT> )*

<STANDARD_TYPE> ::=
  integer | string | boolean

<STANDARD_TYPE_LIST> ::=
  <STANDARD_TYPE> ( "," <STANDARD_TYPE> ) *
```

```
<EXTENDED_STANDARD_TYPE> ::=
  <STANDARD_TYPE> | <IDENT>

<EXTENDED_STANDARD_TYPE_LIST> ::=
  <EXTENDED_STANDARD_TYPE> ( "," <EXTENDED_STANDARD_TYPE> ) *

<STANDARD_ARG> ::=
  <STRING_CONST> | <INTEGER_CONST> | <BOOL_CONST>

<EXTENDED_STANDARD_ARG> ::=
  <STANDARD_ARG> | ( <IDENT> [ <FIELD_DEF> ] )

<STANDARD_ARG_LIST> ::=
  <STANDARD_ARG> ( "," <STANDARD_ARG> ) *

<EXTENDED_STANDARD_ARG_LIST> ::=
  <VAR_STANDARD_ARG> ( "," <VAR_STANDARD_ARG> )*

<METHOD> ::=
  <IDENT> "." <IDENT>

<METHOD_LIST> ::=
  ( <METHOD> )*

<ASSIGN_LIST> ::=
  ( <IDENT> "=" <STANDARD_ARG> )*

<REF_DEF> ::=
  <IDENT> [ <FIELD_DEF> | <SET_DEF> ] ":" IDENT

<FIELD_DEF> ::=
  "[" <INTEGER_CONST> "]"

<FIELD_EXPR> ::=
  "[" ( * | ( <INTEGER_CONST> [ ".." <INTEGER_CONST> ] ) ) "]"

<SET_DEF> ::=
  "(" ")"

<FIELD_REL_SOURCE_EXPR> ::=
  "{" "#" "=" <ARITH_EXPR> ".." <ARITH_EXPR> "}"

<FIELD_REL_GOAL_EXPR> ::=
  "{" ( <ARITH_EXPR> [ ".." <ARITH_EXPR> ] ) "}"
```

```
<ARITH_EXPR> ::=
  "(" <ARITH_EXPR> ")" |
  | <ARITH_EXPR> <ARITH_LIT> <ARITH_EXPR>
  | <INTEGER_CONST>
  | "#"

<CONSTANTS> ::=
  CONSTANTS
     <ASSIGN_LIST>
  END_CONSTANTS

<VARIABLES> ::=
  VARIABLES
     <ASSIGN_LIST>
  END_VARIABLES

<PHY_RESOURCES> ::=
  PHYSICAL_RESOURCES
     [ physical_node_characteristics <IDENT_LIST> ]
     [ physical_node_methods ( <STANDARD_TYPE> <IDENT> "(" ")" ) * ]
  END_PHYSICAL_RESOURCES

<CONF_OBJ_TYPES> ::=
  CONFIG_OBJECT_TYPES
     ( <IDENT>
       [ own_references <REF_DEF> * end_own_references ]
       [ own_methods <CONF_OBJ_TYPE_METHODS> * end_own_methods ]
     )*
  END_CONFIG_OBJECT_TYPES

<CONF_OBJ_TYPE_METHODS> ::=
  <IDENT> |
  start_method <IDENT> "(" <STANDARD_TYPE_LIST> ")" |
  rule_method <STANDARD_TYPE> <IDENT> "(" <STANDARD_TYPE_LIST> ")"

<LOG_NODE_TYPES> ::=
  LOGICAL_NODE_TYPES <IDENT_LIST> END_LOGICAL_NODE_TYPES

<PHY_NODE_TYPES> ::=
  PHYSICAL_NODE_TYPES
    ( <IDENT> [ is_subtype_of <IDENT> ]
      [ begin_definition  <IDENT_LIST> end_definition ]
    )*
  END_PHYSICAL_NODE_TYPES
```

```
<HIERARCHIES> ::=
  DEFINE_HIERARCHIES
  ( head_is <IDENT> ":" <IDENT>
    [ public_references
      ( <IDENT> [ <FIELD_EXPR> | <SET_DEF> ] )* ]
    [ create_automatic
      ( <IDENT> [ <FIELD_DEF> ] [ no_hierarchy ] ":" <IDENT> )* ]
    [ connect <CONNECTION_LIST> ]
    end_head_is
  )*
  END_DEFINE_HIERARCHIES

<DEPENDENCIES> ::=
  CONFIG_OBJECT_TYPE_DEPENDENCIES
    ( <IDENT> ":"
      [ <REFERENCES> ]
      [ <USES_METHODS> ]
      [ <USES_RESOURCES> ]
      [ methods
        ( <IDENT>
            [ <USES_METHODS> ]
            [ <USES_RESOURCES> ]
        ) *
      ]
      end_methods
    )*
  END_CONFIG_OBJECT_TYPE_DEPENDENCIES

<REFERENCES> ::=
  references
    ( <IDENT> [ <FIELD_EXPR> | <SET_DEF> ]
        needs  <IDENT_LIST> end_needs
    ) *
  end_references

<USES_METHODS> ::=
  uses_methods
  ( <METHOD> [ over <IDENT> [ <FIELD_DEF> | <SET_DEF> ] ] ) *
  end_uses_methods

<USES_RESOURCES>  ::=
  uses_resources
    ( <IDENT> [ "(" ")" <COMPARE_LIT> <STANDARD_ARG> ] )*
  end_uses_resources
```

```
<RESTRICTIONS> ::=
    prefer [ forced ]
    ( <IDENT> [ <FIELD_EXPR> ] | "(" ( <IDENT> [ <FIELD_EXPR> ] )* ")" )*
    end_prefer

<RESTR_FOR_COT> ::=
  RESTRICTIONS_FOR_CONFIG_OBJECT_TYPES
    ( <IDENT> ":" <RESTRICTIONS> ) *
  END_RESTRICTIONS_FOR_CONFIG_OBJECT_TYPES

<RESTR_FOR_LNT> ::=
  RESTRICTIONS_FOR_LOGICAL_NODE_TYPES
    ( <IDENT> ":" <RESTRICTIONS> ) *
  END_RESTRICTIONS_FOR_LOGICAL_NODE_TYPES

<RESTR_FOR_COI> ::=
  RESTRICTIONS_FOR_CONFIG_OBJECT_INSTANCES
    ( <IDENT> [ <FIELD_EXPR> ] ":" <RESTRICTIONS> ) *
  END_RESTRICTIONS_FOR_CONFIG_OBJECT_INSTANCES

<RESTR_FOR_LNI> ::=
  RESTRICTIONS_FOR_LOGICAL_NODE_INSTANCES
    ( <IDENT> [ <FIELD_EXPR> ] ":" <RESTRICTIONS> ) *
  END_RESTRICTIONS_FOR_LOGICAL_NODE_INSTANCES

<TYPE_LOCATIONS> ::=
  CONFIG_OBJECT_TYPE_LOCATION_RELATIONS
  ( <IDENT> ( on_same_logical_node | on_same_physical_node ) <IDENT>
  ) *
  END_CONFIG_OBJECT_TYPE_LOCATION_RELATIONS

<INSTANCE_LOCATIONS> ::=
  CONFIG_OBJECT_INSTANCE_LOCATION_RELATIONS
  ( <IDENT> [ <FIELD_DEF> ]
    ( on_same_logical_node_as | on_same_physical_node_as )
    <IDENT> [ <FIELD_DEF> ]
    [ replic_the_same_way ]
  )*
  END_CONFIG_OBJECT_INSTANCE_LOCATION_RELATIONS

<COT_INSTANCES> ::=
  CONFIG_OBJECT_INSTANCES
  ( <IDENT> [ <FIELD_DEF> ] [ no_hierarchy ] ":" <IDENT> )*
  END_CONFIG_OBJECT_INSTANCES
```

```
<LNT_INSTANCES> ::=
  LOGICAL_NODE_INSTANCES
  ( <IDENT> [ <FIELD_DEF> ] ":" <IDENT> )*
  END_LOGICAL_NODE_INSTANCES

<PNT_INSTANCES> ::=
  PHYSICAL_NODE_INSTANCES
  ( <IDENT> [ <FIELD_DEF> ] ":" <IDENT>
    [ add <IDENT_LIST> end_add]
    [ del <IDENT_LIST> end_del]
  )*
  END_PHYSICAL_NODE_INSTANCES

<CONNECTION_LIST> ::=
  ( [ every_instance_of ]
    <IDENT> [ <FIELD_EXPR> | <FIELD_REL_SOURCE_EXPR> ] "."
    <IDENT> [ <FIELD_EXPR> | <FIELD_REL_SOURCE_EXPR> | <SET_EXPR> ] with
    [ every_instance_of ]
    <IDENT> [ <FIELD_EXPR> | <FIELD_REL_GOAL_EXPR> ]
    [ "." <IDENT> [ <FIELD_EXPR> | <FIELD_REL_GOAL_EXPR> ] ]
  )*

<LINKS> ::=
  CONNECTIONS
     <CONNECTION_LIST>
  END_CONNECTIONS

<REPLICS> ::=
  DEFINE_REPLICATES
  ( <IDENT> [ <FIELD_EXPR> ] ":"
    ( fixed <INTEGER_CONST> |
      variable [ start <INTEGER_CONST> ] |
      on "(" ( <IDENT> [ <FIELD_EXPR> ] )* ")" |
      where_possible
    )
  )*
  END_DEFINE_REPLICATES

<PLACES> ::=
  ( <IDENT> [ <FIELD_EXPR> | <FIELD_REL_SOURCE_EXPR> ] on
    <IDENT> [ <FIELD_DEF> | <FIELD_REL_GOAL_EXPR> ]
    [ fixed ]
  )*
```

```
<COI_PLACES> ::=
  PLACE_CONFIG_OBJECT_INSTANCES
    <PLACES>
  END_PLACE_CONFIG_OBJECT_INSTANCES

<LNI_PLACES> ::=
  PLACE_LOGICAL_NODE_INSTANCES
    <PLACES>
  END_PLACE_LOGICAL_NODE_INSTANCES

<INITS> ::=
  START_CONFIG_OBJECT_INSTANCES
  ( <IDENT> [ <FIELD_EXPR> ] "." <IDENT> "(" <STANDARD_ARG_LIST> ")" )*
  END_START_CONFIG_OBJECT_INSTANCES

<APP_INTERFACE> ::=
  APPLICATION_METHODS
     [ forced_methods <METHOD_LIST> ]  [ optional_methods <METHOD_LIST> ]
  END_APPLICATION_METHODS

<RULE_BASES> ::=
  DEFINE_RULE_BASES
  ( <IDENT> <IDENT> <IDENT> "(" <EXTENDED_STANDARD_TYPE_LIST> ")" ) *
  END_DEFINE_RULE_BASES

<RULE_OR_COND_LIST> ::=
  ( <IDENT> <IDENT>  "(" <EXTENDED_STANDARD_ARG_LIST> ")" ) *

<RULES> ::=
  DEFINE_RULES
    <RULE_OR_COND_LIST>
  END_DEFINE_RULES

<CONDS> ::=
  DEFINE_PREDEFINED_CONDITIONS
    <RULE_OR_COND_LIST>
  END_DEFINE_PREDEFINED_CONDITIONS

<CONFIGURATION_SPECIFICATION> ::=
  BEGIN_CONFIGURATION_SPECIFICATION

  [ <CONSTANTS> ]
  [ <VARIABLES> ]
  [ <PHY_RESOURCES> ]
  [ <CONF_OBJ_TYPES> ]
  [ <LOG_NODE_TYPES> ]
```

```
[ <PHY_NODE_TYPES> ]
[ <HIERARCHIES> ]
[ <DEPENDENCIES> ]
[ <RESTR_FOR_COT> ]
[ <RESTR_FOR_LNT> ]
[ <TYPE_LOCATIONS> ]
[ <COT_INSTANCES> ]
[ <LNT_INSTANCES> ]
[ <PNT_INSTANCES> ]
[ <LINKS> ]
[ <RESTR_FOR_COI> ]
[ <RESTR_FOR_LNI> ]
[ <REPLICS> ]
[ <INSTANCE_LOCATIONS> ]
[ <COI_PLACES> ]
[ <LNI_PLACES> ]
[ <INITS> ]
[ <APP_INTERFACE> ]
[ <RULE_BASES> ]
[ <RULES> ]
[ <CONDS> ]

END_CONFIGURATION_SPECIFICATION
```

B.2 Syntax der Konfigurationsänderungsnotation

```
<STANDARD_LIT> ::=
   "A"|"B"|"C"|"D"|"E"|"F"|"G"|"H"|"I"|"J"|"K"|"L"|"M"|"N"|"O"|"P"|"Q"|
   "R"|"S"|"T"|"U"|"V"|"W"|"X"|"Y"|"Z"|"a"|"b"|"c"|"d"|"e"|"f"|"g"|"h"|
   "i"|"j"|"k"|"l"|"m"|"n"|"o"|"p"|"q"|"r"|"s"|"t"|"u"|"v"|"w"|"x"|"y"|
   "z"

<SPECIAL_LIT> ::=
   "‘"|"~"|"!"|"@"|"#"|"$"|"%"|"^"|"&"|"*"|"("|")"|"_"|"-"|"="|"+"|"["|
   "]"|"{"|"}"|";"|":"|"’"|"\"|"|"|","|"."|"/"|"?"|"\"|"<"|">"|" "

<ARITH_LIT> ::=
   "+"|"-"|"/"|"*"

<STRING_LIT> ::=
    <LETTER> | <SPECIAL_LIT> | <DECIMAL_LIT>

<NON_ZERO_DIGIT_LIT> ::=
   "1"|"2"|"3"|"4"|"5"|"6"|"7"|"8"|"9"
```

```
<DIGIT_LIT> ::=
  "0" | <NON_ZERO_DIGIT_LIT>

<IDENT> ::=
  ( <STANDARD_LIT> | "_" ) ( <STANDARD_LIT> | <DECIMAL_DIGIT> | "_" ) *

<INTEGER_VALUE> ::=
  <NON_ZERO_DIGIT_LIT> ( <DIGIT_LIT> )*

<INTEGER_CONST> ::=
  <INTEGER_VALUE> | <IDENT>

<STRING_VALUE> ::=
  """ ( STRING_LIT )* """

<STRING_CONST> ::=
  <STRING_VALUE> | <IDENT>

<BOOL_VALUE> ::=
  true | false

<BOOL_CONST> ::=
  <BOOL_VALUE> | <IDENT>

<IDENT_LIST> ::=
  ( <IDENT> )*

<STANDARD_TYPE> ::=
  integer | string | boolean

<STANDARD_TYPE_LIST> ::=
  <STANDARD_TYPE> ( "," <STANDARD_TYPE> ) *

<EXTENDED_STANDARD_TYPE> ::=
  <STANDARD_TYPE> | <IDENT>

<EXTENDED_STANDARD_TYPE_LIST> ::=
  <EXTENDED_STANDARD_TYPE> ( "," <EXTENDED_STANDARD_TYPE> ) *

<STANDARD_ARG> ::=
  <STRING_CONST> | <INTEGER_CONST> | <BOOL_CONST>

<EXTENDED_STANDARD_ARG> ::=
  <STANDARD_ARG> | ( <IDENT> [ <FIELD_DEF> ] )
```

```
<STANDARD_ARG_LIST> ::=
  <STANDARD_ARG> ( "," <STANDARD_ARG> ) *

<EXTENDED_STANDARD_ARG_LIST> ::=
  <VAR_STANDARD_ARG> ( "," <VAR_STANDARD_ARG> )*

<METHOD> ::=
  <IDENT> "." <IDENT>

<REF_DEF> ::=
  <IDENT> [ <FIELD_DEF> | <SET_DEF> ] ":" IDENT

<FIELD_DEF> ::=
  "[" <INTEGER_CONST> "]"

<FIELD_EXPR> ::=
  "[" ( * | ( <INTEGER_CONST> [ ".." <INTEGER_CONST> ] ) ) "]"

<SET_DEF> ::=
  "(" ")"

<FIELD_REL_SOURCE_EXPR> ::=
  "{" "#" "=" <ARITH_EXPR> ".." <ARITH_EXPR> "}"

<FIELD_REL_GOAL_EXPR> ::=
  "{" ( <ARITH_EXPR> [ ".." <ARITH_EXPR> ] ) "}"

<ARITH_EXPR> ::=
  "(" <ARITH_EXPR> ")" |
  | <ARITH_EXPR> <ARITH_LIT> <ARITH_EXPR>
  | <INTEGER_CONST>
  | "#"

<CREATE_PHY_INST> ::=
  ( create_physical_node_instance | create_pni )
  <IDENT> [ <FIELD_DEF> ] ":" <IDENT>
    [ add <IDENT_LIST> end_add]
    [ del <IDENT_LIST> end_del]

<DEL_PHY_INST>
  ( delete_physical_node_instance | delete_pni )
  <IDENT> [ <FIELD_EXPR> ]
```

```
<CREATE_LOG_INST> ::=
  ( create_logical_node_instance | create_lni )
  <IDENT> [ <FIELD_DEF> ] ":" <IDENT>
  [ on <IDENT>  [ <FIELD_DEF> ] ]

<DEL_LOG_INST>
  ( delete_logical_node_instance | delete_lni )
  <IDENT> [ <FIELD_DEF> ]

<MOVE_LOG_INST> ::=
  ( move_logical_node_instance | move_lni )
     <IDENT> [ <FIELD_DEF> ] on <IDENT> [ <FIELD_DEF> ]

<ADD_RES> ::=
  add_resource
  <IDENT> to <IDENT> [ <FIELD_DEF> ]

<DEL_RES> ::=
  del_resource
  <IDENT> from <IDENT> [ <FIELD_DEF> ]

<CREATE_CONF_INST> ::=
  ( create_config_object_instance | create_coi )
  <IDENT> [ "." <IDENT> "(" <STANDARD_TYPE_LIST> ")" ]
  [ no_hierarchy ]
  ":" <IDENT> [ on <IDENT> [ <FIELD_DEF> ] ]

<REPLACE_CONF_INST> ::=
  ( replace_config_object_instance | replace_coi )
  <IDENT> [ <FIELD_DEF> ] with <IDENT> [ <FIELD_DEF> ]

DELETE_CONF_INST ::=
  ( delete_config_object_instance | delete_coi )
  <IDENT> [ <FIELD_EXPR> ] [ no_hierarchy ]

<CREATE_CONNECT> ::=
  connect
  <IDENT> [ <FIELD_EXPR> | <FIELD_REL_SOURCE_EXPR> ] "."
  <IDENT> [ <FIELD_EXPR> | <FIELD_REL_SOURCE_EXPR> | <SET_EXPR> ] with
  <IDENT> [ <FIELD_EXPR> | <FIELD_REL_GOAL_EXPR> ]
  [ "."  <IDENT> [ <FIELD_EXPR> | <FIELD_REL_GOAL_EXPR> ] ]

<DEL_CONNECT> ::=
  disconnect
  <IDENT> [ <FIELD_EXPR> ] "." <IDENT> [ <FIELD_EXPR> | <SET_DEF> ]
  [ <IDENT> [ <FIELD_EXPR> ] [ "." <IDENT> [ <FIELD_EXPR> ] ] ]
```

```
<INC_REP> ::=
  increase_replicates_of
  <IDENT> [ <FIELD_DEF> ] by <INTEGER_CONST>

<DEC_REP> ::=
  decrease_replicates_of
  <IDENT> [ <FIELD_DEF> ] by <INTEGER_CONST>

<MOVE_CONF_INST> ::=
  ( move_configured_object_instance | move_coi )
  <IDENT> [ <FIELD_DEF> | <FIELD_REL_SOURCE_EXPR> ] on
  <IDENT> [ <FIELD_DEF> | <FIELD_REL_GOAL_EXPR> ] [ fixed ]

<ADD_FOR_METH> ::=
  add_forced_method <METHOD>

<ADD_OPT_METH> ::=
  add_optional_method  <METHOD>

<EVERY_CONNECTION> ::=
  ( [ every_instance_of ] <IDENT> [ <FIELD_EXPR> ] "."
    <IDENT> [ <FIELD_EXPR> |  <SET_EXPR> ] with
    [ every_instance_of ] <IDENT> [ <FIELD_EXPR> ]
    [ "."  <IDENT> [ <FIELD_EXPR> ] ]
  )*


<ADD_EVERY> ::=
  connect <EVERY_CONNECTION>

<DEL_EVERY> ::=
  unforce_connect <EVERY_CONNECTION>

<RESTRICTIONS> ::=
    prefer [ forced ]
    ( <IDENT> [ <FIELD_EXPR> ] | "(" ( <IDENT> [ <FIELD_EXPR> ] )* ")" ) *
    end_prefer

<RESTR_SPEC> ::=
  define_preferlist_for
    <IDENT> [ <FIELD_EXPR> ] ":" <RESTRICTIONS>
```

```
<REPLICS> ::=
  define_replicates
  <IDENT> [ <FIELD_EXPR> ] ":"
    ( fixed <INTEGER_CONST> |
      variable [ start <INTEGER_CONST> ] |
      on  "(" ( <IDENT> [ <FIELD_EXPR> ] )* ")" |
      where_possible
    )

<ABORT_REP> ::=
  abort_replication_of
  <IDENT> [ <FIELD_DEF> ]

<CREATE_LOC_REL> ::=
  set_location_relation
    <IDENT> [ <FIELD_DEF> ]
    ( on_same_logical_node | on_same_physical_node )
    <IDENT> [ <FIELD_DEF> ]
    [ replic_the_same_way ]

<DEL_LOC_REL> ::=
  delete_location_relation
     <IDENT> [ <FIELD_DEF> ]  <IDENT> [ <FIELD_DEF>]

<FIX> ::=
  fix <IDENT> [ <FIELD_EXPR> ]

<UNFIX> ::=
  unfix <IDENT> [ <FIELD_EXPR> ]

<ADD_COND> ::=
  add_cond <IDENT> <IDENT>  "(" <EXTENDED_STANDARD_ARG_LIST> ")"

<DEL_COND> ::=
  del_cond <IDENT>

<ADD_RULE> ::=
  add_rule <IDENT> <IDENT>  "(" <EXTENDED_STANDARD_ARG_LIST> ")"

<DEL_RULE> ::=
  del_rule <IDENT>

<CHANGE_VAR> ::=
  set <IDENT> "=" <STANDARD_ARG>
```

```
<SYSTEM_CHANGE_SPEC> ::=
  <CREATE_PHY_INST> | <CREATE_LOG_INST> | <DEL_PHY_INST> |
  <DEL_LOG_INST> | <MOVE_LOG_INST> | <ADD_RES> | <DEL_RES>

<APPLICATION_CHANGE_SPEC> ::=
  <CREATE_CONF_INST> | <REPLACE_CONF_INST> |
  <DELETE_CONF_INST> | <CREATE_CONNECT> | <DEL_CONNECT> |
  <INC_REP> | <DEC_REP> | <MOVE_CONF_INST>

<CONDITION_RULE_CHANGE_SPEC> ::=
  <ADD_FOR_METH> | <ADD_OPT_METH> |
  <ADD_EVERY> | <DEL_EVERY> |
  <RESTR_SPEC> | <REPLICS> | <ABORT_REP> |
  <CREATE_LOC_REL> | <DEL_LOC_REL> | <FIX> | <UNFIX> |
  <ADD_COND> | <DEL_COND> |
  <ADD_RULE> | <DEL_RULE> |
  <CHANGE_VAR>

<CHANGE_BLOCK> ::=
  BEGIN_UNIT
    ( <APPLICATION_CHANGE_SPEC> |
      <CONDITION_RULE_CHANGE_SPEC>
    ) *
  END_UNIT

<CHANGE_SPEC> ::=
  <SYSTEM_CHANGE_SPEC> |
  <APPLICATION_CHANGE_SPEC> |
  <CONDITION_RULE_CHANGE_SPEC> |
  <CHANGE_BLOCK>
```

Anhang C

Beispiel einer Konfigurationsbeschreibung

C.1 Übersicht

In diesem Abschnitt wird als Beispiel einer initialen Konfigurationsbeschreibung eine Anwendung konfiguriert, die Abläufe innerhalb einer Fabrikhalle steuert [HOK89, BLA89]. Die Fabrikhalle ist unterteilt in *Fertigungshallen*, die jeweils eine dazugehörende *Maschinensteuerung* besitzen. Jede Fertigungshalle hat mehrere *Fertigungsstufen*, die jeweils mehrere *Fertigungsmaschinen* besitzen. Die Steuerung der Fertigungsstufen innerhalb einer Fertigungshalle erfolgt über die zugehörige Maschinensteuerung. Der Transport innerhalb der Fabrikhalle erfolgt mit *Transportwagen*. Innerhalb der Fabrikhalle existiert ein globales *Eingangs-*, *Ausgangs-* und *Zwischenlager*. Jede Fertigungsstufe besitzt zusätzlich ein *Stufeneingangs-* und *Stufenausgangslager*. Die *Produktionsaufträge* gehen von einer *Produktionskoordinierungsstelle* aus, die sie an eine *Prozeßsteuerung* weiterleitet. Welche Teile zur Ausführung eines Auftrags benötigt werden, ist in Form von vereinfachten *Petrinetzen* festgelegt, welche von einem *Petrinetzinterpreter* ausgewertet werden. Weiterhin sind noch verschiedene *Server* vorhanden, die den anderen Komponenten Dienste zur Verfügung stellen. In Abb. C.1 sind die konfigurierten Objektklassen und die zwischen ihnen bestehenden Beziehungen dargestellt. Abb. C.2 zeigt die zugrundegelegte Konfiguration der physikalischen Knoten und Ressourcen.

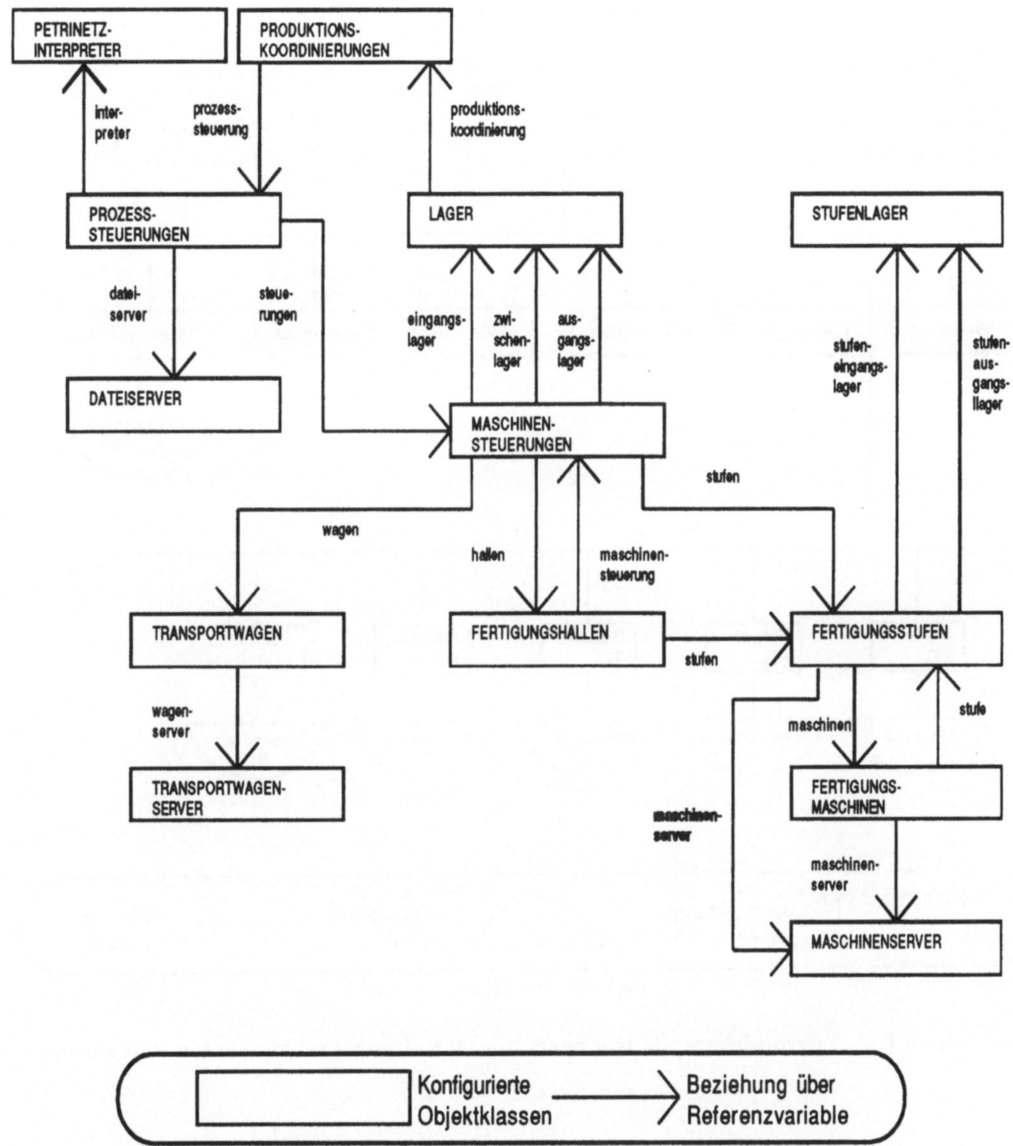

Abbildung C.1: Struktur der Anwendung

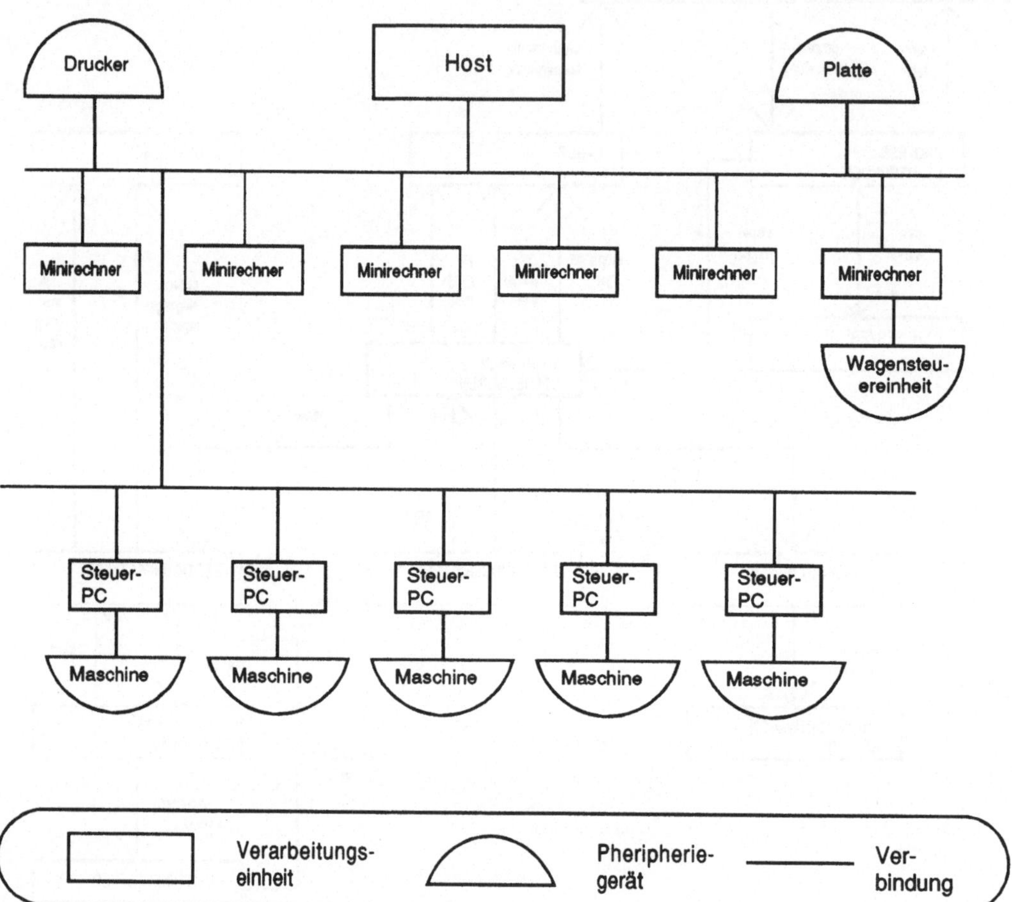

Abbildung C.2: Zugrundeliegende Konfiguration der physikalischen Knoten und Ressourcen

C.2 Konfigurationsbeschreibung

```
BEGIN_CONFIGURATION_SPECIFICATION

CONSTANTS

  anzahl_minis = 5
  anzahl_fertigungshallen = 4
  anzahl_fertigungsstufen = 12
  anzahl_maschinen = 30
  anzahl_transportwagen = 15
  init_name = "Zentraler_Koordinator"

END_CONSTANTS


VARIABLES

  datei_server_replikate = 3
  regle = true

END_VARIABLES


PHYSICAL_RESOURCES

  physical_node_characteristics

    zugriff_auf_transportwagensteuerung
    zugriff_auf_maschinensteuerung
    plattenzugriff
    druckerzugriff

  physical_node_methods

    integer hauptspeicher()
    integer cpu_kapazitaet()

END_PHYSICAL_RESOURCES
```

```
CONFIG_OBJECT_TYPES

  PRODUKTIONSKOORDINIERUNGEN
    own_references
      prozessteuerung  :  PROZESSTEUERUNGEN
    end_own_references
    own_methods
      Fertige
      Einkaufen
      Verkaufen
      start_method Starte(string)
    end_own_methods

  PROZESSTEUERUNGEN
    own_references
      dateiserver : DATEISERVER
      steuerungen() : MASCHINENSTEUERUNGEN
      interpreter() : PETRINETZINTERPRETER
    end_own_references
    own_methods
      Fertige
      Fertig
    end_own_methods

  DATEISERVER
    own_methods
      Hole_Petri_Netz
      Initialisiert
      rule_method integer Auftraege_pro_Zeiteinheit(integer)
    end_own_methods

  PETRINETZINTERPRETER
```

```
MASCHINENSTEUERUNGEN
  own_references
    eingangslager : LAGER
    zwischenlager : LAGER
    ausgangslager : LAGER
    hallen() : FERTIGUNGSHALLEN
    stufen() : FERTIGUNGSSTUFEN
    wagen() : TRANSPORTWAGEN
  end_own_references
  own_methods
    Fertige
    start_method Starte()
    Benoetigte_Maschinen_Bekannt
    Auftragsaufnahmefaehig
  end_own_methods

FERTIGUNGSHALLEN
  own_references
    maschinensteuerung : MASCHINENSTEUERUNGEN
    stufen() : FERTIGUNGSSTUFEN
  end_own_references

FERTIGUNGSSTUFEN
  own_references
    maschinen() : FERTIGUNGSMASCHINEN
    maschinenserver() : MASCHINENSERVER
    stufeneingangslager : STUFENLAGER
    stufenausgangslager : STUFENLAGER
  end_own_references

FERTIGUNGSMASCHINEN
  own_references
    stufe : FERTIGUNGSSTUFEN
    maschinenserver : MASCHINENSERVER
  end_own_references

MASCHINENSERVER

STUFENLAGER

LAGER
  own_references
    produktionskoordinierung : PRODUKTIONSKOORDINIERUNGEN
  end_own_references
```

```
  TRANSPORTWAGEN
    own_references
      wagenserver : TRANSPORTWAGENSERVER
    end_own_references

  TRANSPORTWAGENSERVER
END_CONFIG_OBJECT_TYPES

LOGICAL_NODE_TYPES
   MASCHINEN_LK
   LAGER_LK
   FERTIGUNGSHALLE_LK
   PRODUKTIONSKOORDINIERUNG_LK
   PROZESSTEUERUNG_LK
   DATEIVERWALTUNG_LK
END_LOGICAL_NODE_TYPES

PHYSICAL_NODE_TYPES
   HOST
    begin_definition
      plattenzugriff
      druckerzugriff
      hauptspeicher
      cpu_kapazitaet
    end_definition

   MINI
    begin_definition
      plattenzugriff
      druckerzugriff
      hauptspeicher
      cpu_kapazitaet
    end_definition

   STEUER_PC
    begin_definition
      zugriff_auf_maschinensteuerung
      hauptspeicher
      cpu_kapazitaet
    end_definition
END_PHYSICAL_NODE_TYPES
```

```
DEFINE_HIERARCHIES

  head_is FS : FERTIGUNGSSTUFEN
    create_automatic
      EL : STUFENLAGER
      AL : STUFENLAGER
    connect
      FS.stufeneingangslager with EL
      FS.stufenausgangslager with AL
   end_head_is

  head_is FM : FERTIGUNGSMASCHINEN
    public_references
      maschinenserver
    create_automatic
      MS : MASCHINENSERVER
    connect
      FM.maschinenserver with MS
  end_head_is

END_DEFINE_HIERARCHIES


CONFIG_OBJECT_TYPE_DEPENDENCIES

  PRODUKTIONSKOORDINIERUNGEN :
    uses_resources
      cpu_kapazitaet() > 1000
    end_uses_resources
    methods
      Fertige
        uses_methods
          PROZESSTEUERUNGEN.Fertige
          PROZESSTEUERUNGEN.Fertig
        end_uses_methods
    end_methods
```

```
 PROZESSTEUERUNGEN :
    references
      steuerungen
        needs
          Benoetigte_Maschinen_Bekannt
          Auftragsaufnahmefaehig
        end_needs
      dateiserver
        needs
          Initialisiert
        end_needs
    end_references
    methods
      Fertige
        uses_methods
          DATEISERVER.Hole_Petri_Netz over dateiserver
          MASCHINENSTEUERUNGEN.Fertige
        end_uses_methods
    end_methods

  DATEISERVER :
    uses_resources
      plattenzugriff
    end_uses_resources

  PETRINETZINTERPRETER :
    uses_resources
      cpu_kapazitaet() > 200
    end_uses_resources

  TRANSPORTWAGENSERVER :
    uses_resources
      zugriff_auf_transportwagensteuerung
    end_uses_resources

  MASCHINENSERVER :
    uses_resources
      zugriff_auf_maschinensteuerung
    end_uses_resources

END_CONFIG_OBJECT_TYPE_DEPENDENCIES
```

```
RESTRICTIONS_FOR_CONFIG_OBJECT_TYPES

  PRODUKTIONSKOORDINIERUNGEN :  prefer forced
      PRODUKTIONSKOORDINIERUNG_LK
      HOST
      MINI
    end_prefer

  PROZESSTEUERUNGEN :  prefer
      PROZESSTEUERUNG_LK
      HOST
      MINI
    end_prefer

   MASCHINENSTEUERUNGEN :  prefer
      MI[*]
      HOST
    end_prefer

   FERTIGUNGSHALLEN :  prefer
      MI[*]
      HOST
    end_prefer

   FERTIGUNGSSTUFEN :  prefer
      MI[*]
      HOST
    end_prefer

   FERTIGUNGSMASCHINEN :  prefer
      PC[*]
    end_prefer

   TRANSPORTWAGEN :  prefer forced
      MINI_MIT_WAGENSTEUERUNG
      MINI
    end_prefer

END_RESTRICTIONS_FOR_CONFIG_OBJECT_TYPES
```

```
RESTRICTIONS_FOR_LOGICAL_NODE_TYPES

  LAGER_LK :  prefer
    ( HOST MINI )
  end_prefer

  FERTIGUNGSHALLE_LK :  prefer
    MINI
  end_prefer

END_RESTRICTIONS_FOR_LOGICAL_NODE_TYPES


CONFIG_OBJECT_TYPE_LOCATION_RELATIONS

  DATEISERVER  on_same_physical_node_as PROZESSTEUERUNGEN

END_CONFIG_OBJECT_TYPE_LOCATION_RELATIONS


CONFIG_OBJECT_INSTANCES

   PK : PRODUKTIONSKOORDINIERUNGEN
   PS : PROZESSTEUERUNGEN
   MS [anzahl_fertigungshallen] : MASCHINENSTEUERUNGEN
   FH [anzahl_fertigungshallen] : FERTIGUNGSHALLEN
   FS [anzahl_fertigungsstufen] : FERTIGUNGSSTUFEN
   FM [anzahl_maschinen] : FERTIGUNGSMASCHINEN
   EL : LAGER
   AL : LAGER
   ZL : LAGER
   TW [anzahl_transportwagen] : TRANSPORTWAGEN
   TW_SERVER : TRANSPORTWAGENSERVER
   DAT_SERVER : DATEISERVER

END_CONFIG_OBJECT_INSTANCES
```

```
LOGICAL_NODE_INSTANCES

   PK_LK : PRODUKTIONSKOORDINIERUNG_LK
   PS_LK : PROZESSTEUERUNG_LK
   FM_LK [anzahl_maschinen] : MASCHINEN_LK
   FH_LK [anzahl_fertigungshallen] : FERTIGUNGSHALLE_LK
   DAT_SERVER_LK : DATEIVERWALTUNG
   EL_LK : LAGER_LK
   ZL_LK : LAGER_LK
   AL_LK : LAGER_LK

END_LOGICAL_NODE_INSTANCES


PHYSICAL_NODE_INSTANCES

   HO : HOST
   MI[anzahl_minis] : MINI
   MINI_MIT_WAGENSTEUERUNG : MINI
     add zugriff_auf_transportwagensteuerung
     end_add
   PC[anzahl_maschinen] : STEUER_PC

END_PHYSICAL_NODE_INSTANCES
```

```
CONNECTIONS

  PK.prozessteuerung  with PS
  PS.dateiserver  with DAT_SERVER
  PS.steuerungen() with every_instance_of MASCHINENSTEUERUNGEN
  every_instance_of MASCHINENSTEUERUNGEN.eingangslager with EL
  every_instance_of MASCHINENSTEUERUNGEN.zwischenlager with ZL
  every_instance_of MASCHINENSTEUERUNGEN.ausgangslager with AL
  MS{#=0..3}.stufen()  with  FS{3*# .. 3*#+2}
  every_instance_of MASCHINENSTEUERUNGEN.wagen()
   with every_instance_of TRANSPORTWAGEN
   every_instance_of MASCHINENSTEUERUNGEN.stufen()
   with every_instance_of FERTIGUNGSSTUFEN
  every_instance_of MASCHINENSTEUERUNGEN.hallen()
   with  every_instance_of FERTIGUNGSHALLEN
  every_instance_of TRANSPORTWAGEN.wagenserver
   with  TW_SERVER
  FH{#=0..3}.maschinensteuerung  with  MS{#}
  FH{#=0..3}.stufen()  with  FS{3*# .. 3*#+2}
  every_instance_of LAGER.produktionskoordinierung with  PK
  FS{#=0..8}.maschinen()  with  FM{3*# .. 3*#+2}
  FS{#=0..8}.maschinenserver() with FM{3*# .. 3*#+2}.maschinenserver
  FS{#=9..11}.maschinen()  with  FM{#+18}
  FS{#=9..11}.maschinenserver()  with  FM{#+18}.maschinenserver
  FM{#=0..26}.stufe  with   FS{#/3}
  FM{#=27..29}.stufe  with   FS{#-18}

END_CONNECTIONS


RESTRICTIONS_FOR_CONFIG_OBJECT_INSTANCES

   DAT_SERVER :  prefer forced
      DAT_SERVER_LK
      HOST
      MINI
    end_prefer

END_RESTRICTIONS_FOR_CONFIG_OBJECT_INSTANCES
```

```
RESTRICTIONS_FOR_LOGICAL_NODE_INSTANCES

   FH_LK[1] :  prefer
      MI[1]
      MINI
   end_prefer

END_RESTRICTIONS_FOR_LOGICAL_NODE_INSTANCES


DEFINE_REPLICATES

   DAT_SERVER :  variable start datei_server_replikate

   TW_SERVER :  where_possible

END_DEFINE_REPLICATES


CONFIG_OBJECT_INSTANCE_LOCATION_RELATIONS

  AL on_same_logical_node_as ZL
  ZL on_same_logical_node_as EL

END_CONFIG_OBJECT_INSTANCE_LOCATION_RELATIONS


PLACE_CONFIG_OBJECT_INSTANCES

  PK on PK_LK fixed
  PS on PS_LK fixed
  FM{# = 0 .. 9} on PC{#}

END_PLACE_CONFIG_OBJECT_INSTANCES


PLACE_LOGICAL_NODE_INSTANCES

  EL_LK  on HO fixed
  AL_LK  on HO fixed
  ZL_LK  on HO fixed
  FM_LK{# = 0 .. 9} on PC{#}

END_PLACE_LOGICAL_NODE_INSTANCES
```

```
START_CONFIG_OBJECT_INSTANCES

  PK.Starte(init_name)
  MS[*].Starte()

END_START_CONFIG_OBJECT_INSTANCES

APPLICATION_METHODS

  forced_methods
    PRODUKTIONSKOORDINIERUNGEN.Fertige

  optional_methods
    PRODUKTIONSKOORDINIERUNGEN.Einkaufen
    PRODUKTIONSKOORDINIERUNGEN.Verkaufen

END_APPLICATION_METHODS


DEFINE_PREDEFINED_CONDITIONS

  max_nr_of_replics_for_type(DATEISERVER,10)
  min_nr_of_replics_for_type(DATEISERVER,2)

  max_all_lnt_on_pnt(PC,1)
  max_all_lnt_on_pnt(MINI,5)

END_DEFINE_PREDEFINED_CONDITIONS

END_CONFIGURATION_SPECIFICATION
```

Literaturverzeichnis

[ABL85] G. Almes, A. Black, E. Lazowska, J. Noe
The Eden System: A Technical Review
IEEE Trans. on Software Engineering, SE-11 (1), 43-59 (1985)

[AGH86] G. Agha
An Overview of Actor Languages
ACM Sigplan Notices, 21 (10), 58-67 (1986)

[ANS83] G.R. Andrews, F.B. Schneider
Concepts and Notations for Concurrent Programming
Computing Surveys, 15 (1), 3-43 (1983)

[ATN88] M.C. Atkins, L.R. Nackman
The Active Deallocation of Objects in Object-Oriented Systems
Software - Practice and Experience, 18 (11), 1073-1089 (1988)

[BAA89] C. Baader
Entwurf und Realisierung von Mechanismen zur Steuerung der Objektplazierung in verteilten objektorientierten Anwendungen
Diplomarbeit an der Universität Karlsruhe, Fakultät für Informatik, Karlsruhe, März 1989

[BAR84] J.G.P. Barnes
Programming in ADA
London: Addison-Wesley 1984

[BAW88] G. Barth, C. Welsch
Objektorientierte Programmierung
Informationstechnik it, 30 (6), 404-421 (1988)

[BCM88] M. Bhattacharyya, D. Cohrs, B. Miller
A Visual Process Connector for UNIX
IEEE Software, 7/1988, 43-50

[BCL87] B.N. Bershad, D.T. Ching, E.D. Lazowska, J. Sanislo, M. Schwartz
A Remote Procedure Call Facility for Interconnecting Heterogeneous Computer Systems
IEEE Trans. on Software Engineering, SE-13 (8), 880-894 (1987)

[BEN87] J.K. Bennett
The Design and Implementation of Distributed Smalltalk
OOPSLA Conference 1987, ACM 1987

[BFK88] J.-P. Behr, B. Fink, R. Kraemer, R. Stecher
A Distributed Systems Architecture Supporting Multi-Threaded Objects
GI-18. Jahrestagung "Vernetzte und komplexe Informatik-Systeme", Hamburg 1988
In: R. Volk (Hrsg.): Informatik-Fachberichte Bd. 188, 576-588, Berlin: Springer 1988

[BHJ86] A. Black, N. Hutchinson, E. Jul, H. Levy
Object Structure in the Emerald System
OOPSLA Conference 1986, Portland, Oregon ACM Sigplan Notices, 21 (11), 78-86 (1986)

[BHJ87] A. Black, N. Hutchinson, E. Jul, H. Levy, L. Carter
Distribution and Abstract Types in Emerald
IEEE Trans. on Software Engineering, SE-13 (1), 65-75 (1987)

[BIN84] A.D. Birrell, B.J. Nelson
Implementing Remote Procedure Calls
ACM Transactions on Computer Systems, 2 (1), 39-59 (1984)

[BLA85] A. Black
Supporting Distributed Applications: Experience with EDEN
Proc. 10th ACM Symposium on Operating System Principles, Orcas Island, Washington, 1985, 181-193

[BLA89] G. Blakowski
Konfigurationsverwaltung für verteilte objektorientierte Anwendungen
Diplomarbeit an der Universität Karlsruhe, Fakultät für Informatik, April 1989

[BLL88] B.N. Bershad, E.D. Lazowska, H.M. Levy
PRESTO: A System for Object-Oriented Parallel Programming
Software-Practice and Experience, 18 (8), 713-732 (1988)

[BOO86] G. Booch
Object Oriented Development
IEEE Trans. on Software Engineering, SE-12 (2), 211-221 (1986)

[BOR88] A. Borgida
Modeling Class Hierarchies with Contradiction
Internal Report, Rutgers University, New Jersey, Mai 1988

[BRI78] P. Brinch
Distributed Processes: A Concurrent Programming Concept
Communications of the ACM, 21 (11), 934-941 (1978)

[CAK88] T.L. Casavant, J.G. Kuhl
A Taxonomy of Scheduling in General Purpose Distributed Computing Systems
IEEE Trans. on Software Engineering, SE-14 (2), 141-154 (1988)

[CAL89] J.S. Chase, F.G. Amador, E.D. Lazowska, H.M. Levy, R.J. Littlefield
The Amber System: Parallel Programming on a Network of Multiprocessors
Internal Report, University of Washington, Seattle, Feb. 1989

[CAR88] D. Caromel
A General Model for Concurrent and Distributed Object-Oriented Programming
OOPSLA Workshop "Object-Based Concurrent Programming", San Diego, 1988

[CER84] S. Ceri
Distributed Databases
New York: McGraw-Hill 1984

[CHE76] P.P.S. Chen
The Entity-Relationship Model: Towards a Unified View of Data
ACM Trans. on Database Systems, 1 (1), 9-37 (1976)

[CHE88] D.R. Cheriton
The V Distributed System
Communications of the ACM, 31 (3), 314-333 (1988)

[CLE88] J.C. Cleveland
Building Application Generators
IEEE Software, 7/1988, 25-33

[COX86] B.J. Cox
Object Oriented Programming
London: Addison-Wesley 1986

[CUL87] P.L. McCullough
Transparent Forwarding: First Steps
OOPSLA Conference 1987, ACM 1987, 331-341

[DAM70] O.-J. Dahl, B. Myrhaug
SIMULA Common Base Language
Norwegian Computer Center S-22, Oslo, 1970

[DAT83] C. Date
An Introduction to Database Systems
London: Addison-Wesley 1983

[DEC86] D. Decouchant
Design of a Distributed Object Manager for the Smalltalk-80 System
OOPSLA Conference 1986, Portland, Oregon ACM Sigplan Notices, 21 (11), 444-452 (1986)

[DIG86] Guide to VAX SCAN
Digital Equipment Corporation, Maynard, Massachusetts, USA, 1986

[DIG88] DECWindows
Digital Equipment Corporation, Maynard, Massachusetts, USA, 1988

[DKM87] N. Dulay, J. Kramer, J. Magee, M. Sloman, K. Twidle
Distributed Systems Construction: Experience with the CONIC Toolkit
Workshop on Experiences with Distributed Systems, Kaiserslautern, 1987
In: J. Nehmer: Experiences with Distributed Systems, Berlin: Springer 1988

[EGS88] H. Eberle, K. Geihs, A. Schill, H. Schoener, H. Schmutz
Generic Support for Distributed Processing in Heterogeneous Networks
HECTOR Proceedings, Vol. 2, Berlin: Springer 1988

[ELF82] T. Elrad, N. Francez
Decomposition of Distributed Programs into Communiation Closed Layers
Science of Computer Programming, 2 (2), 155-173 (1982)

[ELZ86] D.L. Eager, E.D. Lazowska, J. Zahorjan
Adaptive Load Sharing in Homogeneous Distributed Systems
IEEE Trans. on Software Engineering, SE-12 (5), 662-675 (1986)

[ENG87] S. Engler
Realisierung eines Remote Procedure Calls
Studienarbeit an der Universität Karlsruhe, Fakultät für Informatik, Okt. 1987

[ENG89] S. Engler
Laufzeitunterstützung für die Konfigurationsverwaltung in verteilten objektorientierten Anwendungen
Diplomarbeit an der Universität Karlsruhe, Fakultät für Informatik, Sept. 1989

[ESF88] M. Evangelist, V.Y. Shen, I. Forman, M. Graf
Using Raddle to Design Distributed Systems
Internal Report, MCC, Austin, Texas 1988

[FEL79] J.A. Feldmann
High Level Programming for Distributed Computing
Communications of the ACM, 22 (6), 353-368 (1979)

[FLO87] E.R. Floyd
FDDI - An Overview
IEEE CompCon Conference, San Francisco, 1987, 434-441

[FOE88] C. Förster
Controlling Distributed User Tasks in Heterogeneous Networks
HECTOR Proceedings, Vol. 2, Berlin: Springer 1988

[FOE89] C. Förster
Adaptive Allocation of Computational Requirements to Heterogeneous Networks
ITG/GI-Fachtagung "Kommunikation in verteilten Systemen", Stuttgart 1989, Informatik-Fachberichte Bd. 205, Berlin: Springer 1989

[FOW86] R.J. Fowler
The Complexity of Using Forward Addresses for Decentralized Object Finding
Proc. 5th SIGACT/SIGOPS Conf. on Principles of Distr. Comp., 1986, 108-120

[FRH85] N. Francez, B. Hailpern
Script: A Communication Abstraction Mechanism
Operating Systems Review, 2 (4), 53-67 (1985)

[GIG88] D.K. Gifford, N. Glasser
Remote Pipes and Procedures for Efficient Distributed Communication
ACM Trans. on Computer Systems, 6 (3), 258-283 (1988)

[GOO88] A. Goos
Eine graphische Schnittstelle für ein objektorientiertes System mit emulierter Verteilung auf der Basis von X-Windows
Studienarbeit an der Universität Karlsruhe, Fakultät für Informatik, Nov. 1988

[GOR83] A. Goldberg, D. Robson
Smalltalk-80: The Language and its Implementation
Menlo Park, California: Addison-Wesley 1983

[GOW89] W. Gora, I. Weigel
Lastverteilung in heterogenen Netzen am Beispiel einer rechnerintegrierten Fertigung
ITG/GI-Fachtagung "Kommunikation in verteilten Systemen", Stuttgart 1989, Informatik-Fachberichte Bd. 205, Berlin: Springer 1989

[GÜF88] H.-W. Güsgen, M. Fidelak
Programmieren mit Constraints
Informationstechnik it, 30 (6), 422-433 (1988)

[HEC76] M.S. Hecht
Flow Analysis of Computer Programs
North-Holland, 1976

[HOA74] C.A.R. Hoare
Monitors: An Operating System Structuring Concept
Communications of the ACM, 10/1974

[HOA78] C.A.R. Hoare
Communicating Sequential Processes
Communications of the ACM, 8/1978

[HOF86] F. Hofmann
Remote Procedure Call
Informatik-Spektrum, 9(5), 308 (1986)

[HOK89] J. Höfler, T. Klenner
Eine verteilte objektorientierte Beispielanwendung aus dem Bereich CIM
Studienarbeit an der Universität Karlsruhe, Fakultät für Informatik, Feb. 1989

[HOW87] J. Hogg, S. Weiser
OTM: Applying Objects to Tasks
OOPSLA Conference 1987, ACM 1987

[HOR87] C. Horn
COMANDOS: Object-Oriented Architecture
Internal Report, ESPRIT Project 834, Report T2.1/D2, Sept. 1987

[HOR88] C. Horn
An Object Oriented Model for Distributed Processing
in R. Speth (Ed.): Research into Networks and Distributed Applications, North Holland 1988, 737-746

[HSF88] L. Heuser, A. Schill, H. Frank, M. Mühlhäuser
How to Support the Development of Distributed Object Oriented Applications
GI-18. Jahrestagung "Vernetzte und komplexe Informatik-Systeme", Hamburg 1988
In: R. Volk (Hrsg.): Informatik-Fachberichte Bd. 188, Berlin: Springer 1988

[HSM88] L. Heuser, A. Schill, M. Mühlhäuser
Extensions to the Object Paradigm for the Development of Distributed Applications
OOPSLA Workshop "Object-Based Concurrent Programming", San Diego, 1988

[HUT88] N.C. Hutchinson
Emerald: An Object-Based Language for Distributed Programming
Ph.D. Dissertation, University of Washington, Seattle, 1988

[IEE88] Special Issue on CASE
IEEE Software, 3/1988

[ISO84] Open Systems Interconnection - Basic Reference Model
ISO/DIS 7498, ISO 1984

[ISO85] Information Processing Systems - Open Systems Interconnection
Specification of Basic Encoding Rules for Abstract Syntax Notation One (ASN.1)
ISO/DIS 8825, ISO 1985

[ISO87] Information Processing Systems - Open Systems Interconnection
Application Layer Structure
ISO Draft Proposal 9545, ISO 1987

[JAK84] M. Jarke, J. Koch
Query Optimization in Database Systems
Computing Surveys, 16 (2), 111-152 (1984)

[JLH88] E. Jul, H. Levy, N. Hutchinson, A. Black
Fine-Grained Mobility in the Emerald System
ACM Transactions on Computer Systems, 6 (1), 109-133 (1988)

[JOH75] S.C. Johnson
Yacc - Yet Another Compiler Compiler
Computer Science Technical Report No. 32, Bell Laboratories, Murray Hill, New Jersey, 1975

[JON78] A.K. Jones
The Object Model: A Conceptual Tool for Structuring Software
in: G. Goos, J. Hartmanis (Hrsg.): Operating Systems - An Advanced Course Berlin: Springer 1978

[JOR86] M.B. Jones, R.F. Rashid
Mach and Matchmaker: Kernel and Language Support for Object-Oriented Distributed Systems
OOPSLA Conference 1986, Portland, Oregon ACM Sigplan Notices, 21 (11), 67-77 (1986)

[JRT85] M.B. Jones, R.F. Rashid, M. Thompson
MatchMaker: An Interprocess Specification Language
ACM Conference on Principles of Programming Languages, New Orleans, 1985, 225-235

[JUL88] E. Jul
Object Mobility in a Distributed Object-Oriented System
Ph.D. Dissertation, Technical Report 88-12-06, University of Washington, Seattle, Dez. 1988

[KAU86] F.J. Kauffels
Lokale Netze - Systeme für den Hochleistungs-Informationstransfer
Rudolf Müller 1986

[KAU89] G. Kaufmann
Untersuchung von Mechanismen zur Programmigration in heterogenen verteilten Systemen
Diplomarbeit an der Universität Karlsruhe, Fakultät für Informatik, 1989

[KER78] B.W. Kernighan, D.M. Ritchie
The C Programming Language
Englewood Cliffs, N.J., USA: Prentice Hall 1978

[KES81] J.L.W. Kessels
The Soma: A Programming Construct for Distributed Processing
IEEE Trans. on Software Engineering, SE-7 (5), 502-509 (1981)

[KHC87] S.N. Khoshafian, G.P. Copeland
Object Identity
OOPSLA Conference 1987, ACM 1987

[KRA88] R. Kraemer
An Object Oriented Architecture for Concurrent System and Application Software in a Distributed Environment

in R. Speth (Ed.): Research into Networks and Distributed Applications, North Holland 1988

[KRM87] J. Kramer, J. Magee
Dynamic Configuration for Distributed Systems
IEEE Trans. on Software Engineering, SE-11 (4), 424-436 (1985)

[LAM85] W. Lamersdorf
Semantische Repräsentation komplexer Objektstrukturen
Informatik-Fachberichte Bd. 100, Berlin: Springer 1985

[LEM82] R.J. LeBlanc, A.B. Maccabe
The Design of a Programming Language Based on Connectivity Networks
Proc. IEEE 3rd Intl. Conf. Distributed Computing Systems, Ft. Lauderdale, Florida, 1982, 532-541

[LES75] M.E. Lesk, E. Schmidt
Lex - A Lexical Analyzer Generator
Computer Science Technical Report No. 39, Bell Laboratories, Murray Hill, New Jersey, 1975

[LIS82] B. Liskov
On Linguistic Support for Distributed Programs
IEEE Trans. on Software Engineering, 8 (3), 203-210 (1982)

[LIS83] B. Liskov, R. Sheifler
Guardians and Actions: Linguistic Support for Robust Distributed Programs
ACM Trans. on Programming Languages and Systems, 5 (3), 381-404 (1983)

[LIS88] B. Liskov, L. Shrira
Promises: Linguistic Support for Efficient Asynchronous Procedure Calls in Distributed Systems
ACM Sigplan '88 Conference on Programming Language Design and Implementation, June 1988

[LSB79] V.R. Lesser, D. Serrain, J. Bonnar
PCL: A Process-Oriented Job Control Language
Proc. 1st Int. Conf. on Distributed Computer Systems, Huntsville, Alabama, 1979, 315-329

[MAY83] D. May
Occam
ACM Sigplan Notices, 18 (4), 69-79 (1983)

[MEY88] B. Meyer
Object-Oriented Software Construction
New York: Prentice-Hall 1988

[MOO86] D.A. Moon
Object-Oriented Programming with Flavors
ACM Sigplan Notices, 21 (11), 1-9 (1986)

[MSH88] M. Mühlhäuser, A. Schill, L. Heuser
Project DOCASE: Software Engineering for Distributed Applications: An Object-Oriented Approach
Int. Workshop "Software Engineering and its Applications", Toulouse, 1988

[MSK89] M. Mühlhäuser, A. Schill, J. Kienhöfer, H. Frank, L. Heuser
A Software Engineering Environment for Distributed Applications
Euromicro Conference, Köln 1989

[MÜH86] M. Mühlhäuser
Entwicklungsunterstützung für verteilte anwendungsorientierte Programme
Dissertation an der Universität Karlsruhe, Fakultät für Informatik, Juli 1986

[MÜH88] M. Mühlhäuser
Software Engineering for Distributed Applications: The DESIGN Project
IEEE 10th Intl. Conference on Software Engineering
Singapore, April 1988, 93-101

[MÜH88] M. Mühlhäuser
System DESIGN: Softwaretechnik für verteilte Anwendungen
GI-18. Jahrestagung "Vernetzte und komplexe Informatik-Systeme", Hamburg 1988
In: R. Volk (Hrsg.): Informatik-Fachberichte Bd. 188, Berlin: Springer 1988, 562-575

[MUL87] S.J. Mullender
Process Management in a Distributed Operating System
J. Nehmer (Ed.): Experiences with Distributed Systems
Int. Workshop, Kaiserslautern, 1987
Berlin: Springer 1988

[MYE79] G.J. Myers
The Art of Software Testing
New York: John Wiley and Sons 1979

[NEH88] J. Nehmer
Entwurfskonzepte für verteilte Systeme
GI-18. Jahrestagung "Vernetzte und komplexe Informatik-Systeme", Hamburg 1988
In: R. Volk (Hrsg.): Informatik-Fachberichte Bd. 188, Berlin: Springer 1988

[NEL81] B.J. Nelson
Remote Procedure Call
Ph.D. Dissertation, Carnegie-Mellon University, Mai 1981

[NYT88] T. Nakajima, Y. Yokote, M. Tokoro
Distributed Concurrent Smalltalk:
A Language and System for the Interpersonal Environment
OOPSLA Workshop "Object-Based Concurrent Programming", San Diego, 1988

[OTO87] D. Otway, E. Oskiewicz
REX: A remote execution protocol for distributed object-oriented applications
IEEE Int. Conf. on Distributed Computing, Berlin 1987, 113-119

[OYE89] A. Oyen
Simulative Bewertung von Objektplazierungsverfahren für verteilte objektorientierte Anwendungen
Diplomarbeit an der Universität Karlsruhe, Fakultät für Informatik, Nov. 1989

[POM83] M.L. Powell, B.P. Miller
Process Migration in DEMOS/MP
Proc. 9th ACM Symp. on Operating System Principles, Bretton Woods, N.H., 1983, 110-118

[POW85] G.J. Popek, G. Walker
The LOCUS Distributed System Architecture
The MIT Press, Cambridge, MA., 1985

[PSM87] A. Purdy, B. Schuchardt, D. Maier
Integrating an Object Server with Other Worlds
ACM Trans. on Office Information Systems, 5 (1), 27-47 (1987)

[REN82] T. Rentsch
Object-Oriented Programming
ACM Sigplan Notices, 17 (9), 51-57 (1982)

[RUM87] J. Rumbaugh
Relations as Semantic Constructs in an Object-Oriented Language
OOPSLA Conference 1987, ACM 1987, 466-481

[RUM88] J. Rumbaugh
Controlling Propagation of Operations Using Attributes on Relations
OOPSLA Conference, San Diego, 1988, ACM 1988, 285-296

[SAH87] R.D. Schlichting, G.R. Andrews, N.C. Hutchinson, R.A. Olsson, L.L. Peterson
Observations on Building Distributed Languages and Systems
J. Nehmer (Ed.): Experiences with Distributed Systems
Int. Workshop, Kaiserslautern, 1987, Berlin: Springer 1988

[SAL78] J.H. Saltzer
Naming and Binding of Objects
in: G. Goos, J. Hartmanis (Hrsg.): Operating Systems - An Advanced Course
Berlin: Springer 1978

[SBM83] M. Stefik, D.G. Bobrow, S. Mittal, L. Conway
Knowledge Programming in LOOPS: Report on an Experimental Course
The AI Magazine, 3-13, Fall 1983

[SCB86] C. Schaffert, T. Cooper, B. Bullis
An Introduction to Trellis/Owl
OOPSLA Conference 1986, Portland, Oregon ACM Sigplan Notices, 21 (11), 9-16 (1986)

[SCH89I] A. Schill
Mobility Control in Distributed Object-Oriented Applications
IEEE Int. Phoenix Conf. on Computers and Communications, Scottsdale, Arizona, 1989

[SCH89II] A. Schill
Support for Mobility Control and Configuration Management in Distributed Object-Oriented Applications
2nd Int. Workshop on Objects and Distribution, DECUS Symposium, Karlsruhe, 1989

[SCH89III] A. Schill
Emulating Distribution Based on a Concurrent Object-Oriented Environment
ECOOP Workshop on Object-Based Concurrency, Nottingham, 1989

[SCH89IV] A. Schill
Objekte und Verteilung: Vorteile, Probleme und Erweiterungen
GI-Arbeitskreis "Architektur von Betriebssystemen", München, 1989

[SCH89V] A. Schill
Objects and Distribution: Advantages, Problems and Solutions
Int. Conf. on the Technology of Object-Oriented Languages and Systems (TOOLS), Paris, 1989

[SCO87] M.L. Scott
Language Support for Loosely-Coupled Distributed Programs
IEEE Trans. on Software Engineering, SE-13 (1), (1987)

[SCZ87] A. Schill, M. Zieher
Performance Analysis of the FDDI 100 Mbit/s Optical Token Ring
IFIP WG 6.4 Workshop "High Speed Local Area Networks", Technische Universität Aachen, 1987, North-Holland 1987

[SHE88] A. Schill, L. Heuser
Der objektorientierte Ansatz in Programmiersprachen und verteilten Systemen - Seminarausarbeitungen
Interner Bericht Nr. 10/88 der Fakultät für Informatik an der Universität Karlsruhe, Aug. 1988

[SHE89] A. Schill, L. Heuser
Objekte, Verteilung und Nebenläufigkeit in Programmiersprachen - Seminarausarbeitungen
Interner Bericht Nr. 4/89 der Fakultät für Informatik an der Universität Karlsruhe, März 1989

[SHM89] A. Schill, L. Heuser, M. Mühlhäuser
Using the Object Paradigm for Distributed Application Development
ITG/GI-Fachtagung "Kommunikation in verteilten Systemen", Stuttgart 1989, Informatik-Fachbericht Bd. 205, Berlin: Springer 1989

[SMI88] J.M. Smith
A Survey of Process Migration Mechanisms
Operating Systems Review, 22 (3), 28-40 (1988)

[SSW88] R. Staroste, H. Schmutz, M. Wasmund, A. Schill, W. Stoll
A Portability Environment for Communication Software
HECTOR Proceedings, Vol. 2, Berlin: Springer 1988

[STA84] J.A. Stancovic
An Adaptive Bidding Algorithm for Processes, Clusters and Distributed Groups
Proc. Distributed Computing Systems, San Francisco, 1984, 49-61

[STR86] B. Stroustrup
An Overview of C++
ACM Sigplan Notices, 21 (10), 7-18 (1986)

[STY83] R.E. Strom, S. Yemini
NIL: An Integrated Language and System for Distributed Programming
ACM Sigplan Notices, 18 (6), 73-82 (1983)

[SVO87] L. Svobodova
Client/Server Model of Distributed Processing
ITG/GI-Fachtagung "Kommunikation in verteilten Systemen", Karlsruhe 1985, Informatik-Fachbericht Bd. 95, Berlin: Springer 1989

[TAN81] A.S. Tanenbaum
Computer Networks
New York: Prentice-Hall 1981

[TAM84] A.S. Tanenbaum, S.J. Mullender
Design of a Capability-Based Distributed Operating System
Internal Report 88, Vrije Universiteit, Amsterdam, 1984

[TAR88] A.S. Tanenbaum, R. van Renesse
A Critique of the Remote Procedure Call Paradigm
Proc. Research into Networks and Distributed Applications, Wien, April 1988, North Holland 1988

[TSI86] D. Tsichritzis (Ed.)
Office Automation
Berlin: Springer 1985

[TSI87] D. Tsichritzis (Ed.)
Objects and Things
Centre Universitaire d'Informatique, Universite de Geneve, 1987

[VOS87] G. Vossen
Datenmodelle, Datenbanksprachen und Datenbank-Management-Systeme
London: Addison-Wesley 1987

[WAD88] R. Wadlinger
Verwaltung komplex strukturierter Datenobjekte in verteilten Systemen
Diplomarbeit an der Universität Karlsruhe, Fakultät für Informatik, Juni 1988

[WAG89] M. Wagner
Entwurf und Realisierung einer konzeptionellen Beschreibungsebene für verteilte objektorientierte Anwendungen
Diplomarbeit an der Universität Karlsruhe, Fakultät für Informatik, März 1989

[WED88] H. Wedekind
Die Problematik des Computer Integrated Manufacturing (CIM)
Informatik-Spektrum, 11/1988, 29-56

[WEG87] P. Wegner
Dimensions of Object-Based Language Design
OOPSLA Conference 1987, ACM 1987, 168-182

[WER89] M. Wersch
Entwurf und Realisierung eines Monitorsystems zur Steuerung der Objektplazierung in verteilten objektorientierten Anwendungen
Diplomarbeit an der Universität Karlsruhe, Fakultät für Informatik, März 1989

[YBS86] A. Yonezawa, J.-P. Briot, E. Shibayama
Object-Oriented Concurrent Programming in ABCL/1
OOPSLA Conference 1986, Portland, Oregon ACM Sigplan Notices, 21 (11), 258-268 (1986)

[YOT87] Y. Yokote, M. Tokoro
Experience and Evolution of Concurrent Smalltalk
OOPSLA Conference 1987, ACM 1987, 406-415

[YOT87] A. Yonezawa, M. Tokoro (Ed.)
Object-Oriented Concurrent Programming
Cambridge, Massachusetts: The MIT Press 1987

[ZAY87] E.R. Zayas
The Use of Copy-On-Reference in a Process Migration System
Ph.D. Dissertation, Carnegie-Mellon University, 1987

Verzeichnis der Abbildungen

Verzeichnis der Tabellen

Band 192: K. Kansy, P. Wißkirchen (Hrsg.), Graphik im Bürobereich. Proceedings, 1988. VIII, 187 Seiten. 1988.

Band 193: W. Gotthard, Datenbanksysteme für Software-Produktionsumgebungen. X, 193 Seiten. 1988.

Band 194: C. Lewerentz, Interaktives Entwerfen großer Programmsysteme. VII, 179 Seiten. 1988.

Band 195: I. S. Bátori, U. Hahn, M. Pinkal, W. Wahlster (Hrsg.), Computerlinguistik und ihre theoretischen Grundlagen. Proceedings. IX, 218 Seiten. 1988.

Band 197: M. Leszak, H. Eggert, Petri-Netz-Methoden und -Werkzeuge. XII, 254 Seiten. 1989.

Band 198: U. Reimer, FRM: Ein Frame-Repräsentationsmodell und seine formale Semantik. VIII, 161 Seiten. 1988.

Band 199: C. Beckstein, Zur Logik der Logik-Programmierung. IX, 246 Seiten. 1988.

Band 200: A. Reinefeld, Spielbaum-Suchverfahren. IX, 191 Seiten. 1989.

Band 201: A. M. Kotz, Triggermechanismen in Datenbanksystemen. VIII, 187 Seiten. 1989.

Band 202: Th. Christaller (Hrsg.), Künstliche Intelligenz. 5. Frühjahrsschule, KIFS-87, Günne, März/April 1987. Proceedings. VII, 403 Seiten. 1989.

Band 203: K. v. Luck (Hrsg.), Künstliche Intelligenz. 7. Frühjahrsschule, KIFS-89, Günne, März 1989. Proceedings. VII, 302 Seiten. 1989.

Band 204: T. Härder (Hrsg.), Datenbanksysteme in Büro, Technik und Wissenschaft. GI/SI-Fachtagung, Zürich, März 1989. Proceedings. XII, 427 Seiten. 1989.

Band 205: P. J. Kühn (Hrsg.), Kommunikation in verteilten Systemen. ITG/GI-Fachtagung, Stuttgart, Februar 1989. Proceedings. XII, 907 Seiten. 1989.

Band 206: P. Horster, H. Isselhorst, Approximative Public-Key-Kryptosysteme. VII, 174 Seiten. 1989.

Band 207: J. Knop (Hrsg.), Organisation der Datenverarbeitung an der Schwelle der 90er Jahre. 8. GI-Fachgespräch, Düsseldorf, März 1989. Proceedings. IX, 276 Seiten. 1989.

Band 208: J. Retti, K. Leidlmair (Hrsg.), 5. Österreichische Artificial-Intelligence-Tagung, Igls/Tirol, März 1989. Proceedings. XI, 452 Seiten. 1989.

Band 209: U. W. Lipeck, Dynamische Integrität von Datenbanken. VIII, 140 Seiten. 1989.

Band 210: K. Drosten, Termersetzungssysteme. IX, 152 Seiten. 1989.

Band 211: H. W. Meuer (Hrsg.), SUPERCOMPUTER '89. Proceedings, 1989. VIII, 171 Seiten. 1989.

Band 212: W.-M. Lippe (Hrsg.), Software-Entwicklung. Fachtagung, Marburg, Juni 1989. Proceedings. IX, 290 Seiten. 1989.

Band 213: I. Walter, Datenbankgestützte Repräsentation und Extraktion von Episodenbeschreibungen aus Bildfolgen. VIII, 243 Seiten. 1989.

Band 214: W. Görke, H. Sörensen (Hrsg.), Fehlertolerierende Rechensysteme / Fault-Tolerant Computing Systems. 4. Internationale GI/ITG/GMA-Fachtagung, Baden-Baden, September 1989. Proceedings. XI, 390 Seiten. 1989.

Band 215: M. Bidjan-Irani, Qualität und Testbarkeit hochintegrierter Schaltungen. IX, 169 Seiten. 1989.

Band 216: D. Metzing (Hrsg.), GWAI-89. 13th German Workshop on Artificial Intelligence. Eringerfeld, September 1989. Proceedings. XII, 485 Seiten. 1989.

Band 217: M. Zieher, Kopplung von Rechnernetzen. XII, 218 Seiten. 1989.

Band 218: G. Stiege, J. S. Lie (Hrsg.), Messung, Modellierung und Bewertung von Rechensystemen und Netzen. 5. GI/ITG-Fachtagung, Braunschweig, September 1989. Proceedings. IX, 342 Seiten. 1989.

Band 219: H. Burkhardt, K. H. Höhne, B. Neumann (Hrsg.), Mustererkennung 1989. 11. DAGM-Symposium, Hamburg, Oktober 1989. Proceedings. XIX, 575 Seiten. 1989

Band 220: F. Stetter, W. Brauer (Hrsg.), Informatik und Schule 1989: Zukunftsperspektiven der Informatik für Schule und Ausbildung. GI-Fachtagung, München, November 1989. Proceedings. XI, 359 Seiten. 1989.

Band 221: H. Schelhowe (Hrsg.), Frauenwelt – Computerräume. GI-Fachtagung, Bremen, September 1989. Proceedings. XV, 284 Seiten. 1989.

Band 222: M. Paul (Hrsg.), GI – 19. Jahrestagung I. München, Oktober 1989. Proceedings. XVI, 717 Seiten. 1989.

Band 223: M. Paul (Hrsg.), GI – 19. Jahrestagung II. München, Oktober 1989. Proceedings. XVI, 719 Seiten. 1989.

Band 224: U. Voges, Software-Diversität und ihre Modellierung. VIII, 211 Seiten. 1989

Band 225: W. Stoll, Test von OSI-Protokollen. IX, 205 Seiten. 1989.

Band 226: F. Mattern, Verteilte Basisalgorithmen. IX, 285 Seiten. 1989.

Band 227: W. Brauer, C. Freksa (Hrsg.), Wissensbasierte Systeme. 3. Internationaler GI-Kongreß, München, Oktober 1989. Proceedings. X, 544 Seiten. 1989.

Band 228: A. Jaeschke, W. Geiger, B. Page (Hrsg.), Informatik im Umweltschutz. 4. Symposium, Karlsruhe, November 1989. Proceedings. XII, 452 Seiten. 1989.

Band 229: W. Coy, L. Bonsiepen, Erfahrung und Berechnung. Kritik der Expertensystemtechnik. VII, 209 Seiten. 1989.

Band 231: R. Henn, K. Stieger (Hrsg.), PEARL 89 – Workshop über Realzeitsysteme. 10. Fachtagung, Boppard, Dezember 1989. Proceedings. X, 243 Seiten. 1989.

Band 232: R. Loogen, Parallele Implementierung funktionaler Programmiersprachen. IX, 385 Seiten. 1990.

Band 233: S. Jablonski, Datenverwaltung in verteilten Systemen. XIII, 336 Seiten. 1990.

Band 234: A. Pfitzmann, Diensteintegrierende Kommunikationsnetze mit teilnehmerüberprüfbarem Datenschutz. XII, 343 Seiten. 1990.

Band 235: C. Feder, Ausnahmebehandlung in objektorientierten Programmiersprachen. IX, 250 Seiten. 1990.

Band 236: J. Stoll, Fehlertoleranz in verteilten Realzeitsystemen. IX, 200 Seiten. 1990.

Band 237: R. Grebe (Hrsg.), Parallele Datenverarbeitung mit dem Transputer. Proceedings, 1989. VIII, 241 Seiten. 1990.

Band 238: B. Endres-Niggemeyer, T. Herrmann, A. Kobsa, D. Rösner (Hrsg.), Interaktion und Kommunikation mit dem Computer. Proceedings, 1989. VIII, 175 Seiten. 1990.

Band 239: K. Kansy, P. Wißkirchen (Hrsg.), Graphik und KI. Proceedings, 1990. VII, 125 Seiten. 1990.

Band 240: D. Tavangarian, Flagorientierte Assoziativspeicher und -prozessoren. XII. 193 Seiten. 1990.

Band 241: A. Schill, Migrationssteuerung und Konfigurationsverwaltung für verteilte objektorientierte Anwendungen. IX, 174 Seiten. 1990.